Lisbonne hors les murs

Cet ouvrage est publié avec le concours de la Commission nationale pour la commémoration des Découvertes portugaises.

Lisbonne hors les murs

1415-1580 : l'invention du monde par les navigateurs portugais

Dirigé par Michel Chandeigne

Éditions Autrement - Séries Mémoires n° 1

Déjà parus dans la même collection

Les Découvertes
XVe-XVIe : une révolution des mentalités
par Vitórino Magalhães Godinho
Série Mémoires, supplément n° 1

Thèbes 1250 av. J.-C.
Ramsès II et le rêve du pouvoir absolu
Dirigé par Rose-Marie Jouret
Série Mémoires, n° 2

Londres 1851-1901
L'ère victorienne ou le triomphe des inégalités
Dirigé par Monica Charlot et Roland Marx
Série Mémoires, n° 3

Sommaire

Les cent Glorieuses
Paul Teyssier

Pendant au moins cent ans la politique portugaise sera le fer de lance de toute l'expansion européenne. Au XVe siècle les navigateurs, après avoir reconnu le continent africain, se dissémineront aux quatre vents d'un globe à découvrir. Commerçants, missionnaires et aventuriers les accompagneront, réalisant une somme d'exploits individuels et d'aventures collectives unique dans l'histoire de l'humanité. Ils révéleront ainsi, du Brésil au Japon, des mondes et une humanité insoupçonnés jusqu'alors.

« Naviguer est indispensable, vivre n'est pas indispensable », disait la devise des anciens navigateurs. S'embarquer sur les vaisseaux de la route des Indes ou du Brésil constitua aux XVe et XVIe siècles l'aventure absolue : la petitesse des navires, la légèreté des matériaux de construction, les épouvantables conditions d'hygiène et de vie lors des traversées, sont encore difficiles à imaginer aujourd'hui.

3. *Découvrir*   129

Le moment privilégié de la découverte n'est pas celui
de la colonisation. Dans le premier cas, tout est en
suspens, dans la lumière d'un étonnement miraculeux.
Quelques textes ont fixé ces instants et les premières
rencontres avec une « autre » humanité.

Impressions d'Afrique   130
João Rocha Pinto

L'exploration de la côte africaine eut deux constantes :
le prosélytisme religieux et l'intérêt commercial. Les
textes écrits au XVᵉ siècle par le chroniqueur royal
Gomes Eanes de Zurara et le marchand vénitien Luis
de Ca' da Mosto témoignent de ces a priori qui
détermineront l'image et la connaissance du continent noir.

Christophe Colomb et les Portugais   147
Amiral Teixeira da Mota

Si l'exploit de Colomb a été abondamment commenté,
le long séjour qu'il fit au Portugal et les liens
nombreux qu'il sut y établir sont beaucoup moins
étudiés. D'où nombre de fables et d'idées reçues qui
circulent encore sur le grand navigateur génois...

Pedro Álvares Cabral découvre le Brésil   167
Jacqueline Penjon et Anne-Marie Quint

Présentation et traduction *in extenso* de la lettre de
Pêro Vaz de Caminha (1500), adressée au roi du
Portugal, et décrivant la découverte de la « Terre de la
Vraie Croix »... Cette lettre retrouvée au XIXᵉ siècle est
un texte fondamental décrivant la rencontre entre les
peuples des deux mondes.

Le troisième monde austral   193
Jean-Paul Duviols

Pendant les découvertes, la *Terra incognita* se réduit
comme une peau de chagrin. C'est le continent

austral, plus tard l'Antarctique, qui va recueillir tout
l'imaginaire que la réalité bat en brèche. Et nourrir
jusqu'au XIXe siècle la fantaisie des cartographes et des
voyageurs...

4. *Conquérir* 203

L'ouverture de la route des Indes par Vasco de Gama
posa aux Portugais d'autres problèmes qu'en Afrique
ou dans le Nouveau Monde. Se retrouvant face à des
peuples souvent hautement civilisés, ils durent
combattre pour imposer leur puissance maritime et
commerciale. Leur supériorité de feu allait leur offrir la
richesse des épices pendant presque un siècle, mais ils
ne purent par la suite prolonger durablement leur
monopole devant la concurrence des autres nations
européennes.

Grandeur et décadence de l'Inde portugaise 204
Guillaume-Thomas Raynal

Au siècle des Lumières un ouvrage de l'abbé Raynal
*Histoire philosophique et politique des établissements
et du commerce des Européens dans les Deux-Indes*
fait pour la première fois l'histoire et le procès du
colonialisme européen. Nous présentons ici les passages
qui retracent la conquête de l'Orient par les Portugais.

Le vent, le fer et la muraille 229
João Rocha Pinto

Les modifications des concepts d'espace, de temps et
de pouvoir apparaissent dans une révolution de la
pensée politico-stratégique : jamais le monde n'a été
aussi vaste, les distances aussi grandes, le pouvoir
autant morcelé...

À la recherche du Cathay 237
Raffaella d'Intino

Les premiers Portugais en Chine : histoire d'un
malentendu et d'une tragédie. Le Cathay, royaume

catholique de l'Extrême-Orient, fut l'un des grands
mythes des XVIᵉ et XVIIᵉ siècles, mais l'Empire du
Milieu sut garder ses secrets...

Certains textes inédits jusqu'à ce jour d'Indiens
musulmans et chrétiens, de Malais, de Chinois et de
Japonais décrivent l'arrivée de leurs « découvreurs ».

Au cours de ses voyages mouvementés sur terre et sur
mer, Mendes Pinto fut treize fois esclave, onze fois
naufragé, dix-sept fois vendu aux Indes, en Arabie
heureuse, en Chine, en Tartarie, à Madagascar et à
Sumatra. Il fut l'un des premiers Européens à visiter le
Japon après avoir parcouru la Chine et la Birmanie et
abordé aux divers archipels des mers orientales.

1. *Prologue*

Les cent Glorieuses

Paul Teyssier

Un siècle de navigations et de découvertes. Chronologie de l'expansion portugaise.

Le 21 août 1415 Jean Ier, roi du Portugal, à la tête d'une puissante escadre, s'empare de Ceuta, cité marocaine située sur la rive sud du détroit de Gibraltar. Cette conquête ouvre dans l'histoire portugaise la période des navigations et des découvertes. En passant le détroit pour prendre Ceuta, ce prince amorce une expansion qui va en un peu plus d'un siècle conduire les navigateurs, les commerçants, les administrateurs et les missionnaires portugais sur d'immenses étendues du globe.

Le principal artisan de cette expansion fut l'infant Henri (1394-1460), troisième fils de Jean Ier. On a longtemps idéalisé sa figure, en célébrant tout autant ses vertus et sa piété que son génie politique et ses connaissances scientifiques. Les historiens contemporains ont ramené à des dimensions plus humaines cette personnalité quasi mythique. Mais il reste que l'infant fut jusqu'à sa mort le principal moteur des entreprises de découverte. C'est lui qui prenait les initiatives, qui assurait l'organisation des expéditions et qui, de sa résidence de Lagos, en Algarve, en surveillait le déroulement. Il en confiait la direction à des hommes qui étaient à son service. Grâce à son immense fortune et aux biens de l'ordre du Christ dont il devint gouverneur, il pouvait subvenir aux énormes dépenses qu'elles exigeaient. C'est donc à juste titre que, bien qu'il n'ait jamais personnellement navigué (sauf pour se rendre à Ceuta), il a été appelé Henri le Navigateur.

Madère et les Açores

Les Portugais commencèrent par occuper les « îles adjacentes » de Madère et des Açores, qui étaient alors inhabitées. Couverte de grandes forêts (en portugais *madeira* signifie « bois »), Madère avait été visitée dès le XIVᵉ siècle. Elle fut « redécouverte » après la prise de Ceuta, sans doute au printemps de 1419. Mais c'est seulement vers 1425 que fut entreprise sa colonisation, sous la direction de João Gonçalves Zarco, écuyer de l'infant Henri.

Quant à l'archipel des Açores (les *açores* sont les oiseaux de proie appelés en français « autours ») il a été découvert, ou redécouvert (si, comme le pensent certains, il avait déjà été visité lui aussi au XIVᵉ siècle), vers 1427 par Diogo de Silves, de la maison de l'infant, à l'exception des îles de Flores et de Corvo, les plus occidentales, qui n'ont été reconnues que vers 1452. Le peuplement des premières îles a commencé en 1439, sous la direction de Frei Gonçalvo Velho.

Exploration de la côte d'Afrique jusqu'en 1460

Pour quelle raison l'infant entreprit-il l'exploration de la côte africaine ? On ne saurait lui prêter, à cette époque lointaine, le « grand dessein » de contourner l'Afrique pour arriver aux Indes. Le plus probable, c'est qu'en naviguant le plus loin vers le sud, l'infant voulait en quelque sorte prendre le Maroc à revers. Ces premières expéditions formaient, avec la conquête de certaines places au Maroc, une seule et même politique.

Quand il commença, après 1415, l'exploration systématique de la côte africaine, la limite des mers navigables était le cap Bojador (*bojador* : « saillant, proéminent »). Le cap qui porte aujourd'hui ce nom est situé à 26° 6' de latitude nord. Mais selon certains, le Bojador des navigateurs portugais était en réalité l'actuel cap Juby, qui se trouve sur la côte marocaine, deux cents kilomètres plus au nord. Quoi qu'il en soit, le cap Bojador était, pour les marins de ce temps, un lieu terrifiant. Entouré de vagues énormes, souvent noyé dans la brume, il marquait l'entrée de la « Mer Ténébreuse ». L'alizé du nord-est y souffle toute l'année, et l'on pensait que celui qui s'aventurerait au-delà du Bojador ne pourrait jamais revenir.

Pendant douze ans, si l'on en croit le chroniqueur Gomes Eanes de Zurara, l'infant Henri envoya des bateaux avec mission de doubler le Bojador. Mais tous renonçaient. La douzième année l'infant avait fait armer une barge dont il avait donné le commandement à Gil Eanes, natif de Lagos en Algarve. Nouvel échec. Mais l'année suivante (1434), Gil Eanes fut assez brave pour doubler enfin le cap maudit. Et il s'aperçut, ô merveille, que l'autre côté ne recelait aucun mystère. Il avait même abordé là, et il avait cueilli près de la plage, pour les rapporter à l'infant, quelques fleurs « qu'en ce royaume nous appelons roses de Notre-Dame ».

Ce fut alors comme si une malédiction eût été conjurée. Quelque temps après (1435 ?) Gil Eanes revint au Bojador avec un navire de plus gros tonnage, accompagné cette fois d'Afonso Gonçalves Baldaia, et ils naviguèrent plus loin vers le sud, atteignant peut-être l'*Angra dos Ruivos* (« Anse des Rougets »), par 24° 51' de latitude nord.

En 1436, Afonso Gonçalves Baldaia poursuit la reconnaissance de la côte. Il passe devant une baie qu'il prend pour l'embouchure d'un fleuve et appelle pour cette raison *Rio de Ouro* (« Fleuve de l'Or »), et il atteint la *Pedra da Galé* (« Rocher de la Galère »), ainsi nommée à cause de sa forme.

Il y eut alors une pause de quatre ans, qui s'explique sans doute par les graves soucis qu'avait alors la monarchie portugaise : échec de l'expédition contre Tanger (1437), mort du roi Duarte Ier (1438), disputes entre la reine mère et l'infant dom Pedro pendant la minorité de son successeur Alphonse V. Mais il fallut aussi résoudre certains problèmes techniques soulevés par les nouvelles conditions de la navigation. On se servait jusqu'alors de bateaux de petit tonnage, sans doute à voile carrée, appelés *batéis* et *barinéis*. Mais on fut amené, pour affronter des mers plus redoutables, et pour naviguer au plus près du vent (condition indispensable pour pouvoir

revenir), à utiliser un nouveau type d'embarcation. Ce fut la caravelle. Les caravelles étaient connues depuis longtemps au Portugal :
c'étaient des bateaux de pêche de petite taille, munis d'une voile
latine triangulaire. On construisit des caravelles de plus grandes
dimensions, mais on garda la voile latine, qui permettait de naviguer en finesse et de remonter au vent.

La marche en avant reprit avec Nuno Tristão, lui aussi serviteur de l'infant, qui atteignit en 1441 le cap Blanc, aujourd'hui
Nouadhibou, au nord-ouest de la Mauritanie (21° de latitude nord),
et parvint en 1443 à l'une des îles d'Arguin, dans la région encore
appelée de nos jours le Banc d'Arguin. Enfin en 1444 le même
Nuno Tristão arriva au « Pays des Noirs » *(Terra dos Negros),* c'est-
à-dire à l'embouchure du Sénégal, fleuve dans lequel on voyait alors
une branche du Nil. Là se trouve la frontière qui sépare les Azénègues, ou Zanagas, Berbères de race blanche, des Noirs africains.
C'est ce Pays des Noirs, considéré dans son ensemble à partir du
fleuve Sénégal, que les Portugais appelaient alors la *Guinée.* La Guinée, c'était en somme l'Afrique noire.

Peut-être la même année (1444), un certain Dinis Dias atteint
la presqu'île du Cap-Vert, ainsi nommée parce qu'en contraste avec
les régions désertiques visitées jusque-là elle était recouverte de végétation. Il débarque dans une île (sans doute l'actuelle Gorée) située
dans l'« anse de Bezeguiche » (Dakar). Et en 1446 Nuno Tristão
pénètre, au sud du Cap-Vert, dans un fleuve où certains voient
la Gambie et d'autres l'une des branches du Sine ou du Saloum.
C'est là, dans un combat contre les indigènes, qu'il est tué d'une
flèche empoisonnée. Mais la même année un autre capitaine, Álvaro
Fernandes, originaire de Madère, pousse jusqu'à l'actuelle Guinée-
Bissau.

Après une nouvelle pause les voyages de découverte continuent
pendant la décennie 1450-1460. Deux Italiens au service de l'infant,
Ca' da Mosto et Uso di Mare, ainsi que le Portugais Diogo Gomes,
explorent les estuaires et les îles de ce que l'on appelait les Fleuves de Guinée *(Rios de Guiné),* dans la Guinée-Bissau d'aujour-
d'hui. Enfin, en 1460, Pedro de Sintra découvre la Sierra Leone
(qu'il appelle, en portugais, *Serra Leoa).* C'est là, quoi qu'on en
dise parfois, le point extrême atteint à la mort de l'infant (1460).

De la Sierra Leone au voisinage du Cap (1460-1486)

La disparition de l'infant entraîna une interruption de quelques années. Le roi Alphonse V, qui régnait depuis 1438, s'intéressait davantage au Maroc qu'à la Guinée. Alcáçar Ceguer avait été conquise en 1458. En 1471 ce sera la prise d'Arzila, bientôt suivie de l'occupation de Tanger et de Larache. C'est à cause du Maroc qu'Alphonse V fut surnommé « l'Africain ». Mais l'autre Afrique, la Noire, vient loin derrière le Maghreb dans ses préoccupations. Il avait remis la responsabilité des navigations à son frère l'infant dom Fernando, gouverneur de l'ordre du Christ et maître de Santiago. Ayant autorité sur toutes les îles et terres découvertes, dom Fernando était donc le vrai successeur de l'infant Henri. Mais il ne s'intéressait pas plus à la Guinée que le roi son frère.

La couronne portugaise se déchargea donc sur des particuliers de la responsabilité directe de l'exploration de la côte d'Afrique au-delà de la Sierra Leone. Par un contrat signé en novembre 1469, le roi concédait à un certain Fernão Gomes, riche marchand de Lisbonne, le droit de naviguer et de commercer dans cette région, à charge pour Fernão Gomes de découvrir cent lieues de côte par an (près de six cents kilomètres) pendant cinq ans, et de verser au roi une redevance annuelle de 200 000 réaux. Le délai fut par la suite porté à six ans.

Fernão Gomes tint ses engagements. Il confia le commandement des vaisseaux à des marins expérimentés, comme João de Santarém, Pêro Escolar, Soeiro da Costa, Fernando Pó, Lopo Gonçalves et Rui de Sequeira. Ils explorèrent tout le pourtour du golfe de Guinée, ainsi que les îles, depuis la Sierra Leone jusqu'au cap Sainte-Catherine, situé à 2° au sud de l'équateur (près de Port-Gentil, dans l'actuel Gabon).

En 1474 Alphonse V confia à son fils aîné, le prince Jean, qui allait lui succéder en 1481 sous le nom de Jean II, la direction économique et politique de l'expansion portugaise. Mais on voit alors, pendant plusieurs années, se manifester la rivalité du Portugal et de la Castille. Le traité d'Alcáçovas (1479), qui met fin à la guerre pour la succession de Castille, règle ces querelles. Il délimite des zones d'influence, comme le fera quelques années plus tard le traité de Tordesillas. Une clause réserve au Portugal le golfe de Guinée.

Quand, en 1481, Jean II monte sur le trône, la politique
d'expansion prend un nouveau départ, et a de plus grandes ambi-
tions. Les années d'hésitation sont terminées. Jean II nourrit un
« grand dessein », qui se dévoile peu à peu, et qui consiste à doubler la pointe méridionale de l'Afrique pour atteindre l'Inde.

L'une des premières décisions prises par le nouveau monarque,
dès 1481, fut de faire édifier, sous la direction de Diogo de Azambuja, le château de Saint-Georges-de-la-Mine *(São Jorge da Mina)*,
sur la côte du golfe de Guinée, à l'ouest de la localité actuelle de
Cape Coast (Ghana). Tous les matériaux durent être apportés du
Portugal. On vit bientôt naître là, à l'abri de la forteresse, une
localité qui obtint, en 1486, le statut de cité. Ce point d'appui
stratégique, dans la région où s'effectuait une bonne partie du commerce de l'or africain, allait rester sous souveraineté portugaise
jusqu'en 1637.

Jean II confia à Diogo Cão le soin de continuer l'exploration
de la côte au-delà du cap Sainte-Catherine. C'est à partir de ce
moment que les navigateurs portugais prirent l'habitude d'emporter avec eux des *padrões* qu'ils érigeaient en certains points pour
marquer leur passage. On appelait ainsi des piliers de pierre sur-
montés d'une croix ou du blason portugais et comportant une
inscription.

Diogo Cão effectua deux voyages. Au cours du premier
(1482-1483), il arriva à l'embouchure du Zaïre (avril 1483), et là
il dressa son premier *padrão* (en un lieu qui s'appelle toujours *Ponta
do Padrão,* et envoya des émissaires au roi du Congo. On a effectivement trouvé, à cent cinquante kilomètres de l'embouchure du
Zaïre, près des cataractes de Iélala, gravée dans un rocher, une inscription en portugais archaïque : « Ici sont arrivés les navires de
l'illustre roi du Portugal, Jean II du Portugal. » On lit ensuite plusieurs noms, dont ceux de Diogo Cão, de Pêro Anes et de Pêro
da Costa. Poursuivant ensuite sa navigation, Diogo Cão atteignit,
le 28 août 1483, le *Cabo do Lobo,* (« Cap du Loup ») aujourd'hui
Cabo de Santa Maria, dans l'actuel Angola (13° 26' de latitude
sud). Il ne dépassa guère ce point et rentra au Portugal en rame-
nant quelques Noirs. Il était de retour à Lisbonne en avril 1484.

Ici se place un pénible épisode. Au-delà du Cabo do Lobo, point
extrême de son voyage, Diogo Cão avait cru voir la côte s'incurver
vers le sud-est. Prenant ses désirs pour des réalités, il pensa avoir

atteint la pointe méridionale de l'Afrique. Le passage vers l'océan Indien était à portée de la main ! Il communiqua au roi cette nouvelle sensationnelle, mais fausse. Et l'année suivante (1485) l'ambassadeur portugais à Rome, Vasco Fernandes de Lucena, en fit mention dans un discours public. On imagine le mécontentement du roi quand il apprit plus tard la vérité.

Jean II renvoya Diogo Cão en Afrique. Ce second voyage se déroula en 1485-1486. Diogo Cão dépasse alors le Cabo do Lobo, et constate que la côte continue en direction du sud. Il érige deux *padrões*, dont le second a donné son nom au *Cabo do Padrão*, aujourd'hui Cape Cross, par 21° 50' de latitude sud. Dans la première moitié de 1486 il arrive en un point qu'il appelle la *Serra Parda*, et que l'on situe à 22° 10' de latitude sud, non loin du tropique du Capricorne.

Ensuite, on perd sa trace. Qu'est devenu Diogo Cão ? Est-il mort là ? Est-il rentré au Portugal, puis tombé en disgrâce ? On ne sait. L'exploit qu'il n'a pu réussir — le passage du cap —, c'est son successeur Bartolomeu Dias qui le réalisera.

Les voyages terrestres d'Afonso de Paiva et de Pêro da Covilhã

Vers la même époque Jean II envoya en Orient, par la voie de terre, deux émissaires chargés de visiter l'Inde et le mystérieux royaume du Prêtre Jean, que l'on commençait à identifier à l'Abyssinie. Il s'agissait de recueillir le plus grand nombre possible d'informations sur ces contrées, et de plus, en ce qui concerne le Prêtre Jean, chef d'une chrétienté coupée de l'Occident par l'Islam, d'établir avec lui des relations d'amitié. Les deux hommes choisis étaient Afonso de Paiva et Pêro da Covilhã.

On connaît surtout Pêro da Covilhã. Il avait accompli diverses missions en Europe, approchant certains grands personnages comme le roi de France Louis XI, le duc de Bourgogne et les Souverains Catholiques. Il avait de plus visité l'Afrique du Nord. Expert en matière de commerce, il avait comme son compagnon une autre très rare et très précieuse compétence : il savait la langue arabe. Bref il joignait à un tempérament d'aventurier une préparation tech-

Indigènes de Guinée (Balthazar Springer, 1509).

nique qui le rendait parfaitement apte à accomplir la mission —
qui tenait à la fois de l'exploration, de la diplomatie et de l'espion-
nage — que le roi allait lui confier.

Les deux hommes partent de Santarém le 7 mai 1487, donc
un peu avant que Bartolomeu Dias ne quitte lui-même Lisbonne
pour son grand voyage. Ils passent par Valence, Barcelone, Naples
et Rhodes. Puis ils franchissent la mer et arrivent à Alexandrie. À
partir de là ils ne sont plus en terre chrétienne, et doivent se dégui-
ser en marchands. Ils gagnent Le Caire et Suez, et ils arrivent à
Aden dans l'été 1488. Là ils se séparent : Afonso de Paiva se ren-
dra en Éthiopie et Pêro da Covilhã en Inde.

Mais Afonso de Paiva tombe malade, peut-être de la peste, et
bientôt il meurt. Pêro da Covilhã, lui, va mener à bien son entreprise. On était en été et la mousson était favorable. Il s'embarque
sur un des navires qui se rendaient régulièrement en Inde, et il
arrive bientôt dans ce pays. Il visite Calicut et Goa, puis Ormuz,
à l'entrée du golfe Persique. Cette longue pérégrination de plus
d'une année lui permet de recueillir d'abondantes informations sur
la navigation et le commerce dans l'océan Indien et sur la côte occidentale de l'Inde.

À la fin de 1489, Pêro da Covilhã quitte Ormuz pour se rendre à Sofalá, port de la côte orientale de l'Afrique, situé dans
l'actuel Mozambique (aujourd'hui Nova Sofalá, par 20° 09' de latitude sud). C'est par ce port, que certains identifiaient avec le fabuleux Ophir du roi Salomon, que se faisait le commerce de l'or provenant de l'arrière-pays. Puis il revient à Aden, et enfin au Caire,
où il a dû arriver à la fin de 1490 ou au début de 1491.

Là il trouve deux juifs portugais que Jean II avait envoyés à
sa rencontre : un certain Joseph, originaire de Lamego, et le rab-
bin Abraham. Ils lui apprennent la mort d'Afonso de Paiva et lui
remettent des lettres de Jean II : le roi lui ordonnait de revenir
si sa mission était achevée, mais, dans l'hypothèse contraire, il lui
demandait de lui communiquer sans plus tarder toutes les informations déjà recueillies, et de continuer ses voyages. Comme la mort
d'Afonso de Paiva avait empêché de réaliser toute la partie du programme qui concernait l'Abyssinie du Prêtre Jean, c'est cette seconde
partie des instructions qu'il convenait de suivre. Pêro da Covilhã
rédige donc un long rapport bourré d'informations, et il le confie
à Joseph, qui rentre au Portugal et le remet à Jean II. Puis, accom-

pagné d'Abraham, il se rend d'abord à Aden et à Ormuz, où son
compagnon le quitte pour rentrer en Europe. Après quoi Pêro da
Covilhã gagne enfin l'Abyssinie. Il réussit à atteindre la cour du
négus Alexandre, dont il fut bien reçu, mais après la mort d'Alexandre son successeur Naod ne voulut jamais le laisser rentrer en
Europe. Il est donc resté en Abyssinie, où plusieurs Portugais lui
ont par la suite rendu visite. Il y vécut riche et entouré de la considération de tous, et c'est là qu'il mourut.

La pérégrination orientale de Pêro da Covilhã avait permis à
Jean II d'obtenir de nombreux renseignements sur cette région du
monde. Elle constitue donc, avec le périple de Bartolomeu Dias
qui lui est contemporain, et que nous allons maintenant étudier,
un préliminaire au voyage de Vasco de Gama.

Bartolomeu Dias double le cap de Bonne-Espérance (1487-1488)

On possède peu de renseignements sur ce Bartolomeu Dias.
C'était là un nom assez fréquent parmi les gens de mer, et il est
difficile d'identifier avec certitude tous ceux qui le portaient. On
sait néanmoins que le nôtre appartenait à la petite noblesse, étant
écuyer de la maison du roi.

Jean II lui confie le commandement d'une flotte de trois caravelles (dont une de vivres), qui partit de Lisbonne en août 1487.
Les pilotes étaient Pêro de Alenquer pour la caravelle de Bartolomeu Dias, Alvaro Martins et João de Santiago pour les deux autres.

Les trois bâtiments quittent donc Lisbonne dans l'été 1487. Arrivés au point extrême atteint par Diogo Cão, ils continuent vers le
sud. Le 6 janvier 1488, jour de la fête des Rois, Bartolomeu Dias
aperçoit une montagne qu'il appelle pour cette raison *Serra dos Reis*
(« Montagne des Rois »), et qui est aujourd'hui le Cardow Berg,
sur la rive nord de l'Oliphant River. Mais il doit s'éloigner de la
côte. Un vent violent le pousse vers le sud pendant treize jours.
Estimant qu'il a dû dépasser la pointe extrême du continent, il
oblique vers l'est. Aucune terre n'apparaît. Alors il se dirige vers
le nord, et aborde finalement la côte en un point de l'Afrique australe situé à l'est du promontoire tant redouté. Il avait franchi le

cap sans le voir ! Il appelle ce lieu *Baía dos Vaqueiros* (« Baie des Bouviers »), parce qu'il y avait là des Noirs éleveurs de bovins : c'est peut-être la Mossel Bay d'aujourd'hui, à peu près à mi-chemin entre Cape Town et Port Elizabeth.

Après s'être ravitaillés en eau, les Portugais reprennent la mer en direction de l'est. Ils sont désormais dans l'océan Indien. Bartolomeu Dias aurait voulu continuer. Mais les équipages sont las, et désirent revenir. La petite flotte va jusqu'à un cours d'eau qu'ils appelèrent *Rio do Infante* (« Fleuve de l'Infant »), et qui est aujourd'hui le Great Fish River (au nord-est de Port Elizabeth). C'est là que Bartolomeu Dias rebrousse chemin. Un peu avant, sur un gros rocher relié à la côte, il avait érigé un dernier *padrão*, le *Padrão de São Gregório*. L'endroit a été de nos jours identifié : le gros rocher s'appelle False Island. Des fouilles faites en 1938 ont permis d'y retrouver les restes du *padrão*.

Au retour Bartolomeu Dias suivit la côte, et il put enfin contempler le cap qu'il avait, à l'aller, dépassé sans le voir. Le cap des Tempêtes s'appellera désormais le cap de Bonne-Espérance : en le franchissant les Portugais avaient éliminé le dernier obstacle qui leur barrait l'accès de l'océan Indien, et ils pouvaient donc avoir *bon espoir* d'arriver bientôt aux Indes. Bartolomeu Dias put également, à cette occasion, constater que le point le plus méridional de l'Afrique n'était pas le cap de Bonne-Espérance lui-même, mais un autre cap, situé au sud-est de celui-ci, qu'on appelle aujourd'hui le cap Agulhas.

En décembre 1488 les trois caravelles étaient de retour à Lisbonne. Le roi Jean II savait désormais que la liaison maritime de l'Europe avec l'Asie était possible.

Le traité de Tordesillas (1494)

Les années qui suivent sont sans doute les plus glorieuses dans l'histoire de l'expansion des deux peuples ibériques. Désormais le Portugal n'est plus seul. L'Espagne, unie en une seule nation par le mariage d'Isabelle de Castille et de Ferdinand d'Aragon, va jouer un grand rôle dans cette aventure. C'est pour le compte d'Isabelle que Christophe Colomb accomplit son premier voyage (août 1492-

mars 1493) et découvre ce qu'il croyait être une région de l'Asie, mais qui était en réalité l'Amérique, en abordant, le 12 octobre 1492, dans une des Bahamas. Rentré le 15 mars de l'année suivante, il effectue son deuxième voyage de septembre 1493 à juin 1496. Et c'est peu après, comme nous allons le voir, que le Portugais Vasco de Gama relie l'Europe à l'Inde (1497-1499), et qu'un autre Portugais, Pedro Álvares Cabral, découvre le Brésil (1500).

Une rivalité devait inévitablement naître entre l'Espagne et le Portugal dans cette course à l'occupation des terres nouvelles. Le traité d'Alcáçovas (1469) était maintenant dépassé, et les deux pays devaient s'entendre à nouveau pour délimiter leurs zones d'expansion respectives. Des négociations furent entamées.

En mai 1493 le pape Alexandre VI, intervenant comme autorité suprême chargée d'une sorte de magistère universel, publia deux bulles qui fixaient comme frontière le méridien situé à cent lieues à l'ouest des Açores et du Cap-Vert : tout ce qui serait découvert à l'est de ce méridien serait portugais, et tout ce qui serait découvert à l'ouest serait espagnol.

Cette définition était fort imprécise, surtout en un temps où l'on calculait mal les distances maritimes d'est en ouest. Mais le roi du Portugal estima que la frontière ainsi fixée était située beaucoup trop à l'est. Les négociateurs portugais insistèrent pour qu'elle fût déplacée vers l'ouest. Et finalement ils obtinrent satisfaction : le traité signé à Tordesillas le 7 juin 1494 la définit comme le méridien passant à 370 lieues à l'ouest de l'archipel du Cap-Vert. Cette décision pose un problème. Même en tenant compte de la difficulté qu'il y avait alors à évaluer exactement les distances, le méridien en question englobait dans le domaine portugais non seulement toute l'Afrique, mais aussi toute la côte brésilienne de l'embouchure de l'Amazone au Rio Grande do Sul. Or le Brésil ne sera découvert officiellement que six ans plus tard, en 1500. Le roi du Portugal avait-il déjà, en 1494, connaissance de son existence ? Voulait-il s'assurer, en déplaçant assez loin vers l'ouest les frontières de son domaine, la possession du futur Brésil ? En tout cas les limites de Tordesillas, qui se prolongent de l'autre côté de la terre, définissent un partage du monde qui aura des conséquences considérables.

Le premier voyage de Vasco de Gama aux Indes (1497-1499)

Le voyage aux Indes par la route du Cap, qui après l'exploit de Bartolomeu Dias apparaissait comme possible, fut réalisé sous le règne de Manuel Ier (1495-1521), successeur de Jean II. Manuel choisit comme commandant en chef Vasco da Gama — que nous appellerons selon l'usage français Vasco de Gama —, et le mit à la tête d'une flotte de quatre navires (dont un de vivres, qui devait être détruit en cours de route). Pour la première fois dans l'histoire des découvertes, le commandant en chef était chargé de fonctions militaires et diplomatiques. Il emportait une lettre adressée au Samorim, souverain de Calicut, avec lequel Manuel Ier désirait établir des relations politiques et commerciales.

La flotte quitte Lisbonne le 8 juillet 1497. Elle est accompagnée pendant quelque temps par une caravelle qui emmenait Bartolomeu Dias à Saint-Georges-de-la-Mine. Les quatre vaisseaux de Vasco de Gama étaient le *São Gabriel,* placé sous son commandement direct, le *São Rafael,* sous celui de son frère Paulo de Gama, le *Bérrio* sous celui de Nicolau Coelho, et le navire de vivres sous celui de Gonçalo Nunes. Les pilotes avaient été soigneusement choisis. Celui du *São Rafael* était l'un des plus célèbres de son temps : Pêro de Alenquer, qui avait accompagné Bartolomeu Dias en 1487-1488. Il y avait quatre maîtres d'équipage, trois écrivains de bord, deux interprètes — Fernão Martins qui savait l'arabe et Martim Afonso qui avait vécu au Congo —, des religieux, les marins et calfats indispensables pour la manœuvre et l'entretien des navires, des soldats, et enfin un certain nombre de *degredados,* c'est-à-dire de délinquants condamnés à la déportation qui devaient être abandonnés sur les côtes pour essayer de s'intégrer à la population locale et servir plus tard d'agents de liaison entre elle et les Portugais. Quel était le total de ce personnel au départ de la flotte ? Il est difficile de le dire exactement. Sans doute entre 150 et 200 hommes.

Parmi eux, il y avait un certain Álvaro Velho, embarqué sur le *São Rafael.* On ignore sa fonction exacte, mais on lui doit un journal de bord qui raconte tout le voyage aller, et le voyage retour jusqu'à la Guinée. Ce récit est un document extraordinaire, qui nous permet de suivre au jour le jour tous les épisodes de cette aventure. Nous nous en inspirerons largement ici.

La petite flotte part donc de Lisbonne le 8 juillet 1497. Poussée par l'alizé, elle passe en vue des Canaries. Certains vaisseaux se trouvent alors séparés des autres par la brume. Conformément aux instructions reçues, ils se regroupent au Cap-Vert. Le 27 juillet, ils sont tous les cinq à l'ancre dans le port de Praia (on disait alors *Praia de Santa Maria*), dans l'île de Santiago. Ils y restent une semaine.

Le 3 août, ils reprennent la mer et mettent d'abord le cap au sud-est. Le 18 août un coup de vent du sud brise une vergue du *São Gabriel*. Bartolomeu Dias ne tarde pas à s'éloigner d'eux pour gagner Saint-Georges-de-la-Mine. Les quatre vaisseaux de Vasco de Gama entreprennent alors un long périple qui va les conduire, le 4 novembre suivant, en un point de l'Afrique australe situé au nord-ouest du cap de Bonne-Espérance. Malgré le mystère relatif (et peut-être volontaire) qui enveloppe cette traversée, sur laquelle le journal d'Álvaro Velho est très peu explicite, tous les historiens sont aujourd'hui d'accord pour dire que Vasco de Gama a suivi la route qui sera désormais celle de tous les navires à voile allant du Cap-Vert au cap de Bonne-Espérance : comme dans l'Atlantique sud les vents dominants soufflent dans le sens contraire à celui des aiguilles d'une montre, il est très difficile, à l'aller, d'atteindre le cap directement ; il faut donc, une fois franchis les calmes équatoriaux et tous leurs pièges, se laisser emporter très loin vers l'ouest, puis obliquer vers le sud, et enfin vers l'est, en s'abandonnant au lit du vent. Une telle route oblige à passer assez près des côtes brésiliennes, et l'on comprend ainsi comment les Portugais devaient fatalement être amenés à les rencontrer. Paradoxalement, le Brésil, à l'époque de la marine à voile, était situé sur le chemin qui conduisait de l'Europe à l'Inde.

Telle fut donc la route suivie par Vasco de Gama. À la hauteur de la Sierra Leone, il mit le cap au sud-ouest, naviguant en haute mer jusque vers le 34ᵉ ou le 35ᵉ degré de longitude ouest, puis, arrivé à proximité du Brésil, il amorça la longue boucle qui devait le ramener vers la pointe sud de l'Afrique. Il est évident que pour faire choix d'un pareil itinéraire, les Portugais devaient connaître d'une façon assez précise le régime des vents dans l'Atlantique sud. Mais il fallait de toute façon un singulier courage pour s'enfoncer ainsi dans l'immensité de l'océan avec les moyens dont on disposait alors. Le périple de Vasco de Gama est un des grands exploits de l'histoire de la navigation.

Le 4 novembre Gama aperçoit la côte africaine. Le 7, il met à l'ancre dans une grande baie qu'il appelle Sainte-Hélène, peut-être en souvenir du coup de vent du 18 août, jour de la fête de cette sainte. La baie Sainte-Hélène (c'est toujours son nom) se trouve à l'ouest du cap Columbine, à une centaine de milles du cap de Bonne-Espérance. Après plus de trois mois de mer, l'escale de Sainte-Hélène durera huit jours. On nettoie les navires, on répare les voiles, on ramasse du bois. Des hommes apparaissent. Ils ont la peau foncée, et Álvaro Velho remarque sur eux un objet étrange : leur étui pénien. « Ils sont recouverts de peaux, écrit-il dans son journal, et portent des gaines sur leurs parties naturelles. » Il achète un de ces objets pour un *ceitil*. On s'empare d'un indigène qui ramassait du miel sauvage et on l'emmène de force au commandant en chef, qui l'invite à sa table, le fait habiller et reconduire à terre. On montre aux Noirs de la cannelle, du clou de girofle, de l'or et de la semence de perles : ils semblent ignorer tous ces précieux produits. Décidément l'Inde et ses richesses sont encore loin ! Un certain Fernão Veloso s'en va, seul, au village africain. Mais cette fraternisation tourne mal, et à son retour une rixe éclate entre les Portugais et les Noirs, au cours de laquelle « le commandant en chef fut blessé, ainsi que trois ou quatre hommes ». Tel fut le premier contact des Européens avec les indigènes de l'Afrique australe.

Ils reprennent la mer le 16 novembre. Le 18 le cap de Bonne-Espérance apparaît. Ils doivent tirer plusieurs bords et, le 22 novembre, enfin, ils le dépassent. Le 25 novembre, ils mettent à l'ancre dans l'*Angra de São Brás* (« Anse de Saint-Blaise »), sans doute la « Baie des Bouviers » de Bartolomeu Dias, aujourd'hui Mossel Bay. Là ils se ravitaillent en eau. Puis ils détruisent le navire de vivres, et en répartissent l'équipage et la cargaison entre les trois autres. Ils restent douze jours à ce mouillage. Des indigènes se montrent en grand nombre. Ce sont des éleveurs de bovins. Ils sont plutôt pacifiques et le troc va bon train. À cet endroit du récit, Álvaro Velho conte l'épisode suivant :

> « Le samedi vinrent environ deux cents nègres, grands et petits, et ils conduisaient environ douze têtes de bétail, à la fois bœufs et vaches, et quatre ou cinq moutons. Et nous, dès que nous les vîmes, nous

allâmes à terre. Ils commencèrent aussitôt à jouer de quatre ou cinq flûtes. Les uns jouaient haut et les autres bas, d'une façon telle que, pour des nègres, gens qu'on ne s'attend guère à voir faire de la musique, ils s'accordaient fort bien ensemble. Et ils dansaient comme des nègres. Le commandant en chef fit sonner les trompettes, et nous, dans les chaloupes, nous dansions, et le commandant en chef dansait en même temps que nous. Et quand la fête fut finie nous allâmes à terre au même endroit que l'autre fois, et là nous troquâmes un bœuf nègre *(sic)* contre trois bracelets, et en fîmes notre dîner du dimanche. Il était très gras, et sa chair était savoureuse comme celle des bœufs du Portugal. »

Après avoir érigé un *padrão* que les indigènes détruisirent aussitôt, la petite flotte, réduite désormais à trois vaisseaux, reprend la mer le vendredi 8 décembre. Le samedi 16 elle est en face du *Rio do Infante* (Great Fish River), point extrême atteint par Bartolomeu Dias en 1488. Elle est arrêtée quelque temps par des vents et des courants contraires, puis la marche en avant se poursuit. La côte s'infléchit vers le nord. Ils sont maintenant dans des mers où aucun navire venant d'Europe n'avait jamais navigué.

Le 25 décembre, jour de Noël, ils se trouvent au large d'une côte qu'ils appellent, pour cette raison, le *Natal* (« Noël » en portugais). Le 11 janvier 1498 ils se ravitaillent en eau en un lieu où les indigènes sont accueillants, et qu'ils baptisent pour cette raison *Terra da Boa Gente* (« Pays des Bonnes Gens »). Il y a là l'embouchure d'un fleuve qu'ils appellent le *Rio do Cobre* (« Fleuve du Cuivre ») : ce doit être l'Inharrime, dans l'actuel Mozambique (au nord-est de Maputo, ex-Lourenço Marques). Les 24 et 25 janvier ils atteignent l'embouchure du Quelimane, située un peu au nord de celle du Zambèze. Ce qu'ils voient et ce que leur disent les gens est encourageant pour la suite de l'expédition, et ils appellent ce fleuve, pour cette raison, le *Rio dos Bons Sinais* (« Fleuve des Bons Indices »). Mais le scorbut commence à frapper les équipages. Donnons ici la parole à Álvaro Velho :

« Nous restâmes dans ce fleuve trente-deux jours, pendant lesquels nous nous ravitaillâmes en eau, nettoyâmes les navires et réparâmes le mât du *São Rafael*. Et là beaucoup des hommes tombèrent malades : leurs pieds et leurs mains enflaient, et leurs gencives gonflaient tellement sur leurs dents qu'ils ne pouvaient manger. »

Ils repartent et, le 2 mars 1498, mouillent près de l'île de

Mozambique. C'est là qu'ils ont leur premier contact avec le monde musulman de l'Afrique orientale. Álvaro Velho note que les gens de ce pays « sont de la secte de Mahomet et parlent comme les Maures » (façon de dire qu'ils parlent arabe). L'interprète d'arabe, Fernão Martins, les comprend. Il y a dans le port des vaisseaux appartenant à des commerçants musulmans, qui transportent des épices, ainsi que de l'or, de l'argent, des perles et des pierres précieuses.

Les Portugais quittent Mozambique le 11 mars 1498. Ils se sont procuré un pilote musulman. Mais l'absence de vent les oblige à revenir à Mozambique. Les rapports avec les autochtones se tendent, et ils doivent parfois livrer combat. Le 27 mars ils reprennent la mer pour de bon et, le 7 avril, mouillent près de Mombasa (dans l'actuel Kenya). L'hostilité de la population locale est de plus en plus perceptible, et ils découvrent de justesse les machinations de certains « Maures » (musulmans) qui veulent les attirer à terre afin de les tuer.

Ils repartent de Mombasa le 13 avril. Le lendemain 14 ils s'emparent d'une embarcation et font prisonniers les dix-sept hommes qui la montaient. Le même jour ils arrivent à Mélinde (aujourd'hui Malinda, au Kenya). L'atmosphère y est bien différente de celle qu'ils avaient trouvée à Mombasa. Le sultan local les reçoit amicalement, et leur fournit un pilote. (On a longtemps cru qu'il s'agissait du fameux Ahmed Ibn Majid, l'un des meilleurs pilotes orientaux de son temps, mais des travaux récents ont montré qu'il avait cessé de naviguer vers 1465.)

Le 24 avril la flotte quitte Mélinde et, sous la conduite du pilote, traverse en droiture l'océan Indien. Le 18 mai ils aperçoivent la côte de l'Inde et le dimanche 20 jettent l'ancre près de Calicut, but ultime de leur voyage.

Ils y restèrent un peu plus de trois mois. Gama est reçu par le Samorim. Ce titre, qui signifie « seigneur de la mer », était porté par le rajah de Calicut, principal port de la côte du Malabar. Calicut était très fréquenté par les marchands arabes de la mer Rouge, qui allaient y négocier les épices. Gama remit au Samorim la lettre de Manuel Ier, qui lui proposait de conclure une alliance et d'établir des relations commerciales avec le Portugal. Mais le souverain indien, circonvenu par les marchands musulmans, tergiverse. Gama et les siens sont retenus et menacés. Ayant réussi à regagner son bord, Gama quitte Calicut le 29 août et gagne l'île d'Angediva, à quelque 420 km plus au nord. Il y répare ses vaisseaux et y reste jusqu'au 5 octobre.

Cette première prise de contact des Portugais avec les habitants de l'Inde, qui comme on voit ne fut pas très amicale, mérite qu'on s'y arrête. Les Portugais arrivaient avec l'intention d'établir des relations commerciales pour attirer vers Lisbonne le trafic des épices, qui se faisait jusque-là exclusivement par l'intermédiaire des marchands arabes. Ils voulaient de plus prendre contact avec les chrétiens de l'Inde, qui existaient vraiment, mais qu'ils imaginaient beaucoup plus nombreux qu'ils n'étaient dans la réalité. Enfin ils étaient animés d'une profonde hostilité envers les musulmans (appelés par eux « Maures », comme en Occident), qu'ils trouvaient là encore sur leur chemin, et qui pour eux étaient à la fois des ennemis de la foi et des concurrents commerciaux.

Álvaro Velho fit partie de l'escorte de treize hommes qui accompagna Vasco de Gama dans sa première visite au Samorim. Il décrit dans son journal tous les détails de cette scène : Gama arrive porté sur un palanquin et suivi des treize Portugais à pied, tandis qu'une foule immense regarde ces étrangers barbus qui viennent du bout du monde. On les mène à un temple hindou qu'ils prennent sans hésitation pour une église, tellement ils étaient convaincus d'arriver en terre chrétienne.

> « Ils nous menèrent alors à une grande église, dans laquelle il y avait les choses suivantes. D'abord le corps de l'église, qui a la grandeur d'un monastère, bâti de pierres taillées en forme de briques. Et il y avait à la porte principale un pilier de bronze, et au sommet de ce pilier était un oiseau qui avait l'air d'un coq, et un autre pilier de la hauteur d'un homme, et très gros. Et au milieu du corps de l'église est un clocher tout en pierres de taille, avec une porte assez large pour qu'un homme y puisse passer, et un escalier de pierre, car on montait à cette porte, laquelle était de bronze. Et il y avait dedans une petite image dont ils disaient qu'elle était de la Sainte Vierge. Et devant la porte principale de l'église, le long du mur, étaient sept petites cloches. Là le commandant en chef fit oraison, et nous tous avec lui. »

Voilà nos Portugais dans la « chapelle » de cette « église ». Les prêtres, vêtus de robes de lin blanc qu'ils mettent sur leur épaule gauche et serrent sous leur bras droit « comme l'étole des diacres », les aspergent d'« eau bénite » et leur donnent « une argile blanche que les chrétiens de ce pays ont l'habitude de se mettre sur le front, sur la poitrine, autour du cou et sur le gras du bras ». Álvaro Velho remarque de nombreux « saints » peints sur les murs de cette « église », « et chacun de ces saints avait quatre ou cinq bras ».

Mais l'heure est venue de rentrer au pays. Vasco de Gama quitte Angediva le 5 octobre 1498. La traversée de l'océan Indien fut plus pénible qu'à l'aller, car la saison était défavorable. Le scorbut fit de nouvelles victimes. Ils arrivent à Mélinde le 2 janvier 1499 et, comme à l'aller, sont bien reçus par le sultan local. Ils en repartent le 11 janvier. Près de Mombasa ils brûlent le *São Rafael,* et la flotte se trouve réduite à deux vaisseaux, le *São Gabriel* et le *Bérrio,* entre lesquels sont répartis les hommes du *São Rafael.* Ils reprennent la mer et mouillent devant l'île de São Jorge, près de Mozambique, où Gama érige son sixième et dernier *padrão.* Le 3 mars ils sont à l'*Angra de São Brás.* Ils doublent le cap de Bonne-Espérance le 20. Poussés par l'alizé du sud-est, ils traversent rapidement le golfe de Guinée en ligne droite. Le 25 avril 1499 ils sont à l'embouchure du Geba (dans l'actuelle Guinée-Bissau). Ici s'arrête le journal d'Álvaro Velho.

Les deux vaisseaux gagnent alors l'île de Santiago, au Cap-Vert, où ils se séparent. Nicolau Coelho, avec le *Bérrio,* reçoit mission de rallier au plus vite Lisbonne, où il arrive le 10 juillet. Vasco de Gama, voyant son frère Paulo gravement malade, frète une caravelle dans laquelle il rentre au Portugal par la route habituelle des Açores. Il s'arrête dans l'île Terceira avec son frère mourant. Il avait confié le *São Gabriel* à João de Sá, l'ancien écrivain de bord du *São Rafael* (le navire détruit à Mombasa). João de Sá parvient à Lisbonne avant le 28 août. Vasco de Gama, dont le frère était mort dans l'île Terceira, arrive le dernier à une date difficile à préciser, peut-être le 29 août 1499.

Pedro Álvares Cabral découvre le Brésil (1500)

Dès le retour de Nicolau Coelho, Manuel Ier décide d'envoyer en Inde une nouvelle flotte, beaucoup plus grande et plus puissante que celle de Vasco de Gama. Il en donne le commandement à Pedro Álvares Cabral. Âgé alors de trente-deux ou trente-trois ans, Cabral appartenait à une vieille famille de la noblesse. Ce n'était pas un marin professionnel : le roi l'avait choisi sans doute pour ses qualités de chef de guerre et de diplomate. Cette flotte comprenait treize navires, et l'effectif total des équipages était au moins de 1 200 hommes. Jamais une pareille armada n'avait encore navigué aussi loin sous la bannière du roi du Portugal. Parmi les capitaines figuraient certains des découvreurs de la route des Indes, comme Bartolomeu Dias et Nicolau Coelho. L'un des pilotes était le fameux Pêro Escolar, qui avait exploré le golfe de Guinée au temps de Fernão Gomes et avait piloté le *Bérrio* dans le voyage de Vasco de Gama.

La flotte quitte le Tage les 8 et 9 mars 1500. Elle passe en vue des Canaries (14 mars), puis de l'une des îles du Cap-Vert (22 mars). On constate le lendemain que l'un des vaisseaux a disparu. Réduite à douze bâtiments, elle met bientôt le cap au sud-ouest, amorçant la grande boucle qui, dans l'Atlantique sud, devait la ramener vers le cap de Bonne-Espérance. Et c'est alors, le mercredi 22 avril 1500, qu'ils aperçoivent une terre. Cabral la nomme « Ile de la Vraie Croix » *(Ilha de Vera Cruz)*. C'était le Brésil ! Le lendemain 23 Nicolau Coelho débarque en chaloupe avec quelques marins. Puis la flotte va chercher un meilleur mouillage. Elle le trouve à quelques lieues plus au nord, dans une anse que l'on a identifiée de nos jours avec la *Baía Cabraia* (par 16° 17' de latitude sud), près du Rio Mutari (appelé autrefois l'Itacumirim), un peu au nord de Porto Seguro, dans la partie méridionale de l'État de Bahia. Elle y reste jusqu'au 2 mai.

L'un des navires (commandé par Gaspar de Lemos) part le même jour pour Lisbonne, afin d'y annoncer la découverte. Il transporte une longue lettre adressée à Manuel Ier, et rédigée par Pêro Vaz de Caminha, écrivain de bord de l'un des vaisseaux. Elle est datée du 1er mai. On trouvera dans le présent volume la traduction française de cet extraordinaire document. Écrite au moment même de l'événement, la lettre de Pêro Vaz de Caminha ouvre vraiment « en direct », comme disent aujourd'hui les journalistes de télévision, l'histoire du Brésil. On est frappé par la simplicité, le naturel et même le pittoresque du ton. En contant les épisodes principaux qui marquent cette arrivée des premiers Européens sur la terre du

Brésil — le contact d'abord méfiant, puis plus amical, avec les indigènes, les premiers pas sur ce sol inconnu, l'érection d'une croix, et enfin la messe solennelle célébrée sur le rivage le vendredi 1er mai —, Pêro Vaz fait des réflexions qui concernent à la fois la nature et les hommes. La nature est accueillante, riante, colorée. Hommes et femmes sont beaux et pacifiques. Ils vont complètement nus, mais n'en ont pas honte. Ils semblent en somme vivre dans l'innocence de la nature, comme Adam et Ève avant la chute. Nul doute qu'il sera facile de les évangéliser. La lettre de Pêro Vaz est ainsi la première expression d'un courant de pensée qui, en se développant, aboutira, au Brésil et en Europe, à l'idéalisation de la nature tropicale et au thème du « bon sauvage ».

Les onze vaisseaux auxquels est réduite désormais la flotte de Cabral quittent donc, le 2 mai 1500, l'« Ile de la Vraie Croix » pour l'Inde. La traversée jusqu'au cap de Bonne-Espérance est dramatique : une tempête se déchaîne, et quatre des vaisseaux sont engloutis avec leurs équipages. C'est là que mourut Bartolomeu Dias. Un cinquième navire (celui de Diogo Dias, frère de Bartolomeu) est séparé du reste de la flotte et continue seul sa route vers l'océan Indien. Les six vaisseaux qui restent, sur les treize partis de Lisbonne, atteignent l'Inde en août 1500.

Les Portugais connaissaient-ils déjà le Brésil ?

Mais Cabral a-t-il été vraiment le premier à atteindre le Brésil ? Certains en doutent. L'obstination avec laquelle les négociateurs portugais ont exigé que le méridien de Tordesillas fût tracé le plus loin possible à l'ouest, assez loin pour que le territoire dévolu au Portugal englobât toute la côte brésilienne de l'Amazone au Rio Grande do Sul, ne peut s'expliquer, selon eux, que parce qu'ils connaissaient déjà l'existence de cette terre. Nous avons évoqué ce point à propos du traité de Tordesillas. Dans cette hypothèse l'arrivée de Cabral au Brésil serait simplement une sorte de mise en scène, une façon d'officialiser une découverte déjà réalisée, et de proclamer l'appartenance de la nouvelle terre au roi du Portugal.

Seuls des documents attestant l'existence de voyages de découverte au Brésil avant 1500 permettraient de vérifier cette hypothèse. Malheureusement aucun des arguments qui ont été invoqués à ce sujet n'est vraiment probant. Ces arguments sont pour l'essentiel de deux types.

D'une part, trois navigateurs espagnols — Alonso de Hojeda, Vicente Yánez Pinzón et Diego de Lepe — ont semble-t-il effectué avant 1500 des expéditions sur ce qui est aujourd'hui la côte septentrionale du Brésil. Il s'agissait pour eux d'explorer les mers voisines de la région des Caraïbes où avait pénétré Christophe Colomb. Mais ces voyages, dont l'existence soulève de multiples problèmes, n'ont pas dû dépasser vers l'est l'estuaire de l'Amazone.

Plus intéressante est l'hypothèse relative à une expédition qui aurait été effectuée dès 1498 le long des côtes du Brésil par un personnage hors du commun, le célèbre Duarte Pacheco Pereira. Géographe, cosmographe, navigateur et homme de guerre, Duarte Pacheco avait participé aux explorations du golfe de Guinée, et Bartolomeu Dias, au retour de son voyage, en 1488, l'avait trouvé, malade, à l'île du Prince, et l'avait ramené à Lisbonne. Il était chevalier de la maison du roi, et il avait, lors des négociations aboutissant au traité de Tordesillas, fait partie de la délégation portugaise. Il n'est donc pas invraisemblable que Manuel Ier l'ait chargé, en 1498, d'une mission d'exploration aux limites occidentales de l'Atlantique sud. Mais c'est surtout quelques années plus tard qu'il se fait connaître. Parti aux Indes en 1503, il y resta jusqu'en 1505 et s'illustra dans les combats qui opposaient alors les Portugais au roi de Calicut. Duarte Pacheco deviendra même, pour les chroniqueurs portugais, le type du « soldat des Indes », en somme une sorte de héros national. Revenu au Portugal, il entreprend, de 1505 à 1508, la rédaction d'un ouvrage au titre étrange, l'*Esmeraldo de situ orbis*. En 1509, il commande une petite flotte qui défait au large du cap Finisterre le corsaire français Mondragon. Il participe en 1511 à l'expédition envoyée au secours de Tanger. Il est gouverneur du château de Saint-Georges-de-la-Mine de 1519 à 1522. Il tombe ensuite en disgrâce et meurt à une date imprécise, peut-être en 1533.

Homme d'action et en même temps homme de pensée, tenant, selon l'expression de Camões, l'épée d'une main et la plume de l'autre, Duarte Pacheco est une personnalité très caractéristique du temps des découvertes. L'œuvre qu'il a laissée, cet *Esmeraldo de situ orbis* que nous avons évoqué plus haut, est, à l'image de son auteur, une sorte de vaste synthèse. Adressé au roi Manuel Ier, cet ouvrage est resté inachevé et n'a jamais été imprimé à l'époque. Deux copies manuscrites en ont été conservées. On les a redécouvertes au XIXe siècle, et l'*Esmeraldo de situ orbis* a pu depuis lors être publié. Il s'agit d'un livre sur la cosmographie et les navigations, qui concerne essentiellement les découvertes portugaises depuis l'infant Henri. Mais c'est aussi une chronique, un exposé des connaissances géographiques du temps et une réflexion sur le monde.

Or vers le début de l'ouvrage se trouve une page qui a depuis longtemps attiré l'attention des historiens. S'adressant au roi Manuel Ier, destinataire de l'ouvrage, Duarte Pacheco y déclare : « Dans la troisième année de votre règne, en l'an de grâce 1498, Votre Altesse m'a ordonné d'aller à la découverte dans les régions de l'occident, en traversant toute la grandeur de la mer océane, là où l'on a trouvé et longé en naviguant une grande terre ferme, etc. » Il s'agit évidemment de l'Amérique, que d'après les précisions qu'il donne ensuite Duarte Pacheco conçoit déjà comme un immense continent. Mais les phrases s'embrouillent bientôt dans une accumulation de subordonnées, et le lecteur ne suit plus la pensée de l'auteur. Pacheco veut-il dire qu'il a lui-même accompli ce voyage de découverte ? Veut-il dire au contraire qu'il en a simplement reçu l'ordre, et que d'autres ont réalisé depuis lors la mission projetée, découvrant ce vaste continent situé à l'ouest, au-delà de « toute la grandeur de la mer océane » ? À la fin de cette longue et obscure période on lit : « allant le long de la susdite côte, en continuant sur le même cercle équinoxial (= le même méridien) de vingt-huit degrés vers le pôle antarctique (= jusqu'à 28° de latitude sud), a été trouvé beaucoup de fin brésil (= bois brésil, recherché comme colorant, d'où est venu le nom du Brésil), ainsi que beaucoup d'autres choses dont les navires de ce royaume reviennent grandement chargés ». Mais là encore le texte est ambigu : « a été trouvé », par qui ? par Duarte Pacheco ? par d'autres ? On ne sait.

Depuis un siècle que cette page énigmatique est connue les historiens s'efforcent en vain d'en pénétrer le sens exact. Beaucoup pensent que l'expédition de découverte a bien eu lieu en 1498, que Duarte Pacheco en était bien le chef, et qu'elle a eu effectivement comme destination les côtes brésiliennes. S'il en était ainsi le vrai découvreur du Brésil ne serait pas Cabral, mais Pacheco. Malheureusement le doute est permis.

L'Amérique du Nord et le Labrador

Il y a donc bien des points obscurs dans l'histoire des découvertes, et l'on pourrait aussi, en ce sens, parler de mer des Ténèbres. Qui pourra jamais arracher tous ses secrets à l'océan dévoreur d'hommes et de navires ? Nous allons retrouver ces mystères en quittant les côtes brésiliennes (où fut organisée dès 1501-1502 une expédition à laquelle prit part le Florentin Americo Vespucci, lequel eut la gloire un peu abusive de donner son nom au continent découvert par Christophe Colomb), et en examinant le rôle joué par les Portugais dans l'exploration de l'Atlantique nord.

Un historien découvrit à la fin du siècle dernier, dans les archives d'un procès, l'existence de deux personnages originaires de l'île Terceira, aux Açores, João Fernandes Lavrador et Pêro de Barcelos, qui naviguèrent pendant trois ans dans l'Atlantique septentrional et atteignirent le Groenland. Il s'agissait en réalité d'une redécouverte, puisque chacun sait que les Vikings y avaient pris pied bien des siècles plus tôt. Certaines cartes du temps désignent effectivement le Groenland du nom de *Labrador*, qui est l'équivalent espagnol du portugais *Lavrador*. Et c'est ce même toponyme qui désignera plus tard la presqu'île canadienne du Labrador. Si l'existence de cette expédition ne fait pas de doute, sa date est au contraire difficile à préciser. Mais certains indices font penser qu'elle s'est déroulée entre 1495 et 1498.

Un peu plus tard eurent lieu d'autres explorations dans les eaux froides de l'Atlantique nord. Elles eurent comme auteurs deux frères originaires eux aussi des Açores, Gaspar et Miguel Corte-Real. En 1500 Gaspar aurait atteint le Groenland, Terre-Neuve, le Canada, le Saint-Laurent et l'Hudson. Reparti l'année suivante, il disparaît corps et biens. Son frère Miguel part alors à sa recherche, en mai 1502, et disparaît lui aussi.

Qu'est-il arrivé aux frères Corte-Real ? Il existe aux États-Unis un mystérieux rocher — le rocher de Dighton — situé à l'embou-

chure du fleuve Taunton, dans le Massachusetts, au nord de la localité de Fall River. Sur ce rocher apparaissent des inscriptions entre-
croisées, qui remontent de toute évidence à des dates très diverses,
et que l'usure du temps et l'érosion des marées a rendues difficilement lisibles. Certains ont cru y déchiffrer le nom de Miguel
Corte-Real et les trois mots latins *hic dux hind[orum]* (« ici chef
des Indiens »). Ce serait la preuve que Miguel Corte-Real a vécu
là après son naufrage et qu'il est devenu chef d'une tribu indienne.
En réalité les inscriptions du rocher de Dighton sont tellement difficiles à lire qu'on peut y trouver tout ce qu'on veut. La fin des
frères Corte-Real garde son mystère. Mais quelle belle histoire !

Le voyage de Magellan (1519-1522)

Le voyage de Magellan est sans doute l'un des plus grands
exploits maritimes de la période des Découvertes, et peut-être même
de tous les temps. Il nous faut en parler ici, car bien qu'il eût
navigué pour le compte du roi d'Espagne, Magellan était portugais. Il s'appelait en réalité Fernão de Magalhães, nom dont les
Espagnols ont fait Hernando de Magallanes, et les Français Fernand
de Magellan. Né vers 1480, il avait acquis une grande expérience
de la mer, et avait séjourné de longues années en Asie, visitant
Goa, Cochin, Quiloa et même Malacca. Il avait connu Francisco
Serrão, qui fut responsable de la factorerie des Moluques.

Le 21 septembre 1519, Magellan quitte le port espagnol de San
Lucar de Barrameda à la tête d'une flotte de cinq vaisseaux : le
Trinidad, le *San Antonio*, le *Concepción*, le *Victoria* et le *Santiago*.
Les équipages comprenaient au total 265 hommes. Outre les Espagnols, il y avait parmi eux des Portugais, des Italiens, des Grecs
et même des Français. De sorte qu'on peut parler, en un sens, d'un
personnel européen. La mission de Magellan consistait à se rendre
aux Moluques par la route de l'ouest, en doublant le continent
américain par le sud. Il s'agissait pour le roi d'Espagne, qui était
alors Charles Ier (bientôt couronné empereur sous le nom de Charles Quint), d'affirmer sa souveraineté sur ces îles, situées de l'autre
côté de la terre, et dont l'appartenance à l'hémisphère espagnol
en vertu du traité de Tordesillas était contestée par les Portugais.

Nous possédons, du voyage de Magellan, six relations faites par

Haut : Les Portugais à Ormuz, déjeunant dans la piscine pour se protéger de la chaleur (anonyme du milieu du XVIe siècle), man. 1889, Biblioteca Casanatense, Rome. Bas : Idolâtres, brahmanes et musulmans indiens, in : Histoire de la navigation aux Indes orientales..., Jean Huygen de Linschoten, Amsterdam, 1638.

des hommes qui y ont personnellement pris part. La plus longue et la plus détaillée est due à un Italien originaire de Vicence, Antonio Pigafetta. C'est d'elle que nous nous inspirerons ici, en la complétant le cas échéant par les autres, en particulier par celle d'un pilote génois anonyme. Ces relations sont d'accord entre elles pour l'essentiel, mais elles sont de longueurs très inégales, et divergent sur d'assez nombreux points de détail, en particulier sur les noms de lieux et sur les dates.

La flotte quitte donc San Lucas le 20 septembre 1519, fait une escale de quelques jours aux Canaries, passe au large des îles du Cap-Vert sans s'y arrêter, cingle vers la Sierra Leone, et met ensuite le cap vers l'ouest. Pendant la traversée de l'Atlantique une grave dissension, lourde de menaces pour l'avenir, oppose Magellan à l'un de ses principaux lieutenants, Juan de Cartagène, commandant du *San Antonio*. La flotte, arrivée sur la côte brésilienne, la longe jusqu'à la baie de Rio de Janeiro, où elle fait relâche du 13 au 26 décembre 1519. Elle en repart alors, met le cap vers le sud-ouest, et arrive au Rio de la Plata, qui était situé à l'ouest du méridien de Tordesillas, donc dans le domaine espagnol. Magellan constate que c'est l'estuaire d'un fleuve et qu'il n'y a là aucun passage vers l'ouest. Il continue donc vers le sud, relâche dans deux îles peuplées de pingouins et de phoques (qu'on appelait alors des loups marins) et arrive le 31 mars 1520 à l'emplacement de l'actuel port argentin de San Julián, où il comptait passer l'hiver austral.

C'est pendant l'escale de San Julián qu'éclata une grave mutinerie. Parmi les meneurs se trouvaient certains des principaux commandants de la flotte, en particulier Juan de Cartagène dont nous avons parlé tout à l'heure. Ils avaient projeté d'assassiner Magellan, puis de revenir en Espagne. Le commandant en chef identifie les coupables et sévit contre eux avec la dernière énergie. Ici les divers récits divergent, mais il reste que certains furent mis à mort et que d'autres furent abandonnés sur la côte. Après quoi Magellan pardonna, mais en modifiant la distribution des commandements. Il envoie ensuite le *Santiago* vers le sud en reconnaissance. Ce vaisseau fait naufrage, mais l'équipage, dans sa presque totalité, est sauvé.

Fin août Magellan quitte San Julián, mais il s'arrête une nouvelle fois et attend encore deux mois avant de poursuivre. Il double ensuite un cap qu'il appelle le cap des Vierges, car on était

le 21 octobre, jour de la fête des Onze Mille Vierges. Il trouve
là une baie qui semble être l'entrée d'un détroit. Il y pénètre pru-
demment, et envoie en reconnaissance le *San Antonio* et le *Concepción*, pendant que le *Trinidad* et le *Victoria* restent à l'ancre.
Une tempête se lève, mettant en péril les vaisseaux. Le *San Antonio* et le *Concepción* effectuent néanmoins leur reconnaissance, par-
courant une série de baies qui communiquent par des chenaux
étroits. Le paysage est dominé par des montagnes couvertes de neige.
L'eau est très profonde, et l'on ne peut jeter l'ancre qu'en s'approchant dangereusement de la rive.

Le *San Antonio* et le *Concepción* viennent rendre compte des
résultats de leur exploration, et les quatre navires s'enfoncent alors
ensemble dans la profondeur du détroit. Arrivés à une dernière baie,
ils trouvent devant eux deux passages : l'un est orienté vers le sud-
est, l'autre vers le sud-ouest. Magellan envoie le *San Antonio* et
le *Trinidad* dans le premier, et se dirige vers le second avec les
deux autres navires. Alors, à l'instigation de leur pilote, les marins
du *San Antonio* se mutinent et font prisonnier leur commandant
— Álvaro Mesquita, qui était cousin germain de Magellan — puis
se mettent en route pour regagner l'Espagne.

Magellan, qui ne sait encore rien de tout cela, les attend pendant quatre jours. Il profite de ce délai pour envoyer une chaloupe
en reconnaissance vers l'ouest. Elle revient en annonçant qu'elle est
allée jusqu'à l'extrémité du détroit et que là elle a vu la mer libre !
Le *Concepción* réapparaît lui aussi, mais le *San Antonio* reste introu-
vable. Magellan le suppose perdu. Alors, conformément aux instructions reçues pour le cas où une situation de ce genre se pro-
duirait, il fait ériger sur les hauteurs des croix au pied desquelles
il dépose des messages donnant toutes les indications nécessaires sur
la route à suivre pour le rejoindre. Puis il part avec les trois vaisseaux qui lui restent, et arrive enfin de l'autre côté, dans un océan
calme et paisible, à qui il donne le nom d'océan Pacifique.

Le *Trinidad*, le *Victoria* et le *Concepción* mettront quatre mois
à traverser cette immensité. Aucune flotte européenne n'était jamais
venue dans ces régions, et Magellan n'a pour se guider ni carte
ni routier. L'eau et les vivres manquent bientôt cruellement et beaucoup d'hommes meurent du scorbut. « Le biscuit que nous man-
gions, écrit Pigafetta, n'était plus du pain, mais une poussière mêlée
aux vers qui en avaient dévoré toute la substance. Elle avait en outre

une puanteur insupportable, parce qu'elle était imbibée d'urine de
rats. » Pendant de longues semaines ils ne rencontrent aucune terre,
sauf deux îles désertes. En mars 1521 ils trouvent une île aux habitants très hostiles, qu'ils appellent l'« île des Voleurs » (c'était une
des Mariannes), et atteignent finalement les Philippines.

Ils s'arrêtent dans une petite île qu'on peut identifier avec Limas-
sawa (au sud de Leyte). Le roi local les reçoit amicalement. Un
nommé Henrique, esclave de Magellan et originaire de Java, comprend la langue du pays, et il servira désormais d'interprète. Le
dimanche de Pâques une messe solennelle est dite sur le rivage,
en présence de cinquante hommes de la flotte sous les armes. Mais
Magellan cherche un meilleur mouillage. Il le trouve dans l'île de
Cebu, située au centre de l'archipel des Philippines. Il conclut avec
le souverain local, au nom du roi d'Espagne, un traité de paix et
d'alliance. Il peut ouvrir à terre un magasin et faire du commerce.
Le roi se reconnaît sujet de Charles Quint et accepte d'adopter la
religion chrétienne. Il est baptisé sous le nom de Carlos, et tout
son peuple l'est avec lui.

Mais un autre roi, qui régnait dans l'île voisine de Mactan, était
en guerre contre celui de Cebu et, selon Pigafetta, refusait de devenir chrétien. Le roi de Cebu demanda à Magellan, conformément
au traité conclu, de l'aider à le mettre à la raison. Le 27 avril 1521,
de grand matin, Magellan, à la tête d'un détachement de soixante
hommes, débarque à Mactan et livre bataille au roi rebelle. Mais
l'affaire tourne mal. Magellan et huit des siens sont tués. Les survivants se replient en désordre en abandonnant les corps de leur
commandant et de leurs camarades.

Après ce revers, la situation des Espagnols se détériore drama-
tiquement. De connivence avec l'interprète javanais, qui depuis quelque temps devait jouer un double jeu, le roi de Cebu, qui se disait
chrétien, va commettre une abominable félonie. Il invite à un grand
festin les principaux chefs de la flotte et leur suite. Vingt-quatre
s'y rendent. Pendant le repas ils sont tous massacrés, à l'exception
du Javanais complice et de João Serrão qui, blessé, se traîne jusqu'à
la plage et que ses camarades, malgré ses supplications, refusent
de secourir.

Sur les deux cent soixante-cinq hommes qui avaient quitté
l'Espagne il n'en reste plus maintenant qu'une centaine. Ils se
hâtent de fuir l'île maudite de Cebu. Relâchant près de Bohol,

ils brûlent le *Concepción*, dont l'équipage est réparti entre les deux navires qui leur restent, le *Trinidad* et le *Victoria*. Ensuite commence une longue croisière à travers les îles occidentales de l'archipel philippin, jusqu'à Bornéo. L'islam est arrivé dans ces régions : ils y trouvent un roi « maure » et livrent plusieurs batailles. Ils réussissent néanmoins à caréner leurs deux vaisseaux, et ils obtiennent des renseignements sur la façon de se rendre aux Moluques.

Ils atteignent enfin cet archipel, qui est l'un des principaux centres producteurs des « épices », ces épices dont l'Europe est alors si friande. Les Portugais s'y sont établis : ils occupent depuis plusieurs années la petite île de Ternate, à l'ouest de la grande île appelée aujourd'hui Halmahera. Ils y font du commerce et se préparent à y élever une forteresse. Nos Espagnols, pour qui les Portugais sont des rivaux et presque des ennemis, s'installent (le 8 novembre 1521) dans l'île voisine de Tidore. Le souverain local devient leur ami et les laisse commercer à leur guise, en leur fournissant des épices à satiété.

Quand les deux vaisseaux ont fait leur plein de ces précieuses épices, nos hommes se préparent à regagner l'Espagne. On découvre alors une voie d'eau dans la cale du *Trinidad*. Il faut le mettre à sec et le réparer, ce qui va prendre plusieurs mois. On doit donc se résoudre à se séparer. Le *Victoria* prend seul la mer, le 21 novembre 1521, sous le commandement de Juan Sebastián Elcano, avec un équipage de soixante hommes (quarante-sept Européens et treize indigènes). Il va emprunter la « route des Portugais », comme on disait alors, c'est-à-dire celle du cap de Bonne-Espérance. Il gagne d'abord Timor, où il reste, selon Pigafetta, du 25 janvier au 11 février 1522. Elcano adopte ensuite un itinéraire qui passe au sud de Java et de Sumatra, afin d'éviter les Portugais. Pigafetta et nos autres sources ne nous renseignent guère sur la façon dont fut traversé l'océan Indien. On nous dit cependant que les équipages auraient bien voulu faire relâche à Mozambique, car les vivres manquaient cruellement. Mais ils eurent le courage d'y renoncer, pour ne pas se heurter, une fois de plus, à l'hostilité portugaise. Nous savons aussi qu'ils restèrent neuf semaines devant le cap de Bonne-Espérance sans pouvoir le doubler, à cause des vents contraires. « Finalement, dit Pigafetta, avec l'aide de Dieu, nous doublâmes le terrible cap le 6 mai. »

Naviguant ensuite en droiture vers le nord-ouest, ils atteignirent les îles du Cap-Vert le 9 juillet. Ils perdirent vingt et un hommes dans cette traversée. Le lendemain, à l'escale de Santiago, ils demandèrent quel jour on était. On leur répondit : le vendredi 10 juillet. Or ils avaient soigneusement compté les jours depuis leur départ d'Espagne, et pour eux c'était le jeudi 9. Ce mystère, dit Pigafetta, s'explique fort bien, « car ayant toujours navigué vers l'ouest, dans la direction du soleil, nous devions, en revenant au même point, gagner vingt-quatre heures sur ceux qui y étaient restés. Il suffit de réfléchir pour s'en convaincre. »

À cette escale de Santiago, qui est terre portugaise, treize hommes qui étaient allés se ravitailler sont arrêtés et emprisonnés. Les autres reprennent la mer. Le 6 septembre 1522 ils arrivent enfin à San Lucar de Barrameda et le 8 ils sont à Séville. Ils étaient dix-huit à remettre le pied sur la terre d'Espagne — les premiers hommes à avoir fait le tour du monde. Parmi eux se trouvait l'Italien Antonio Pigafetta, qui écrit à ce propos :

> « Le mardi nous descendîmes tous à terre, en chemise et pieds nus, tenant un cierge à la main, et nous allâmes à l'église de Notre-Dame de la Victoire et à celle de Santa Maria de Antigua, comme nous avions promis de le faire dans nos moments de détresse. »

Mais qu'est devenu le *Trinidad*, que nous avons laissé aux Moluques, immobilisé par une voie d'eau ? Il fallut quatre mois pour le remettre en état de naviguer. Le 6 avril 1522 il put enfin reprendre la mer, sous le commandement de Gonzalo de Espinosa. Celui-ci avait fait le projet de regagner l'Espagne par l'est, sans passer, comme à l'aller, par la pointe méridionale de l'Amérique, mais en abordant le continent à la hauteur du Panama ou du Mexique. On ignorait encore la configuration des côtes dans cette région du monde. Mais Espinosa se disait sans doute qu'une fois là, il trouverait bien le moyen de transporter les hommes et la cargaison du Pacifique vers la mer des Antilles et l'Atlantique.

Comme nous ne disposons plus, pour cette dernière aventure, du témoignage de Pigafetta, il faut bien nous en remettre aux récits assez brefs du pilote génois anonyme mentionné plus haut et d'un marin espagnol du nom de Gines de Mafra, tous deux participants du voyage, en les complétant par un manuscrit conservé à Leyde (Hollande), qui sans doute résume la relation d'un autre survivant.

Ajoutons-y une lettre envoyée au roi Jean III, en 1523, par António de Brito, commandant de la forteresse portugaise de Ternate,
aux Moluques, qui a recueilli les rescapés à leur retour. Ces diverses sources divergent sur certains points de détail, mais elles concor-
dent sur l'essentiel. On peut donc reconstituer comme suit, dans
ses grandes lignes, l'aventure du *Trinidad*.

Ce navire quitte l'île de Tidore le 6 avril 1522, avec un équipage d'une soixantaine d'hommes, sous le commandement de Gonzalo de Espinosa. Une fois sortis de l'archipel des Moluques, ils
mettent le cap vers le nord-est, et entreprennent de traverser
l'immensité, alors inexplorée, du Pacifique nord. Ils progressent très
lentement, à cause des vents contraires. Le 11 juillet ils touchent
l'une des Mariannes (peut-être l'île de Guguan), où ils embarquent
de force un indigène. Puis recommence l'épuisante traversée, toujours en direction du nord-est. L'eau et les vivres manquent bientôt, et plusieurs des marins meurent. Ils parviennent à des latitudes situées très au nord, où il fait très froid. À un certain moment
ils comprennent qu'ils n'atteindront jamais leur but. Alors (c'était
dans le courant de septembre) ils décident d'abandonner et de revenir aux Moluques, d'où ils étaient partis depuis environ cinq mois.

Où se trouvaient-ils au moment où ils firent demi-tour ? Nos
diverses sources s'accordent pour dire qu'ils avaient atteint le 40e
ou le 42e degré de latitude nord, ce qui signifie, même si l'on tient
compte de l'imprécision des mesures du temps, qu'ils étaient quelque part entre le sud de l'île japonaise de Hokkaïdo et le nord
de la Californie. La distance parcourue depuis les Moluques était
estimée à 900 lieues, ce qui correspond à près de 3000 milles marins
(environ 5 500 km). Ils devaient donc se trouver au milieu du Pacifique nord.

Le retour vers les Moluques fut plus rapide que l'aller. Ils repas-
sent par les Mariannes, où l'indigène qu'ils avaient embarqué de
force s'enfuit. Quand ils arrivent aux Moluques ils ne sont plus
que vingt-quatre survivants, si affaiblis qu'ils ne peuvent même plus
jeter à la mer les corps de leurs camarades morts. Ils apprennent
qu'un détachement portugais, commandé par António de Brito, est
en train de construire une forteresse dans l'île de Ternate. Espinosa lui envoie l'écrivain du bord, porteur d'une lettre qui est un
appel au secours. Dans leur détresse nos Espagnols oublient le conflit
qui oppose les deux couronnes ibériques ! Brito reçoit la lettre le

20 octobre 1522. Il donne aussitôt l'ordre de ramener le *Trinidad*
à Ternate, avec ce qui reste de son équipage. Les rescapés sont bien
traités, sauf l'un d'entre eux qui est portugais, et qu'António de
Brito fait passer en jugement.

Ils restèrent trois ou quatre mois à Ternate, attendant le retour
de la mousson. Ils s'embarquèrent alors pour Malacca et pour l'Inde.
Là ils se dispersèrent. La plupart y finirent leurs jours, sauf le capi-
taine Espinosa et une poignée d'hommes qui regagnèrent l'Europe.
Parmi eux étaient le pilote génois anonyme et l'Espagnol Gines de
Mafra, qui firent tous les deux le récit de cette aventure.

Vers la Chine

Au retour des derniers compagnons de Magellan, il n'y a guère
plus de cent ans que Jean Ier a inauguré avec la conquête de Ceuta,
la période des navigations et des découvertes. Il nous reste à évoquer maintenant l'étape qui a suivi ces « cent Glorieuses » et qui
concerne avant tout la Chine et le Japon. L'effort principal des Portugais se portait sur l'Asie. Ils y avaient établi un réseau de places
fortes chargées de protéger les routes commerciales, avec pour capitale Goa, sur la côte du Malabar. La thalassocratie portugaise pros-
péra dans toute cette partie du monde pendant la première moitié
du XVIe siècle. Les navires portugais explorèrent alors la plupart des
côtes et des îles de l'océan Indien et de l'Indonésie. Malacca avait
été conquise en 1511 par Afonso de Albuquerque. Les dernières
places vers l'est étaient celles des Moluques, dont il vient d'être
question à propos de Magellan.

Au-delà de Malacca, entre Bornéo, les Philippines et le continent asiatique, s'étend la mer de Chine. Les Portugais n'y pénétrèrent que dans le cours du XVIe siècle, et leur arrivée dans ces
régions se fit par deux voies bien différentes : le commerce et la
propagation de la foi catholique. Ils furent ainsi les premiers Européens à visiter la Chine et le Japon.

La Chine était alors gouvernée par la dynastie Ming. Les empereurs Ming maintenaient leur pays dans un orgueilleux isolement,
refusant aux étrangers l'accès de leur territoire et interdisant à leurs
sujets les voyages lointains. Après la prise de Malacca (1511) quelques marchands portugais, comme Jorge Alvares et Rafael Peres-

trelo, s'aventurent en Chine à titre individuel. Le roi Manuel Ier essaie d'amorcer des relations officielles. Il envoie un ambassadeur, l'apothicaire Tomé Pires, qui arrive à Canton en 1517. L'empereur le fait attendre trois ans avant de l'autoriser à venir à Pékin, où il est fort mal accueilli. On lira dans l'un des chapitres du présent ouvrage (« À la recherche du Cathay ») les péripéties de cette ambassade. Il s'agissait en somme d'un énorme malentendu. L'empereur considérait la Chine comme le centre du monde, le seul pays civilisé au milieu des barbares, et il ne concevait pas qu'un prince étranger pût lui envoyer un ambassadeur pour autre chose que pour lui rendre hommage et se reconnaître son vassal. Au bout de plusieurs mois Tomé Pires rentre à Canton. Les membres de sa suite, à deux exceptions près, sont massacrés. Lui-même est arrêté et emprisonné. Il mourra quelques années plus tard sans avoir revu son pays.

De 1522 à 1554, il n'y a plus de relations officielles d'aucune sorte entre la Chine et l'étranger. Les seuls Européens présents dans le pays sont des prisonniers. Mais à défaut de commerce au grand jour un trafic clandestin s'organise. Des Portugais, mi-pirates mi-marchands, s'installent dans des établissements temporaires dont le plus connu est Liampó (Quen-Hai). Longtemps l'empereur ferme les yeux. Mais en 1548-1549 il décide de sévir contre les marchands étrangers. Liampó est alors détruit. C'est pendant cette période, en 1552, que le jésuite François Xavier essaie vainement de pénétrer en Chine pour en entreprendre l'évangélisation. Il doit s'arrêter aux portes de l'empire, dans l'île de Zang-Zhouen (les Portugais l'appellent « Sanchoão »), située devant l'estuaire de la Rivière des Perles, le fleuve de Canton, et là, au bout de trois mois, il meurt.

En 1554, enfin, les Portugais sont autorisés à commercer dans la province de Canton. C'est vers cette époque qu'ils commencent à fréquenter Macao, dans une presqu'île voisine de cette ville. En 1557, ils obtiennent le droit d'occuper Macao en vertu d'une sorte de location perpétuelle. Mais Macao n'est rien de plus qu'un rendez-vous de marchands : rien de commun avec les points d'appui fortifiés que le roi du Portugal possède ailleurs en Asie. La même année 1557 le dominicain Gaspar da Cruz séjourne lui aussi quelques mois à Canton. C'est ainsi que les Portugais commencent à entrer en Chine.

Fernão Mendes Pinto
et sa Pérégrination

Il nous faut, à ce point de notre exposé, parler d'un assez étonnant personnage, mélange d'aventurier, de trafiquant et d'écrivain : Fernão Mendes Pinto. Né vers 1510, il passa vingt et un ans en Asie, de 1537 à 1558, et mourut au Portugal en 1583, laissant un long récit de l'histoire de sa vie, qui fut publié seulement en 1614, sous le titre de *Pérégrination de Fernão Mendes Pinto*. Les expériences de Mendes Pinto, telles qu'il les raconte, sont en partie réelles et en partie fabuleuses, de sorte que nous avons là un livre d'un genre assez particulier, mi-autobiographie et mi-roman d'aventures. Il nous donne de l'époque des Découvertes une image déformée, mais par là même significative.

Une grande partie du séjour de Mendes Pinto en Asie s'est passée sur la mer de Chine et dans les îles et les continents qui la bordent. Quand il y arrive, et pour de longues années encore, cette région du monde est fermée à la navigation régulière et au commerce normal, puisque la Chine, comme on vient de le voir, se replie alors dans un orgueilleux isolement. Toutes les mers situées au-delà de Malacca, entre les continents et les îles, sont une zone qu'aucune puissance organisée ne vient policer, un monde cruel où règnent la contrebande et la piraterie, — terrain de chasse idéal pour ceux qui, comme notre Mendes Pinto, rêvent de folles aventures et de fortunes faciles.

Il nous raconte donc, dans sa *Pérégrination*, qu'après avoir participé à une expédition en Abyssinie il est fait prisonnier par les Turcs. Vendu comme esclave, puis racheté par les autorités portugaises, il gagne l'Inde et se met au service du gouverneur de Malacca. En 1539 et 1540 il accomplit pour le compte de celui-ci diverses missions diplomatiques à Sumatra et dans le nord de la Malaisie, puis il s'attache à la personne d'un aventurier-commerçant portugais appelé António de Faria. Celui-ci veut se venger d'un pirate musulman, Coja Acem, qui lui a volé une cargaison. Il poursuit Coja Acem sur toutes les côtes de l'Asie du Sud-Est et de la Chine, et ce ne sont pendant plusieurs mois que typhons, naufrages et jonques prises à l'abordage, jusqu'au jour où Coja Acem et les siens sont enfin anéantis. António de Faria prépare alors une expédition d'une audace inouïe, qui consiste à aller piller, dans une île appelée Calemplui, située très loin vers le nord, les tombeaux des empereurs de Chine. L'aventure se termine par un demi-échec. Quelque temps après António de Faria disparaît avec sa flotte au cours d'un typhon, et il n'y a que onze survivants chez les Portugais, parmi lesquels Fernão Mendes Pinto.

Abandonnés à eux-mêmes dans l'immense empire chinois, nos Portugais connaissent les plus affreuses infortunes et subissent les pires humiliations. Arrêtés, mis en prison, relâchés, obligés de mendier le long des routes, comme l'ont effectivement été à cette date, nous le savons, un certain nombre d'Européens, ils visitent les grandes villes de l'empire. C'est l'époque où les Tartares envahissent la Chine. Nos Portugais assistent à ces événements, et ils visitent même la Tartarie. Pour finir ils accompagnent une ambassade que le roi des Tartares envoie au roi de la « Cauchenchina », pays que notre texte situe à l'emplacement de l'actuel Tonkin.

Vient ensuite le récit du voyage que Mendes Pinto, avec deux compagnons, fait au Japon. Ils pénètrent d'abord dans l'île de « Tanixumá » (Tanegashima), la plus méridionale de l'archipel, puis dans le royaume du Bongo, où le roi les reçoit amicalement. Mendes Pinto affirme à ce propos avec force que lui et ses compagnons ont été les premiers Européens à pénétrer dans le pays. Ils ont été, en somme, les vrais « découvreurs » du Japon. Revenu en Chine, Mendes Pinto révèle aux marchands installés à Liampó les énormes profits qu'ils pourraient faire en commerçant avec le Japon. Ils improvisent une flotte de neuf jonques, et les voilà partis pour ce pays. Mais l'affaire tourne mal : une tempête détruit les jonques, et Mendes Pinto, avec de rares survivants, est jeté sur une des îles Ryû-Kyû, entre Formose et le Japon. Il renonce à poursuivre cette équipée, regagne la Chine et se retrouve bientôt à Malacca.

Il accomplit ensuite, pour le compte du gouverneur portugais de Malacca, une mission dans le royaume du Pegu (l'actuelle Birmanie), assiste aux guerres qui ravagent alors cette partie de l'Asie, et est fait prisonnier par les gens du roi des Bramas, ennemi de celui du Pegu. Le roi des Bramas l'envoie en mission « chez un prince très puissant qui habite au cœur du continent, à une grande distance de là ». Ce mystérieux royaume, que l'on ne peut s'empêcher d'identifier avec le Tibet, est appelé le « Calaminhão ». Mais le voyage se fait par les fleuves, détail parfaitement invraisemblable : allez donc voir si l'on peut aller de la Chine méridionale au Tibet en naviguant sur les fleuves !

Après de nouvelles aventures dans les îles de la Sonde et au Siam, Mendes Pinto accomplit un second voyage au Japon, où il assiste à une révolution de palais dans le royaume du Bongo. Il revient à Malacca, et là il rencontre François Xavier, le grand jésuite évangélisateur de l'Asie, dont la figure va désormais dominer le récit. L'apôtre se rend au Japon, où il va prêcher l'Évangile. Effectivement, nous savons que François Xavier a séjourné dans le royaume du Bongo de 1549 à 1551. Mendes Pinto, qui ne pensait, lui, qu'au commerce, s'y rend lui-même pour la troisième fois, et il y rencontre François Xavier. C'est en témoin oculaire qu'il raconte dans la *Pérégrination* la fin de la mission du jésuite, sa visite au roi, sa dispute avec les bonzes. Quand François Xavier quitte le Japon, ils sont tous deux dans le même vaisseau. De retour à Goa, l'apôtre veut aller évangéliser la Chine, et, comme nous l'avons vu plus haut, il réussit seulement à aller mourir, abandonné de tous, devant l'estuaire de la Rivière des Perles (1552).

Jusqu'à sa rencontre avec François Xavier, nous ne connaissons les aventures de Mendes Pinto que par ce qu'il nous en dit lui-même. Or beaucoup de ces aventures sont tout à fait invraisemblables. Mais en même temps il est clair qu'il y a en elles une certaine part de vérité. Mendes Pinto a connu ces pays, et il nous donne parfois à leur sujet des renseignements précis qui ont toutes les apparences de la vérité. De sorte que le lecteur moderne se frotte les yeux, ne sachant comment tracer la frontière entre le réel et l'imaginaire. Mais à partir de la rencontre avec François Xavier, les aventures de Mendes Pinto s'insèrent dans une trame d'événements historiques qui sont datables et localisables. Nous les connaissons en particulier par les relations qu'en ont faites les jésuites. Après le brouillard des chapitres précédents, nous sommes maintenant en mesure de vérifier, au moins en partie, les récits de notre homme, et même de les compléter. Résumons :

François Xavier est mort en 1552, au bord de l'inaccessible Chine. En 1554 ses cendres sont ramenées à Goa. Mendes Pinto se trouve dans cette ville, qui est la capitale de l'Inde portugaise. Notre homme est en partance pour le Portugal : c'est un riche négociant qui, fortune faite, se prépare à regagner son pays pour y passer en paix le reste de ses jours. Le père maître Belchior, supérieur des jésuites en Asie, va attendre en mer le vaisseau qui transporte les cendres de l'apôtre, que tout le monde considère déjà comme un saint. Mendes Pinto l'accompagne. Il assiste ensuite aux émouvantes cérémonies qui ont lieu à Goa pour les funérailles du saint. Alors — le croiriez-vous ? — il est foudroyé par la grâce. Après une brève retraite dans l'une des maisons de la Compagnie, il décide de tout abandonner. Il liquide son immense fortune : une petite partie ira au Portugal soulager ses sœurs et son frère, mais l'essentiel est donné à la Compagnie. C'est la classique conversion du pécheur. Mendes Pinto ne possède plus rien. Il demande aux jésuites de l'accueillir parmi eux, et sa prière est exaucée. Bien plus, il fera partie de la mission de onze personnes qui, sous la conduite du père maître Belchior, quitte Goa en avril 1554 pour aller évangéliser le Japon. L'ancien trafiquant est devenu le frère Mendes Pinto.

La mission n'arrivera au Japon que deux ans plus tard — en juillet 1556. Des mois précieux auront été perdus à attendre la mousson, une première fois à Malacca, une seconde fois à Macau. Voilà enfin nos jésuites dans le royaume de Bongo.

Et c'est alors que se produit un dernier et définitif retournement. Le frère Mendes Pinto déclare que tout bien considéré, il n'a pas la vocation. Il plante là ses compagnons et redevient pour quelques mois le trafiquant qu'il avait si longtemps été. Il rentre à Goa, et, en 1558, regagne définitivement le Portugal.

Il y a de tout dans cet étonnant personnage. Il est impossible de croire tout à fait à ce qu'il raconte, mais en même temps il est impossible de ne pas y croire un peu, en raison de la précision et de l'exactitude de beaucoup des informations qu'il nous donne sur la lointaine Asie. Mais ce sont ces inconséquences qui, précisément, sont significatives. Il est vain, à notre avis, d'essayer de les effacer, comme ont voulu le faire certains critiques, pour ramener cette personnalité multiple à l'unité d'une tendance ou d'une passion dominante — en voyant en lui, par exemple, et exclusivement, une sorte de *pícaro* portugais, ou un écrivain satirique, ou encore un précurseur de l'exotisme. Il a été tout cela à la fois, et bien d'autres choses encore. Et c'est ce qui fait l'originalité de cet homme inclassable, à la fois trafiquant, soldat, pirate, diplomate, jésuite, écrivain, que sais-je encore ? Fernão Mendes Pinto, c'est l'Aventurier des mers de Chine.

Le Japon

Le Japon, le fabuleux Cipango que Christophe Colomb croyait pouvoir atteindre par la route de l'ouest, était, au début du XVIe siècle, aussi fermé que la Chine. Là aussi les Portugais furent les premiers.

On pense qu'ils commencèrent à arriver vers 1543. Fernão Mendes Pinto, nous venons de le voir, affirme avoir été l'un d'entre eux. En tout cas des marchands portugais entreprennent alors — à une époque où les relations avec la Chine étaient officiellement interdites — de se rendre au Japon. Un des plus anciens rapports sur le Japon, rédigé en castillan par le Portugais Jorge Álvares, date de 1548. Après l'ouverture partielle de la Chine (1554), et surtout après la concession de Macao (1557), les échanges commerciaux avec le Japon deviennent plus intenses.

Quant à l'évangélisation, elle est longtemps l'œuvre des seuls jésuites, parmi lesquels figuraient beaucoup de Portugais. François Xavier et les premiers missionnaires arrivent, comme nous l'avons vu, en 1549. C'est un échec, et en 1551 François Xavier doit rentrer en Inde, pour aller mourir l'année suivante aux portes de la Chine. En 1556 la nouvelle mission des jésuites, celle dont Mendes Pinto faisait partie, arrive au Japon, sous la direction du père maître Belchior. C'est encore un échec. Mais par la suite les jésuites réussiront à s'implanter très solidement dans le pays et à y fonder une chrétienté prospère : en 1581 on comptait au Japon 200 églises et près de 150 000 chrétiens. En 1583 les franciscains se joignirent aux jésuites. Cette chrétienté japonaise, hélas, ne durera pas longtemps : au XVIIe siècle les persécutions s'abattront sur elle, et elle ne tardera pas à disparaître. Mais l'action des missionnaires, s'ajoutant aux échanges commerciaux, eut pour effet d'éveiller en Occident un vif intérêt pour le Japon. Et en même temps ce pays apprit à connaître l'Occident. Dans ces premiers échanges les agents principaux, du côté européen, ont été les Portugais.

Les navigations et les découvertes ont marqué l'histoire du Portugal. Mais en élargissant dans de fantastiques proportions la connaissance du monde, et en modifiant la vision que l'homme se faisait de lui-même, elles ont aussi marqué l'histoire universelle. Tous les domaines de l'activité humaine — relations politiques et économiques, arts et techniques, littérature, morale et religion — en ont subi le contrecoup. Le message des Découvertes a été partout reçu, et il a tout ébranlé. Un seul exemple : l'*Utopie* de Thomas More. Ce livre, rédigé en latin par un humaniste anglais, et publié à Louvain en 1516, qui décrit la société idéale du « Pays de Nulle-Part », prend pour point de départ un récit imaginaire qu'aurait fait à l'auteur un marin portugais, ancien compagnon d'Americo Vespucci. Le mythe de l'Utopie est donc lui aussi, d'une certaine façon, un produit des Découvertes.

Mais les navigations et les découvertes ont aussi été une aventure très concrète, vécue par des êtres de chair et de sang, qui pour la plupart n'étaient certes pas des saints. On y trouve tout un déchaînement de passions, de brutalités et de violences. Mais cette aventure a aussi exigé un singulier courage. On y voit des hommes aux prises avec le mystère, la peur, la souffrance et la mort. Comme toutes les grandes avancées de l'histoire, celle-là a coûté beaucoup de sueur, de larmes et de sang. Il est bon, après un demi-millénaire, d'en rappeler le souvenir.

Paul Teyssier

2. *Naviguer*

*« Naviguer est indispensable, vivre n'est pas indispensable »,
disait la devise des anciens navigateurs. S'embarquer sur les
vaisseaux de la « route » des Indes ou du Brésil constitua aux
XVᵉ et XVIᵉ siècles l'Aventure absolue : la petitesse des navires,
la légèreté des matériaux de construction, les épouvantables
conditions d'hygiène et de vie lors des traversées, sont encore
difficiles à imaginer aujourd'hui.*

Vaisseaux et mariniers

Francisco Contente Domingos

Les caravelles sont les bateaux mythiques des navigations de découverte. En réalité, sous ce nom, sont communément désignés toutes sortes de navires qui n'ont que peu de chose en commun, si ce n'est les conditions précaires et pénibles dans lesquelles s'accomplissaient les voyages.

Les voyages des découvertes et de l'expansion aux XVe et XVIe siècles ont été faits avec des moyens techniques qui nous semblent aujourd'hui extrêmement précaires. Et ceci est particulièrement vrai pour les navires quand nous pensons à leurs dimensions et aux matériaux de construction des petites embarcations, comme la caravelle qui a servi à l'exploration systématique de tout l'océan Atlantique au XVe siècle jusqu'à ce que Bartolomeu Dias doublât le cap de Bonne-Espérance.

Cependant ces navires représentèrent un moment technologique décisif : en eux les Européens avaient trouvé le moyen technique adéquat pour inaugurer par voie maritime un contact régulier avec les autres continents. En ce sens, les caravelles, nefs et galions portugais du XVIe siècle eurent un rôle prépondérant dans le processus de l'expansion.

Les premiers voyages d'exploration de la côte occidentale africaine furent entrepris avec une embarcation conventionnelle appelée *barca*. Elle était « conventionnelle » car nous étions encore loin des innovations qui furent les conséquences (et souvent l'origine) des découvertes.

La *barca* était très commune dans la navigation fluviale et le cabotage le long des côtes. Mais sous cette désignation générique, on englobe des navires de dimensions variées dont on ne sait que très peu de chose. La *barca* avec laquelle Gil Eanes doubla le cap Bojador en 1434 était de 30 tonneaux environ, avec un mât muni d'une seule voile ronde (c'est-à-dire une voile rectangulaire, mais appelée ainsi en raison de la forme qu'elle prenait gonflée par le vent). Un simple plancher constituait le pont courant, et des toiles de la poupe à la proue permettaient d'abriter l'équipage.

Quand Gil Eanes retourna explorer la côte africaine, il le fit en compagnie d'Afonso Gonçalves Baldaia qui commandait un *barinel*. C'était le plus grand navire employé jusqu'alors dans les voyages de découverte, selon ce que nous dit João de Barros, mais cela ne suffit pas à en avoir une meilleure connaissance. Du *barinel*, de fait, nous ne savons rien de concret : il est possible qu'il ait eu une voile latine (triangulaire) sur ses deux mâts, et non ronde, comme on l'a cru pendant très longtemps. Il n'y a pas de raison pour croire que ses caractéristiques aient été différentes pour le reste de celles de la *barca*.

On comprend aisément cette méconnaissance du *barinel* : dès le retour de Baldaia, au début des années 1440, nous allons voir surgir la caravelle latine qui sera jusqu'en 1488 le protagoniste des grands voyages d'exploration maritime dont elle deviendra une sorte d'emblème.

La documentation de l'époque nous parle de *caravelas de descobrir* — voulait-on dire que nous sommes devant une embarcation conçue spécialement pour les voyages de découverte ? La question est controversée, comme l'est la caractérisation du navire en soi.

En effet, le terme *caravela* est des plus imprécis : la mention la plus ancienne qui se réfère à une caravelle portugaise date de 1226 (et de 1255 sur un document portugais), et la plus récente de 1738. Les types de caravelles signalés durant cette période sont si variés que nous ne pouvons en toute conscience parler de *la caravelle,* mais bien de *caravelles*.

La caravelle des découvertes (désignation que nous maintenons par commodité) faisait environ 50 tonneaux, avait un seul plancher, avec un pont coupé surélevé en poupe, et deux mâts avec des voiles latines triangulaires. Ce n'est que vers la fin du XVe siècle que l'artillerie apparut à bord des navires portugais : fauconneaux, barces et bouches à feu de petit calibre.

Ce type de caravelle était différent de ceux connus antérieurement, qui n'avaient presque toujours qu'un seul mât. Mais qu'est-ce qui avait convaincu des hommes comme l'Italien Ca'da Mosto de le considérer comme le meilleur navire de son temps ?

Le « secret » de la caravelle portugaise résidait dans le fait que la superficie de ses voiles était sensiblement le double de ce qui était l'usage dans des embarcations de même taille. Telle est la conclusion des travaux d'archéologie navale les plus récents, et ce fait suffirait à expliquer l'aptitude particulière des caravelles à naviguer à la bouline. La navigation à la bouline consiste à progresser en zigzag contre la direction dominante du vent (c'est ce qu'on appelle de manière erronée « naviguer contre le vent »). Les navires capables d'opérer avec facilité une telle manœuvre, laquelle est souvent nécessaire dans les zones où l'on ne connaît pas les régimes des vents et des courants, détiennent là un incontestable avantage.

Ce fut avec deux caravelles latines que Bartolomeu Dias partit de Lisbonne en 1487, pour revenir dans les derniers mois de 1488 après avoir doublé le cap de Bonne-Espérance et trouvé enfin la liaison maritime entre l'Atlantique et l'océan Indien. La route qu'il suivit en longeant la côte occidentale africaine est par elle-même la preuve suffisante des conditions physiques de la navigation en Atlantique sud. Ce fut pour cette raison la dernière fois que la caravelle eut un rôle décisif dans les voyages d'exploration.

La route de Vasco de Gama, au contraire, montre à l'évidence que naviguer en haute mer dans l'Atlantique sud n'était déjà plus une nouveauté pour les Portugais : ses navires tirèrent une large bordée vers l'ouest au sud des îles du Cap-Vert, jusqu'à s'approcher de la côte brésilienne avant d'infléchir leur route vers l'est, c'est-à-dire vers le cap de Bonne-Espérance.

Vasco de Gama commandait des navires à voiles rondes, utiles seulement quand on avait le vent en poupe, c'est-à-dire quand on connaissait bien les mers où l'on devait naviguer : c'étaient des « nefs » *(naus)*. Ces navires avaient en général trois ponts courants devant arrière, trois mâts avec des voiles rondes sur ceux de devant et une voile latine sur celui de poupe. Ils étaient munis de pièces d'artillerie de gros calibre, comme les *sphères,* les *serpentines* et les *chameaux.*

L'artillerie navale joua un rôle important au XVIᵉ siècle bien que les tactiques guerrières ne fussent pas fondamentalement différentes de celles pratiquées auparavant. Tonnages des navires et puissance de feu augmentaient de concert : les plus lourdes pièces embarquées sur les nefs de l'Inde pesaient plusieurs centaines de kilos.

Le développement de l'artillerie fut très longtemps conditionné par l'absence de standardisation des bouches à feu, qui étaient faites une à une, tout comme les munitions. De là provenaient les noms apparemment étranges de chaque pièce, dérivés presque toujours des motifs décoratifs sculptés dans le corps de chacune d'elles. Ce n'est qu'à la fin du XVIᵉ siècle qu'on enregistre la tendance à grouper en trois catégories (canons, pierriers et couleuvrines) les pièces similaires entre elles.

Selon les données dont nous disposons pour cette époque, une nef de 500 à 600 tonneaux possédait environ 40 pièces d'artillerie, dont la moitié de gros calibre. C'est du moins ce que nous apprend le *Livro náutico,* précieux manuscrit qui se trouve à la Bibliothèque nationale à Lisbonne ; mais dans la réalité des faits, ces chiffres varient beaucoup selon la capacité financière des armateurs, les pièces d'artillerie absorbant à elles seules environ 25 p.100 des coûts de construction d'une nef « pour l'Inde ».

Si, au temps de Vasco de Gama, les navires étaient petits (le sien ne devait pas dépasser 120 tonneaux), ils en atteignirent rapidement 400 sous le règne de Manuel Iᵉʳ (1495-1521) et plus de 1 000 vers le milieu du siècle. Cette tendance au gigantisme des navires fut sévèrement critiquée, et on promulgua une loi qui imposa aux armateurs un tonnage maximal. Cependant, s'il est vrai que cette mesure n'eut que peu d'effet, on put également constater une tendance à construire des bateaux au tonnage moyen, situé entre 500 et 700 tonneaux.

Autour de 1520 commencent à apparaître des documents portugais qui se réfèrent à un nouveau type de navire : le galion.

Les caractéristiques du galion portugais ont toujours été l'objet de controverses entre les différents spécialistes en la matière. Une chose est cependant certaine : il était complètement différent des galions espagnols et anglais.

Ce navire était particulièrement adapté à la guerre sur mer : par rapport à une nef de même tonnage, sa coque était plus longue, effilée et étroite, et les œuvres mortes, c'est-à-dire la partie émergée de la coque du navire, étaient également plus basses.

Le galion avait en général une voilure typique : les deux mâts antérieurs comportaient des voiles rondes, et les deux mâts arrière — les mâts de misaine et de contre-misaine — des voiles latines. Alliée à la forme spécifique de la coque, cette voilure conférait au navire de bonnes qualités pour la navigation. Certains auteurs avancent que ce fut le premier navire à voile de haut bord conçu pour le combat sur mer ; quoi qu'il en soit, il est sûr qu'il était fréquent de confondre les nefs et les galions, même sur les documents de l'époque qui attribuent parfois les deux noms au même navire. (On appelait « caraques » les nefs d'environ 2 000 tonneaux qui pouvaient comporter jusqu'à 7 ou 8 planchers).

Nefs et galions furent les deux grands voiliers de la route de l'Inde. Les besoins du transit commercial avec l'Orient développèrent alors la construction navale jusqu'à un niveau encore jamais atteint.

Activité hautement traditionnelle au Portugal, en raison du commerce et de la pêche au long cours, du cabotage et de la navigation fluviale, la construction navale devint une « industrie » en pleine expansion dès le début des découvertes, et connut un énorme développement au XVIe siècle. La construction de navires de fort tonnage impliqua pour chaque unité une mobilisation spectaculaire de main-d'œuvre et la recherche incessante de matières premières.

Sur la *Ribeira das naus* de Lisbonne travaillaient au milieu du siècle près d'un millier d'ouvriers spécialisés, nombre impressionnant pour l'époque. Tout l'estuaire du Tage grouillait d'activités, la rive sud en enregistrant elle-même un nombre croissant, qui servaient de support logistique aux navigations (par exemple la fabrication de biscuit pour les flottes) et atteignirent de hauts niveaux de production dès les dernières décennies du XVe siècle.

La construction navale se répandit dans toutes les possessions portugaises, et en Inde, la *Ribeira* de Goa parvint à jouir d'une réputation méritée pour sa capacité de production et la qualité de ses travaux.

Tout cela ne signifie pas que nous connaissons les méandres de cette activité. Au contraire, à commencer par l'organisation du travail, les conditions de son exécution (par exemple : qui faisait la commande des navires ? quels étaient les délais ? etc.), jusqu'au moment de la mise à flot, nous n'avons que très peu d'informations.

Nef du XVIᵉ siècle ; l'équipage mesure la hauteur du soleil avec l'astrolabe nautique et observe la lune avec la balestilha (arbalète). Hans Staden, 1557.

Une conséquence est cependant visible : le Portugal possède un très bel ensemble de textes sur la construction navale, qui atteste bien des progrès techniques réalisés à cette époque.

Fernando Oliveira (1507-158 ?) fut l'auteur des deux premiers traités portugais. Le premier, écrit en latin autour de 1570 et intitulé *Ars Nautica*, constitue une véritable encyclopédie navale dont la seconde partie est consacrée à la construction proprement dite. En 1580, il fut réécrit en portugais par son auteur avec le titre de *Livro da fábrica das naus,* le plus connu de cette série de textes dès sa réédition en 1898 par Henrique Lopes de Mendonça, le fondateur des études d'archéologie navale au Portugal.

Suivirent le *Livro primeiro de arquitectura naval* de João Baptista Lavanha (début du XVIIᵉ siècle) et le *Livro das traças da carpintaria* de Manuel Fernandes (1616), un manuscrit remarquable par la beauté de ses dessins techniques (plus de 250) qui vient d'être réédité en fac-similé au Portugal. Du point de vue graphique, ce livre ne peut être comparé qu'aux *Fragments of ancient shipwrightry* de l'Anglais Mathen Baker (et d'un collaborateur anonyme) qui attendent encore leur éditeur.

En dehors des *Traités,* terme que nous attribuons à une œuvre achevée, écrite par un seul auteur avec l'intention de couvrir totalement ou partiellement un même sujet, nous disposons également de collections de documents techniques de même importance : c'est par exemple le cas des notes réunies dans les miscellanées connues sous le nom de *Livro náutico,* cité plus haut. Ce sont des indications d'écritures différentes, généralement des notes concises et brèves rédigées par et pour des professionnels, et beaucoup plus « sèches » que les traités théoriques.

Traités qui, dans le cas des écrits de Fernando Oliveira, prétendirent donner un fondement philosophique aux principes gnoséologiques de la construction navale, garantissant à ces textes une place de choix dans la littérature technique et scientifique de la Renaissance portugaise.

*

Les grandes nefs et les galions de la route de l'Inde étaient d'authentiques forteresses flottantes où durant des mois d'affilée vivaient des centaines de personnes : 700 ou 800 en moyenne, équipage et passagers réunis.

Il existait ainsi à bord une microsociété qui devait affronter des conditions de vie, et parfois de survie, exceptionnelles.

L'autorité suprême était le « capitaine », nommé généralement en fonction de critères sociaux. Il n'était pas nécessaire que le capitaine fût capable de diriger un navire. Sa nomination par ordonnance royale lui suffisait pour exercer son autorité. Pour naviguer, il y avait le pilote qui venait hiérarchiquement juste après le capitaine.

Le pilote était à bord le premier des hommes de mer. Il avait à sa charge de diriger la route du navire, et les problèmes de préséance étaient fréquents, surtout quand le capitaine se jugeait capable d'interférer dans le domaine du pilote. Ce fut le cas, par exemple, de la flotte indienne de 1611, où le capitaine général était lui aussi un expert en navigation. Et l'incompatibilité entre dom António Ataíde et son pilote Simão Castanho finit par être totale.

Deux autres figures, en dehors du pilote, avaient à bord un rôle important : c'étaient le maître d'équipage et le connétable. Au premier il revenait d'organiser et de superviser les tâches des marins, le second était responsable de l'artillerie et des artilleurs (appelés à l'époque bombardiers), et ne répondait que devant le capitaine du navire.

On trouvait à bord différents métiers : tonneliers, charpentiers, calfats, etc., sans compter l'aumônier, l'écrivain et le chirurgien. Environ 60 marins et 70 matelots complétaient un équipage qui atteignait 150 hommes sur une nef qui partait pour l'Inde pendant la seconde moitié du XVIe siècle. (Tous ces chiffres étaient bien sûr extrêmement variables).

Par règlement, le nombre de soldats à bord était toujours supérieur à celui des marins, mais les nefs emportaient également quelques centaines de passagers : cadres de l'administration d'outremer, missionnaires, commerçants et simples aventuriers, multiples étaient les motivations de ceux qui prenaient la route de l'Orient.

La vie à bord des nefs de l'Inde reflète bien le caractère exceptionnellement pénible de ce voyage.

Pour aller à Goa, les navires partaient de Lisbonne pendant le mois de mars ou, au plus tard, au début du mois d'avril, pour pouvoir profiter dans l'océan Indien de la grande mousson. Plus tard les nefs prirent également la mer en septembre pour bénéficier de la petite mousson.

En conditions normales, le voyage durait environ six mois dans chaque sens (le retour devait se faire à partir de la dernière semaine de décembre) ; mais si les conditions de navigation dans l'Atlantique ne s'accordaient pas à celles de l'océan Indien, cela pouvait signifier l'hivernage forcé dans l'île de Mozambique, région dont la salubrité laissait beaucoup à désirer. Et le voyage lui-même faisait subir de nombreux changements climatiques en raison du parcours suivi par le navire.

Après une première partie où il n'y avait en général ni retard ni problèmes, les nefs entraient dans la zone des calmes équatoriaux, les *doldrums,* où ils pouvaient être quasiment immobilisés pendant des jours, voire des semaines, sans la moindre brise, sous une chaleur torride.

Ayant supporté « l'arrêt plus fastidieux pendant toute cette longue traversée », comme l'écrivait un père jésuite en 1562, les marins prenaient un soin particulier aux manœuvres qui allaient les mener en haute mer à travers l'Atlantique sud jusqu'au cap de Bonne-Espérance, après la longue boucle qui les faisait approcher des côtes du Brésil.

À mesure que les nefs descendaient vers le sud, les passagers et les marins commençaient à subir les effets des changements de climat, ce qui arrivait aussi sur le chemin du retour, quand les navires de l'Inde remontaient vers l'équateur.

Ces variations climatiques étaient une des raisons des hauts indices de maladies et de mortalité à bord des navires. Mais il y avait également la pénurie d'aliments, tout court, ou simplement d'aliments frais (malgré leur faible valeur nutritive).

De nombreux passagers s'embarquaient sans préparation pour un voyage aussi long, et ne se munissaient que du nécessaire. Ceux-là commençaient très tôt à ressentir les privations qui allaient décimer tant des leurs.

Bien que les navires partissent chargés des provisions qui devaient être distribuées en rations aux membres d'équipage — ce procédé étant connu dès la fin du XVe siècle — on constate qu'ils se retrouvaient souvent en difficulté. La chaleur des calmes équatoriaux fut souvent responsable de la perte des aliments embarqués. Par exemple, la nef *Chagas* de la flotte de 1579, resta quarante-huit jours

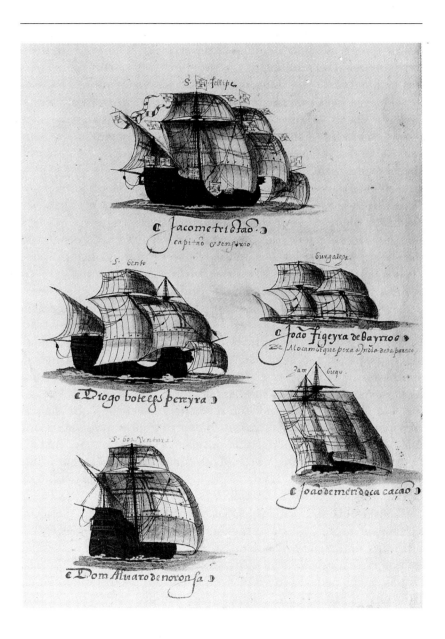

La flotte de 1549, Livro das armadas, *Académie des Sciences de Lisbonne*.

au nord de l'équateur, en raison des calmes et des vents contraires, accomplissant un parcours qui ne nécessitait que huit jours en temps normal. Le résultat fut que la plupart des vivres furent perdus, ayant pourri ou étant infestés par les vers.

Un autre bien précieux se corrompait avec grande facilité : l'eau. Parfois il fallait « fermer les yeux et se boucher les narines » pour réussir à la boire (comme l'écrivait un missionnaire en 1564). Souvent, quand elle venait à manquer, elle était vendue et pouvait atteindre des prix énormes...

Les circonstances du voyage influaient directement sur la vie quotidiennne à bord. Les premières années de la route de l'Inde, les navires faisaient escale sans difficulté en plusieurs endroits, comme l'île de Sainte-Hélène (où plus tard mourut Napoléon), décrite comme un lieu très agréable, qui devint le lieu de prédilection pour l'« aguada », c'est-à-dire le ravitaillement en eau douce.

Au fil du temps, les corsaires français et anglais apprirent rapidement à tendre aux bateaux portugais des embuscades en ces points de ravitaillement, et ils amenèrent les Portugais à diversifier leurs escales en des lieux toujours moins propices, puis à les abandonner purement et simplement. Au XVIIᵉ siècle, quand la concurrence anglaise et hollandaise en Orient était des plus sévères, les instructions que le roi adressait aux nefs de l'Inde qualifièrent le voyage de *rota-batida,* c'est-à-dire qu'il était sans escale ! La liaison Lisbonne-Goa et retour, qui avait toujours été d'une difficulté sans égale, devenait alors un véritable calvaire. Les pertes en vies humaines pouvaient atteindre 50 p. 100 pendant la première partie du voyage : malnutrition, froid, scorbut, maladies pulmonaires, épidémies diverses prélevaient sans effort leur tribut.

Tous les bateaux devaient embarquer un chirurgien, et une pharmacie était fournie avec l'indispensable, mais les techniques thérapeutiques de l'époque n'étaient pas très diversifiées, et les saignées, les purges et les diètes étaient les seuls remèdes pour tous les maux. Le traitement pouvait être très violent, et nous avons de nombreux témoignages de patients saignés neuf ou dix fois pendant une traversée.

Mais pire que tout était peut-être le scorbut. Le Français Pyrard de Laval, qui voyagea entre le Brésil et l'Inde portugaise à la fin du XVIᵉ siècle, nous livre une description très précise de cette maladie :

« appelée scorbut par les Hollandais, & par les Portugais le mal de gencives. Nos Français l'appellent le mal de terre, & on ne sait pourquoi, car elle prend à la mer, & se guérit en terre. C'est une maladie fort commune le long du voyage, & est contagieuse, même à l'approcher, & sentir l'haleine d'un autre. Elle vient ordinairement à cause des grandes longueurs du voyage, & longue demeure sur mer sans prendre terre, & aussi faute de se laver, nettoyer & changer de linge & d'habits, avec l'air marin, l'eau de mer, la corruption des eaux douces, & des vivres, & se laver en eau de mer, sans après se laver d'eau douce, puis le froid, & dormir la nuit au serein, tout cela cause ce mal. Ceux qui en sont surpris en deviennent enflés comme hydropiques, & l'enflure est dure comme du bois, principalement aux cuisses & jambes, les joues & la gorge, & tout cela est couvert de sang meurtri de couleur livide & plombée, comme de tumeurs & contusions qui rendent les muscles & les nerfs raides & perclus. Outre ce, les gencives sont ulcérées & noires, la chair toute enlevée, & les dents disloquées, & branlantes, comme si elles ne tenaient qu'à bien peu de chose, & même la plus grande partie en tombe. Avec cela une haleine si puante & infecte qu'on n'en peut approcher ; car on sent cela d'un bout du navire à l'autre. On ne perd pas l'appétit, mais l'incommodité des dents est telle, qu'on ne saurait manger, sinon choses liquides dont alors il se trouve peu ès navires, & cependant on devient si avide, qu'il semble qu'on n'aurait pas assez de tous les vivres du monde pour s'assouvir. En somme, que l'incommodité en est bien plus grande que la douleur, que l'on sent seulement en la bouche, & aux gencives. De sorte que bien souvent on meurt en parlant, buvant & mangeant, sans avoir eu connaissance de sa mort. Outre cela, cette maladie rend si opiniâtre & bizarre, que tout déplaît. Il y en a qui en meurent en peu de jours, d'autres durent plus longtemps sans mourir. Ils ont la couleur blême & jaunâtre : & quand ce mal veut prendre, les cuisses & les jambes sont couvertes de petites pustules & taches comme morsures de puces, qui est le sang meurtri qui sort par les pores du cuir : & les gencives commencent à s'altérer, & devenir chancreuses. Ils sont sujets aussi à syncopes, évanouissements & défaillements de nerfs. Comme nous étions en l'île de S. Laurent, il en mourut trois ou quatre des nôtres, de cette maladie, & comme on leur ouvrit la tête, on leur trouva tout le cerveau noir, gâté & putréfié. Les poumons deviennent secs, & retirés [rétrécis] comme du parchemin approché du feu. Le foie & la rate grossissent démesurément, & sont noirs & couverts d'apostumes [abcès] pleines de matière la plus puante du monde. Lors que l'on a cette maladie, une plaie ne se guérit & dessèche jamais, ainsi devient comme une gangrène & putréfiée. Quand on est sur mer, & que cette maladie prend, on a beau user de remèdes, car tout y est inutile, & n'y en a point d'autre que de prendre terre quelque part si on peut, afin d'avoir des rafraîchissements d'eaux douces & fraîches, & de fruits, sans quoi, l'on ne peut jamais guérir, quoi qu'on y fasse. C'est une chose terrible de voir les gros morceaux de chair pourrie qu'il faut couper des gencives. »

Les remèdes au scorbut ont été connus empiriquement très vite : on faisait par exemple provision d'« oranges et de limons », mais les escales étaient souvent impossibles, comme nous l'avons vu, et la maladie continua de sévir.

Sur les nefs de l'Inde, il y avait toujours des missionnaires embarqués. Les jésuites devaient rendre compte du voyage, et c'est dans cette correspondance énorme que nous pouvons puiser la plupart des informations sur la vie de bord, où, loin d'être inactifs, ils tenaient un rôle important.

D'abord ils servaient d'auxiliaires au chirugien (ou au barbier) : ils se substituaient souvent à lui et pratiquait les saignées. Ensuite ils intervenaient dans la préservation de l'ambiance spirituelle, ce qui était à la fois facile et difficile.

D'un côté, la peur régnait à bord : la peur des aléas d'un voyage dont le résultat final était toujours une inconnue, la peur des intempéries, la peur des corsaires et de la maladie. « Si tu veux apprendre à prier, prends la mer », disait un proverbe portugais de l'époque qui révélait bien la fragilité psychologique du voyageur.

D'un autre côté, ces mêmes circonstances éloignaient facilement les hommes aussi bien des prescriptions de l'Église que des règles de la discipline. Le jeu, par exemple, interdit mais toléré par les capitaines, donnait constamment des migraines aux missionnaires : voyageurs et marins perdaient parfois pendant la traversée tous les biens qu'ils avaient emportés en Inde. Et de telles situations ne pouvaient que provoquer des conflits, parfois très violents...

Les actes religieux étaient cependant parmi les rares moments de diversion qui aidaient à passer le temps, surtout quand ils s'associaient à d'autres manifestations qui nécessitaient d'autres participants, comme c'était le cas des processions ou des représentations théâtrales avec des mises en scène rudimentaires. Parfois les voyageurs ou les jésuites nous en laissèrent des descriptions hautes en couleur. Un cas nous est ainsi rapporté d'une pièce qui se joua

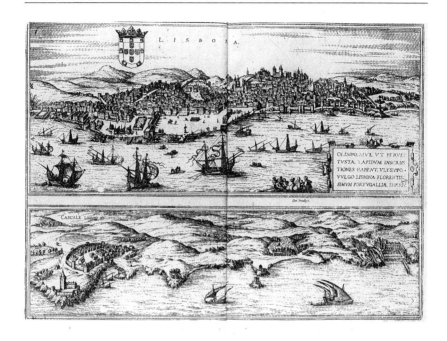

Vue des ports de Lisbonne et de Cascais, vers 1572 ; Musée de la ville de Lisbonne.

durant une procession, un acte sur chaque pont du navire. Évidemment, ces textes de théâtre avaient toujours une thématique religieuse, et dans plus d'un cas nous savons qu'elles n'avaient été écrites que pour cette circonstance.

Tout cela était guère de nature à faire oublier les contingences de ce voyage d'une dureté exceptionnelle. Les conditions de vie à bord ne s'améliorèrent que beaucoup plus tard, et celles des navires de la flotte anglaise de l'amiral Nelson ne furent guère meilleures que celles des nefs portugaises du XVIe siècle. Nous connaissons le journal d'un matelot rescapé de Trafalgar, et les plaintes qu'il énumère ne diffèrent pas beaucoup de celles des voyageurs de l'Inde.

Mais comme l'affirme l'historien Charles Boxer, il n'y eut pas dans toute l'histoire maritime de route aussi longue, aussi pénible et qui dura aussi longtemps. La *Carreira da India*, comme on l'appelait alors, se perpétua pendant plus de trois siècles et demi, précisément de 1497 à 1863. C'est, sous presque tous ses aspects, une histoire qui reste à écrire. Une histoire dont nous ne pouvons, aujourd'hui encore, évaluer les pertes en vies humaines.

Un missionnaire jésuite, dom Gonçalo de Silveira, arrivé à Cochin en 1557, rédigea une lettre qui, mieux que tout autre document, nous donne une idée de ce qu'était un tel voyage, durant des mois et des mois, entre Lisbonne et Goa :

> « ...les souffrances endurées par ceux qui voyagent du Portugal vers l'Inde, nul ne peut les raconter sinon celui qui les a endurées, et ne peut les comprendre que celui qui a vu celui qui les a endurées ».

Traduction de Michel Chandeigne

Francisco Contente Domingos

Les cartographes portugais

Luís de Albuquerque et Annie Marques dos Santos

La cartographie portugaise, qui profitait de toutes les nouveautés rapportées par les « découvreurs », était très renommée à l'époque. Les plus belles cartes se trouvent aujourd'hui aux Bibliothèques nationales de Paris et de Londres.

Q ue ce soit par incurie, à cause du tremblement de terre de 1755 qui a détruit le palais du roi Manuel Ier et les *Armazéns da Guiné e India* et peut-être entraîné la disparition de nombreuses œuvres de cartographes portugais, ou tout simplement parce qu'une carte désactualisée perdait toute utilité et était mise au rebut, toujours est-il que peu de cartes nautiques des XVe et XVIe siècles se trouvent dans les archives portugaises, et la dispersion de celles qui ont été conservées dans les collections ou bibliothèques de France, d'Allemagne, d'Angleterre, d'Italie, de Turquie, des États-Unis... a fait que le rôle primordial joué par les cosmographes et cartographes portugais dans la renaissance cartographique du XVIe siècle a été méconnu, malgré le gigantesque travail, au XIXe siècle, du vicomte de Santarém, en exil à Paris, pour le faire connaître du grand public. À l'occasion de congrès, des cartes réapparaissent et permettent de mieux comprendre l'importance du rôle joué par les cartographes portugais qui, pendant plus d'un siècle, ont été à la source d'une nouvelle connaissance du monde, au Portugal même, aux *Armazéns da Guiné e India,* en Espagne, à la *Casa de la Contratación* de Séville comme ce fut le cas avec Diogo Ribeiro ou même en France, au service de Charles IX, avec Bartolomeu Velho à la fin de sa vie.

Au XVe siècle, la vision du monde de Ptolémée à travers sa *Géographie* — traduite en latin, largement diffusée, imprimée en 1475, augmentée plus tard de nouvelles cartes, les *tabulæ novæ* — constituait la base de référence pour toute représentation du monde, même si déjà des cartes, comme celles de l'Italien Grazioso Benincasa, se basant sur l'expérience de navigateurs et sur des récits de voyage, corrigeaient certains tracés.

Par nécessité, pour aider une navigation qui ne se limitait plus à la Méditerranée, des cartes-portulans indiquant les principaux accidents des côtes, se basant sur une navigation à l'estime, étaient apparues dans les milieux maritimes et commerçants, en particulier à Gênes et à Majorque. Ces cartes représentaient le pourtour de la Méditerranée, de la mer Noire à la péninsule ibérique et même, parfois, les îles Britanniques et une partie du nord de l'Europe. Dessinées sur parchemin, présentant un réseau de lignes de direction droites partant d'un ou de deux centres, elles constituaient une aide certes, mais étaient insuffisantes pour un pilote qui n'avait plus de terres ou d'îles au lointain comme points de référence.

L'infant Henri, dans sa volonté de reconnaître les côtes d'Afrique après la conquête de Ceuta en 1415, a dû s'entourer d'experts, de cosmographes et de cartographes *(mestres das cartas de marear)*, et certains ont dû venir de Gênes ou de Majorque. On dit même qu'en 1420 le fils d'Abraham Cresques — qui, en 1375 avait réalisé le célèbre *Atlas* catalan, représentant la totalité du monde connu alors depuis l'Atlantique jusqu'à l'Asie —, Jaime de Majorque, était au Portugal et aurait été à l'origine d'une école où se seraient formés les cartographes de la fin du XVe siècle. De cette époque datent quatre cartes, dont deux sont anonymes : la première se trouve à la bibliothèque Estène de Modène ; l'autre, en mauvais état, représente la Méditerranée et se trouve aux archives nationales de la *Torre do Tombo* de Lisbonne. C'est une carte nautique qui représente la côte occidentale de l'Europe et de l'Afrique depuis la France jusqu'au golfe de Guinée avec les archipels des Açores, de Madère, des Canaries et du Cap-Vert. Elle est illustrée de trois grandes églises qui marquent Paris, Lisbonne et Ceuta, chrétienne depuis 1415. La troisième est la première carte signée et date des environs de 1485 ; elle a été retrouvée en 1960 en France, aux archives départementales de la Gironde.

C'est une carte hydrographique qui est intéressante à plus d'un titre.

Dessinée sur parchemin et ornée de quelques enluminures, destinée aux navigateurs qui ont dû l'utiliser, car des marques de compas sont visibles sur les échelles de lieues — *troncos de léguas* —, elle indique en haut, à gauche, son auteur : « Pedro Reínel me fez » [Pedro Reínel m'a faite]. Elle représente, construite autour d'une rose des vents centrale et de cinq autres périphériques, les îles Britanniques, l'Atlantique avec les archipels, les côtes de l'Europe, le bassin méditerranéen, la péninsule ibérique et les côtes de l'Afrique jusqu'au Congo. Sa date d'exécution n'est pas mentionnée mais Armando Cortesão l'a déduite à partir de l'étude des côtes d'Afrique et de la bannière qui flotte sur Malaga. En effet, c'est la première carte qui trace les côtes de l'Afrique au-delà de l'équateur jusqu'à l'embouchure du Zaïre (nommé « *rio do padrão* »). Il est évident que la carte n'aurait pu être dessinée avant la découverte du fleuve par Diogo Cão qui n'est de retour à Lisbonne qu'en avril 1484 ; d'autre part sur Malaga flotte une bannière musulmane et sa conquête par les Rois Catholiques n'a lieu qu'en 1487. La carte se situe donc entre 1484 et 1487.

Les roses des vents autour desquelles elle se construit laissent entrevoir la pointe en forme de fleur de lis indiquant le nord, créée par Pedro Reínel, reprise dans ses cartes postérieures et qui sera adoptée par tous les cartographes après lui. Quant à la côte d'Afrique, elle apparaît dessinée en deux morceaux : le premier occupe le bas droit du parchemin et va jusqu'à *São Jorge da Mina,* lieu où en 1482 Diogo de Azambuja avait commencé la construction du fort ; le second occupe l'intérieur des terres africaines, comme si le cartographe, ayant reçu de nouvelles informations alors que sa carte était presque achevée, avait voulu les inclure dans son travail — en effet, les navigateurs emportaient avec ceux une carte *padrão* qu'ils actualisaient en fonction des terres découvertes et qu'ils remettaient à la *Casa da Guiné e Mina* à leur arrivée à Lisbonne. Il est cependant plus probable qu'il a voulu, comme le suggère A. Pinheiro Marques, se simplifier la tâche en utilisant le même modèle avec les roses des vents dans les mêmes positions et en conservant la même échelle, hypothèse d'autant plus plausible que Jorge de Aguiar a procédé de la même manière dans la carte qui représente la Méditerranée et l'Atlantique — quatrième carte portu-

gaise signée et datée (1492) —, retrouvée en 1966 lors d'une dona-
tion à la bibliothèque de l'université Yale aux États-Unis. Le tracé
se termine par une grande croix, symbolisant le *padrão* (colonne
de granit avec les armes portugaises, surmontée d'une croix) laissé
par Diogo Cão pour marquer la souveraineté portugaise.

Et, dès cette carte, on peut remarquer l'abondance de la toponymie qui sera désormais une constante sur toutes les cartes hydrographiques portugaises, toponymie souvent encore utilisée de nos
jours.

Bien avant la mort de l'infant Henri, Lisbonne était devenue
le lieu privilégié de la nouvelle connaissance géographique. Gênes
et l'Espagne essayaient d'attirer les cartographes portugais ou
envoyaient des agents pour recueillir de précieuses informations, et
leurs efforts étaient plus ou moins couronnés de succès. Prenons
le cas des premiers grands cartographes portugais, Pedro et Jorge
Reínel, dont dix cartes ont été conservées : ils ont dessiné non seulement le pourtour de la Méditerranée mais celui de l'océan Indien
dès 1510, puis vers 1517-1522, une carte de l'hémisphère sud ainsi
qu'un planisphère et, aux alentours de 1535, une carte de l'Atlantique. Le père comme le fils ont travaillé à Séville pendant des
périodes plus ou moins longues.

On comprend l'intérêt des rois d'Espagne lorsqu'on sait que
dès 1504 était apparue une carte hydrographique (la première au
monde) avec le méridien gradué, preuve de la pratique d'une navigation astronomique utilisant la relation distance-hauteur, à partir
de l'observation de l'étoile polaire en deux endroits ; en effet, aux
alentours de 1504, Pedro Reínel avait dessiné une carte — actuellement à la Bayerische Staatsbibliothek de Munich — représentant
les côtes de la Méditerranée centrale et occidentale, l'Europe, le
nord-ouest de l'Afrique et Terre-Neuve, à la suite de l'expédition
de Miguel Corte Real en 1502 et d'une autre, qui partit à sa recherche et à celle de son frère, en 1503. Non seulement il indique une
échelle de lieues au bord de la carte en hauteur, mais il ajoute
une échelle oblique de latitudes près de Terre-Neuve montrant qu'il
tient compte, et c'est la première fois, de la déclinaison magnétique.

Tous les moyens étaient bons pour acquérir des cartes qui représentaient avec une certaine exactitude des terres encore mal connues ;
c'est ainsi qu'un espion, Alberto Cantino, a fait exécuter clandes-
tinement au Portugal, en 1502, pour la forte somme de 12 ducats

d'or, un planisphère pour le compte du duc d'Este, planisphère
qui a eu la mésaventure de servir plus tard de rideau dans une
charcuterie, avant d'être retrouvé et placé à la bibliothèque Estène
de Modène. Cette carte-planisphère a été le modèle d'une vingtaine de cartes — au moins — dessinées pendant la première moitié du XVIᵉ siècle.

Constituée de trois feuilles de parchemin collées bout à bout
sur une toile, mesurant 1,05 m sur 2,20 m, elle s'organise à partir
de deux systèmes de roses des vents de 32 divisions. Outre les échelles de lieues, sont indiqués l'équateur, les tropiques du Capricorne
et du Cancer — ce qui constitue indirectement une échelle de latitudes — ainsi que la ligne de séparation du traité de Tordesillas.
Elle représente le monde connu à l'époque avec l'île de l'Ascen-
cion, dans l'océan Atlantique austral, découverte par João da Nova
lors de son voyage en Inde en 1501-1502. Des drapeaux portugais
et des croix indiquent les principaux lieux découverts lors des expéditions de Diogo Cão, Bartolomeu Dias, Vasco de Gama et Pedro
Álvares Cabral. Une bannière avec une légende à l'entrée de la mer
Rouge rappelle le voyage effectué par Diogo Dias en 1501.

Autre succès pour l'Espagne : Diogo Ribeiro accepte l'invita-
tion qui lui est faite à la demande de Charles Quint en 1523 pour
aller travailler à la *Casa de la Contratación* de Séville. Il dessine
plusieurs planisphères entre 1525 et 1529 — où se trouvent les représentations de la côte orientale de l'Amérique du Nord entre la
Nouvelle-Écosse et la Floride et oriente correctement la Méditerranée de façon que le parallèle 36° N qui traverse le détroit de Gibraltar passe au nord de Chypre au lieu de passer au nord d'Alexandrie comme le montraient toutes les cartes antérieures. De plus,
c'est lui qui a été chargé de fournir cartes et instruments nautiques à la flotte de Magellan lors du premier voyage autour du
monde, voyage que ce dernier, tué dans une embuscade par les
indigènes des Philippines, n'a pu achever.

Outre les cartes hydrographiques à utilité pratique immédiate,
les cartographes — et nous l'avons vu avec le planisphère de *Cantino* — réalisaient des cartes destinées à l'information des rois, princes ou nobles.

C'est le cas de l'atlas exécuté par Lopo Homem à la demande

de Manuel Ier pour être envoyé, pense-t-on, à François Ier qui était monté sur le trône en 1515. Lopo Homem, très jeune alors, eut recours à l'expérience de Pedro Reínel et à celle de son fils Jorge qui à l'époque travaillait à Séville. Toutes les cartes de l'atlas seraient l'œuvre de Pedro et de Jorge Reínel, la mappemonde seule serait de Lopo Homem. L'étude des cartes — en particulier celle qui représente le Brésil — est particulièrement significative des nouveautés apportées dans la navigation sous l'impulsion de l'infant Henri, de Jean II, puis de Manuel Ier. La construction de nouveaux types de bateaux — caravelles et nefs — qui a permis de s'aventurer sur les océans, la présence à bord, parfois, d'un scribe qui notait les particularités des terres découvertes ainsi que l'utilisation d'interprètes *(linguas)* permettaient une connaissance plus approfondie des terres nouvellement découvertes.

La carte est, en quelque sorte, un abrégé illustré de tout ce que l'on doit savoir sur le Brésil en 1519. Dans un encadré, un texte latin dit, selon la lecture qu'en a faite Armando Cortesão :

> « Cette carte est celle de la région du grand Brésil et du côté occidental, il atteint les Antilles du roi de Castille. Quant à sa population, elle est de couleur un tant soit peu foncée. Sauvage et très cruelle, elle s'alimente de chair humaine. Ce peuple manie de façon remarquable l'arc et les flèches. Ici [il y a] des perroquets de toutes les couleurs et d'innombrables autres oiseaux et animaux féroces monstrueux. On trouve de nombreuses sortes de singes et, en grande quantité, pousse un arbre du nom de brasil qui est considéré approprié à la teinture des vêtements en pourpre. »

Chefs indiens avec leur couronne de plumes et leur arc, tels que les a décrits le scribe Pêro Vaz de Caminha dans sa lettre au roi Manuel Ier en avril 1500, Indiens au travail, oiseaux, végétation, leur représentation minutieuse constitue une véritable étude ethnographique. On ne peut manquer d'admirer également l'abondance de la toponymie et le fait qu'à cette date le nom de *Terra de Santa Cruz* que lui avait attribué le roi Manuel Ier dans une lettre adressée aux Rois Catholiques en 1501 est déjà remplacé par celui de *Terra Brasiliae*.

Quant à la souveraineté portugaise, en plus des drapeaux, elle est rappelée par la présence des nefs à voiles ornées de la croix de l'ordre du Christ.

En plus des cartes de la Méditerranée et de l'Atlantique Nord,

Lopo Homem avait dessiné un planisphère, signé et daté de 1554, qui constitue la plus grande des cartes anciennes existantes et qui a servi de modèle, pendant la seconde moitié du XVIe siècle à d'autres cartographes de la famille Homem : Diogo et André. Joliment enluminée, elle présente des innovations quant à la représentation de Terre-Neuve et des régions avoisinantes, de l'archipel des Indes orientales et du Japon.

À l'égal des cartes hydrographiques pour les découvertes, les *roteiros* (routiers) — nom donné à des rapports de voyage illustrés de planches — ont joué un rôle important lors de l'établissement d'une ligne régulière entre Lisbonne et l'Orient, la *carreira da India*. De nombreux cartographes, en effet, ne restèrent pas confinés dans les *Armazéns da Guiné e India*, à reproduire ou dessiner des cartes, ils participèrent aux voyages d'une manière ou d'une autre. Les cartographes nommés par le roi — d'ailleurs après avoir subi un examen — non seulement devaient fournir des cartes aux pilotes des flottes mais ils devaient pourvoir celles-ci des instruments de navigation nécessaires : aiguilles aimantées, plus tard boussoles, astrolabes, quadrants, arbalestrilles, tables de calcul des latitudes... D'autres faisaient partie du voyage en tant que pilote, comme Francisco Rodrigues en 1513, lors d'une expédition envoyée par Albuquerque aux Moluques, ou en tant que capitaine d'une nef, comme João de Castro qui, entre 1538 et 1541, a voyagé en Orient.

Tous deux, comme plus tard Luís Teixeira et d'autres, ont relaté leurs voyages dans des routiers, ouvrant ainsi la voie à une navigation moins hasardeuse.

Francisco Rodrigues a, dans un premier routier, fait une description de son voyage d'exploration de Malacca jusqu'aux côtes d'Abyssinie, puis, dans un second, le voyage de Malacca jusqu'au *Rio Cantão*. Il semble d'ailleurs qu'il en ait écrit d'autres relatant ses voyages aux îles des Épices, en 1512, et en Chine, en 1519.

João de Castro, qui finira sa vie comme vice-roi des Indes, part de Lisbonne le 6 avril 1538 pour Goa où il arrive le 11 septembre. Le 21 novembre, il s'embarque à destination de Diu et est de retour à Goa en mars 1539. Finalement, le 31 décembre 1540, il part de Goa pour explorer la mer Rouge et est de retour à Goa en août 1541. De ces trois voyages, il écrira trois longs rapports illustrés de planches en teintes pastel, montrant la côte, non seulement en plan

mais aussi en élévation, ce qui jusqu'alors ne s'était jamais fait,
signalant les écueils et bancs de sable à l'entrée des ports. Il relate
également les expériences qu'il a menées à bord, remarque, le premier, ce qu'il nomme *o desvio*, la déviation de la boussole lorsque l'ancre se trouve à proximité, la différenciant de la *déclinaison*, l'angle formé par l'aiguille de la boussole avec le méridien
local. Sa description de la mer Rouge fait date également parce
que non seulement il la décrit, mais il corrige les erreurs provenant de représentations cartographiques antérieures.

Les routiers pouvaient jouer un rôle important dans la défense
des possessions portugaises, comme ce fut le cas de ceux que Luís
Teixeira a écrits en 1610 et qui étaient destinés aux flottes qui
allaient combattre les Hollandais aux Moluques, donnant ainsi un
sérieux avantage à ses compatriotes.

Au cours de la première moitié du XVIᵉ siècle les cartographes
que nous avons déjà cités, d'autres comme Pêro Fernandes, Gaspar Viegas, António Pereira, João Freire, Gaspar Correia, et tant
d'autres encore dont le nom apparaît dans les chroniques de l'époque et dont les œuvres ne nous sont pas parvenues, ont défini des
contours, amélioré des tracés, essayé de situer à leur juste place des
contrées en s'aidant des cartes des navigateurs, des rapports des scri-
bes ou de leur expérience personnelle. La deuxième moitié du
XVIᵉ siècle voit l'éclosion d'une quantité d'atlas enluminés, de planisphères dont les plus beaux sont dus à Sebastião Lopes et à Fernão
Vaz Dourado ; ce dernier, né en Inde, ne signera pas moins de
six atlas, quatre faits à Goa et deux à Lisbonne en 1575 et 1576.

Le rayonnement de la cartographie portugaise est à ce moment-là
à son apogée. Les cartographes hollandais et français — les cartographes de la fameuse école de Dieppe comme Pierre Desceliers
ou Nicolas Desliens — utilisent ou copient les œuvres portugaises.
Au moment où vont être imprimées les premières cartes nautiques
que les Hollandais vont emporter dans leurs voyages, Petrus Plancius pour cinq de ces cartes entre 1592 et 1594, de même que Linschoten en 1596 pour les cartes de son *Itinéraire*, préféreront utiliser, au lieu des travaux de Mercator, ceux du Portugais Bartolomeu Lasso (qui avait produit un atlas de huit cartes en 1590, plusieurs cartes de l'Atlantique vers 1586-1588, et une carte d'Europe
et du nord de l'Afrique vers 1588) à cause de la précision et de
la netteté du tracé.

En 1591, Filippo Pigafetta utilise, pour les deux cartes qui illustrent son livre, la carte d'Afrique rapportée par Duarte Lopes lors d'un voyage au Congo, entre 1578 et 1582.

De même, presque un siècle plus tard, Pierre Mortier publie à Amsterdam en 1700 la *Suite du Neptune François ou Atlas nouveau des cartes marines* qui recopie un atlas fait en 1665 par João Teixeira Albernaz II, comme l'a montré Armando Cortesão. L'éditeur d'ailleurs s'en explique en première page :

> « Cette suite de recueil de cartes contient principalement celles de toute l'Afrique, lesquelles sont tirées du Cabinet des rois de Portugal sous qui la découverte de ces Païs a été faite. On en est redevable à feu Monsieur d'Ablancourt qui a été à la Cour de Portugal, en qualité d'Envoyé de celle de France et qui pendant le séjour qu'il a fait a su si bien profiter de l'occasion qu'il a trouvé le moïen d'avoir des copies des Cartes que les rois de Portugal ont toujours soigneusement gardées pour leur usage. »

Que ce soit directement ou indirectement, la cartographie portugaise a influencé de nombreux cartographes, parmi eux le Français Alexis-Hubert Jaillot ou l'Italien Coronelli et ce, même après l'essor de la cartographie dans les pays d'Europe du Nord. En effet, bien que le Portugal ait perdu l'importance qu'il avait aux XVe et XVIe siècles et que, pendant soixante ans, il ait été sous la domination espagnole, les cartographes portugais n'ont pas cessé de produire jusqu'à la fin du XVIIe siècle.

Pero Teixeira Albernaz et João Baptista Lavanha qui moururent à Madrid, l'un en 1622 et l'autre en 1624, outre la carte du détroit de Magellan pour le premier, et les trois cartes d'Orient contenant de précieuses indications sur l'intérieur des terres pour le second, se sont intéressés aussi à l'Espagne ; le premier publie en 1621 un remarquable plan de Madrid ; l'autre, allant sur le terrain, avait en 1615 tracé une carte de l'Aragon qui ne connaîtra pas moins de onze éditions jusqu'au milieu du XVIIIe siècle.

João Teixeira Albernaz I accompagne l'avance de l'exploration maritime et terrestre du Brésil dans plus de 150 cartes réparties en deux recueils et en cinq atlas, au moins, publiés entre 1627 et 1642, dessine quatre atlas de villes et forteresses de l'Inde orientale vers 1648. João Teixeira Albernaz II organise un atlas de l'Afrique et, lui aussi, trace des cartes du Brésil. José da Costa Miranda publie des cartes de l'Inde, de l'Atlantique, du golfe du Mexique et de la mer des Antilles ainsi qu'un atlas entre 1681 et 1688, et un très beau plánisphère en 1706.

La liste est longue des cartographes qui, pendant deux siècles — de la fin du XVe jusqu'à la fin du XVIIe siècle —, ont permis que le Portugal soit le fer de lance de la connaissance géographique, de l'élaboration et du dessin des cartes ; et cette science lui est si intimement liée que c'est un Portugais, le vicomte de Santa-rém qui, au XIXe siècle, a forgé son nom : *cartographie*.

Luís de Albuquerque et Annie Marques dos Santos

Un monde nouveau

Livre de Lisuarte de Abreu (env. 1558-1564).
Pierpont Morgan Library, New York.

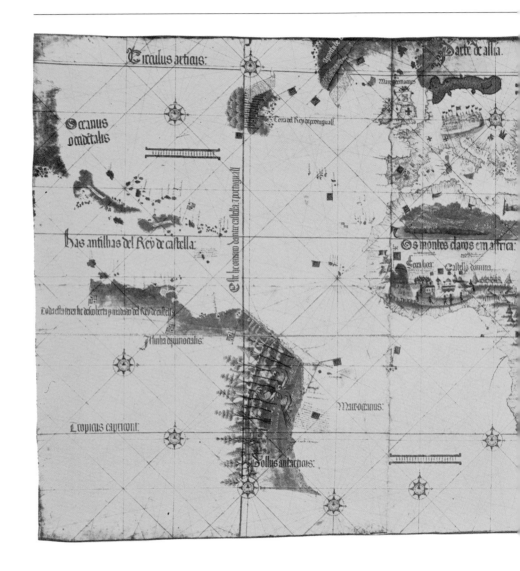

Planisphère dit de Cantino, 1502.
Bibliothèque Estène de Modène.

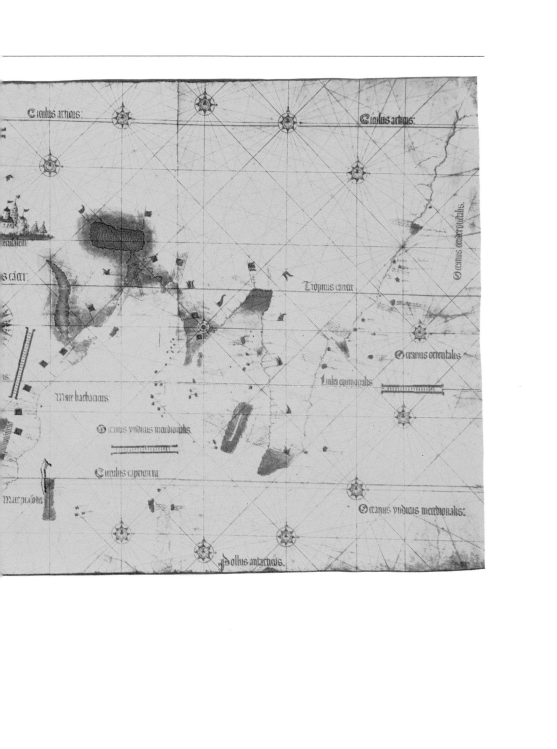

Circulus articus.   Circulus articus.

Tropicus cancri

Oceanus occidentalis.

Oceanus orientalis.

Linea equinocialis.

Mare barbaricus.

Oceanus yndicus meridionalis.

Circulus capricorni.

Oceanus yndicus meridionalis.

Mare persodm

Pollus antarticus.

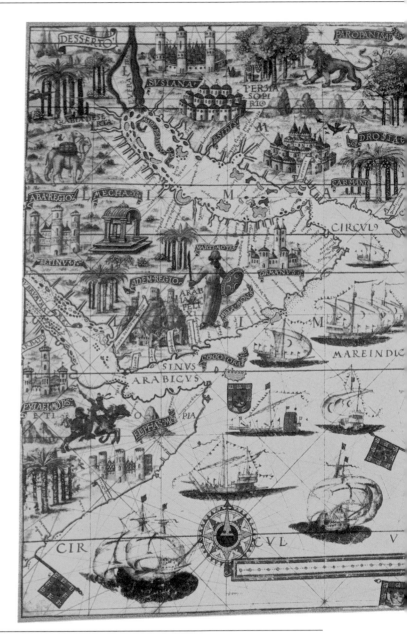

Orient, Atlas Miller de Lopo Homem-Reínel, 1519.
Bibliothèque Nationale de Paris.

Carte des côtes de l'Europe et de l'Afrique Occidentale, Pedro Reínel, 1485.
La côte africaine et les îles sont pour la première fois correctement dessinées jusqu'au point extrême
atteint par Diogo Cão en 1484.
Archives départementales de la Gironde, Bordeaux.

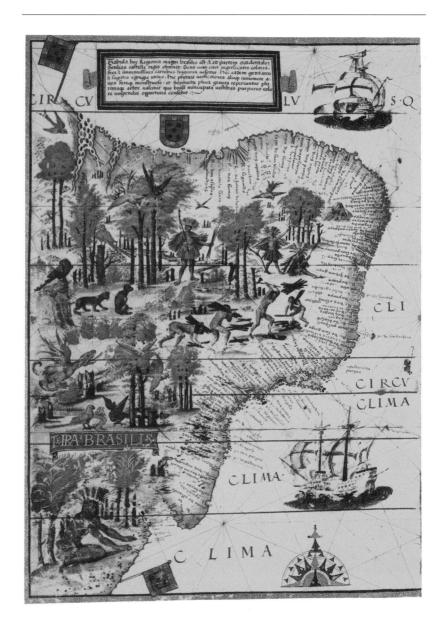

Brésil, Atlas Miller de Lopo Homem-Reínel, 1519.
Bibliothèque Nationale de Paris.

Livre de Lisuarte de Abreu (env. 1558-1564).
Pierpont Morgan Library, New York.

Une histoire tragico-maritime

Giulia Lanciani

Le naufrage comme genre littéraire : les récits de naufrage, publiés en petites brochures, ont constitué de véritables « best-sellers » au XVIᵉ siècle. Plusieurs ont été rassemblés au XVIIIᵉ par Bernardo de Brito sous le titre História trágico-marítima *qui constitue une des plus hallucinantes litanies de souffrances de toute la littérature.*

Fermé en direction de l'Europe par la frontière avec l'Espagne, — qui ne représente pas seulement une barrière politique, mais creuse aussi un profond sillon entre deux mentalités différentes — le Portugal ne trouve l'espace dont il a besoin pour donner libre cours à son énergie que sur la vaste étendue de l'océan. Du XIIᵉ au XVIIᵉ siècle, l'histoire de ce peuple repose d'un côté sur la défense de la frontière terrestre contre les attaques répétées des Espagnols, de l'autre sur la préparation d'abord, l'accomplissement et l'exploitation ensuite, du projet grandiose de contourner l'Afrique par le sud pour trouver à tout prix la route maritime des Indes : un projet qui conditionne profondément toute la civilisation portugaise et auquel est liée une part importante de son expression culturelle.

Cependant la véritable éclosion d'une littérature à caractère exclusivement maritime commence lorsque — après l'issue heureuse du voyage de Vasco de Gama — la route des Indes commence à être sillonnée d'un nombre croissant de navires marchands qui s'en vont charger clous de girofle, noix de muscade, cannelle, poivre et gingembre dans ces pays lointains. Ils s'aventurent jusqu'aux Moluques et, bloquant l'accès à la mer Rouge et au détroit d'Ormuz, empêchent le passage des marchands arabes et italiens, auxquels ils ravissent ainsi le commerce des épices dont ceux-ci avaient détenu jusqu'alors le monopole. Et tandis que les entreprises héroïques de pénétration portugaise en Orient inspirent des chroniques et des poèmes épiques, les tempêtes, les vents impétueux, les assauts des corsaires, et les pertes qui s'ensuivent, en navires et en hommes, donnent naissance à un genre littéraire particulier, les *récits de naufrage*. Leur succès et leur popularité au Portugal sont pour le moins remarquables. Il s'agit de récits écrits par des témoins oculaires — ou basés sur des faits qu'ils ont rapportés — et qui, dans un langage coloré et efficace, donnent au public des lecteurs un aperçu, terrifiant et passionnant à la fois, des dangers que devaient affronter les navires au cours de leurs voyages. Le spectacle des mâts arrachés, des coques déchiquetées par la tempête, l'affolement et les hurlements des naufragés, l'ingéniosité des hommes qui tentent de se sauver, puis la longue marche aventureuse et exténuante des survivants à travers les terres désolées d'Afrique, les attaques des nègres et des bêtes sauvages, la faim et la soif : il y avait là de quoi créer une littérature haute en couleur, aussi attrayante que les grandes enquêtes journalistiques de notre époque.

Naturellement, les imprimeurs de ces récits — dont certains firent d'excellentes affaires en se spécialisant dans ce genre de publications — avaient soin de stimuler la curiosité du public par des récits toujours nouveaux, toujours plus dramatiques. La matière première, d'ailleurs, ne manquait pas : une quantité impressionnante de catastrophes jalonnait tragiquement la route des épices. Melchior Estácio do Amaral nous apprend, dans son *Tratado das batalhas e successos do galeão Santiago com os olandeses*, qu'en vingt ans, de 1582 à 1602, trente-huit navires furent perdus sur la seule route des Indes, alors qu'une expérience vieille déjà d'un siècle avait été sûrement riche d'enseignements pour les navigateurs.

Le succès des récits de naufrage auprès du public ne fut point éphémère : le fait que beaucoup d'entre eux furent réimprimés plusieurs fois en un temps très court sous forme d'opuscules et de feuilles volantes destinés à une circulation large et rapide est là pour le démontrer. Les archives attestent que la chronique du voyage de Jorge de Albuquerque Coelho fit l'objet de deux éditions d'au moins mille exemplaires chacune, alors que le tirage moyen d'un livre dans l'Europe du XVIe siècle dépassait difficilement les trois cents exemplaires. La fortune du genre fut telle qu'au XVIIᵉ siècle encore, l'érudit Bernardo Gomes de Brito estima nécessaire d'entreprendre une anthologie en cinq volumes, dont deux seulement virent finalement le jour dans les années 1735 et 1736 sous le titre d'*História trágico-marítima*. Un recueil qui, loin de rassembler tous les textes alors publiés ou inédits écrits au Portugal sur le sujet, peut en tout cas être considéré encore aujourd'hui comme le corpus le plus complet de récits portugais de naufrage. Il eut aussi le mérite de proposer, une fois de plus, des documents précieux, qui constituent, comme nous l'avons dit, la première expression d'une littérature typiquement maritime.

Des pertes importantes avaient, dès les premiers temps, commencé à décimer les flottes portugaises sur la route des Indes orientales. Déjà, la seconde expédition organisée par le roi Manuel Iᵉʳ en l'an 1500 et commandée par Pedro Álvares Cabral subit des pertes très graves : sept des treize navires qui la composaient firent naufrage au cours d'une tempête. Pendant ce quatrième voyage, cinq vaisseaux furent détruits sur les vingt et un qui avaient quitté Lisbonne sous le commandement — une fois encore — de Vasco de Gama : et la liste ne s'arrête pas là. La décimation des convois était telle qu'une expédition exploratoire le long des côtes orientales de l'Afrique leva l'ancre le 17 novembre 1505 de Lisbonne, dans le but de rechercher d'éventuels naufragés survivants, d'examiner soigneusement le terrain et de localiser les bas-fonds dangereux pour la navigation. En outre, la chronique de Damião de Góis nous apprend que le juif converti Zacuto, astrologue de la cour, fut encouragé par le roi à approfondir ses études sur les conditions météorologiques que rencontraient les navigateurs le long de cette route, afin de déterminer quelles étaient les saisons les plus propices aux voyages. Ceci, toutefois ne leur permit point de voyager dans des conditions de sécurité suffisantes, et la route des Indes continua à faire quantité de victimes et à provoquer d'énormes pertes matérielles. On peut alors se demander s'il valait la peine de continuer à courir de si grands risques. Que pouvaient représenter les richesses que le Portugal tirait de ces commerces ainsi que les sommes versées aux armateurs en compensation des dangers inhérents à leur activité et en dédommagement des pertes causées par les naufrages ? La réponse nous est fournie par Messer Leonardo da Ca' Masser qui se trouvait en 1504 au Portugal en tant qu'ambassadeur de la République de Venise avec mission de rapporter en détails toute information concernant le commerce avec l'Orient. Le rapport qu'il envoya à la République nous donne une idée des bénéfices que rapportaient les expéditions de la route des épices :

« Bien que ce voyage soit très dangereux et que l'on y pâtisse grandement du manque de vivres et autres infortunes — comme cela a été rapporté par beaucoup — considérant cependant le grand bénéfice que l'on en retire, dans le cas où la moitié d'une flotte viendrait à se perdre, on ne renoncerait pas pour cela à faire ce voyage car — même si moins de navires encore étaient saufs — les gains seraient de toute façon énormes : si bien qu'en conclusion je dis que malgré l'évident danger encouru par les personnes et les choses, cette route sera toujours fréquentée. »

Face à la perspective de ces profits gigantesques, aucun danger, aucune incertitude, aucun sentiment de prudence ne pouvaient mettre un frein à la cupidité des gouvernants et la convoitise des marchands et des marins. Et si lors des premières navigations, une piètre connaissance, et parfois l'ignorance totale des courants, des vents, des fonds, constitue la principale cause de malheurs, plus tard — lorsque l'exploitation commerciale de la route des Indes sera à son apogée —, l'avidité et la négligence vis-à-vis des règles maritimes les plus élémentaires seront les grands responsables des naufrages.

Le point critique de la route vers les Indes était le dépassement du cap de Bonne-Espérance, au retour surtout, lorsque les navires, surchargés bien au-delà des limites de sécurité, n'étaient pas en état d'affronter les fureurs de la mer déchaînée : c'est sur les côtes du Natal, vers lesquelles les vents du cap repoussaient les navires, qu'eurent lieu une grande partie des naufrages dont le témoignage nous est parvenu à travers les comptes rendus des contemporains. La longue suite de désastres dans cette région était à mettre sur le compte de l'entêtement des capitaines — poussés par le désir de tirer des expéditions des avantages économiques toujours plus grands — à affronter la difficile traversée avec des navires trop chargés. La charge excessive — et de plus, la plupart du temps mal répartie — provoquait l'immersion des coques au-dessus de la ligne de flottaison, si bien que le timon, soumis à un effort plus grand que celui pour lequel il était conçu, ne répondait plus aux commandes, laissant le bateau sans gouverne, au moment même où il était le plus nécessaire d'en contrôler les mouvements. Le compte rendu très circonstancié relatif au galion *Santiago* est à cet égard explicite :

> « ....chargé à en couler, comme sont d'ordinaire les nefs de cette ligne à leur départ de là-bas — un mal irrémédiable, et qui coûte bien cher à beaucoup d'entre elles. Ce galion, rien que dans sa cale, transportait quatre mille quintaux de poivre ; et dans le corps du vaisseau, au-dessous et au-dessus du tillac, au premier et au second étage du château de poupe, au-dessus de la chaloupe, à l'emplacement du cabestan et sur le pont principal il y avait tant de caisses de marchandises et tant de ballots entassés qu'une personne ne pouvait y tenir. Même sur les apostis et sur les porte-haubans qui débordaient les flancs du galion on avait mis des ballots et construit des cabines, comme on a l'habitude de faire dans ces vaisseaux ; de sorte qu'on ne pouvait manœuvrer les voiles et que pendant dix-huit jours on ne put actionner le cabestan. Et surtout on embarqua près de trois cents âmes, en comptant les marins, les officiers, quelques simples soldats, des esclaves, plus quelque trente nobles et personnes de qualité. »

À l'excès de poids et à la mauvaise distribution de la charge s'ajoutait fréquemment l'inadéquation technique du navire — déficiences de la construction, vétusté, défauts de calfatage, révision insuffisante des superstructures — qui, tout comme la surcharge et l'inexpérience des pilotes, provoquait en pleine tempête — mais souvent aussi par temps calme — l'ouverture dans la carène de voies d'eau catastrophiques. Le mauvais état des voilures n'était pas moins funeste :

> « Et ils tardèrent beaucoup à voir le Cap, à cause de leurs mauvaises voiles, ce qui fut l'une des causes de leur perte, et même la principale. [...] Elles étaient dans un tel état qu'ils passaient plus de temps à les réparer qu'à naviguer » ;

la rupture du timon, parfois déjà vermoulu, au moment de son installation sur le navire :

> « ... et le gouvernail qui était vieux, car il avait appartenu à un navire qu'on avait démoli à Goa, et depuis deux ans il traînait sur la plage, tout pourri. Voilà la façon dont on prépare les navires en ce pays » ;

et enfin, l'impossibilité de se fier aux pompes, qui en situation d'urgence s'avèrent toujours insuffisantes par leur nombre, leur portée et leur fonctionnement, et qui, même sans autres obstacles se

révéleront inutilisables, car elles sont bouchées par le poivre qui,
s'échappant des caisses éventrées, envahit toute la cale : on sait
qu'en cas de nécessité le poivre était la dernière marchandise qu'on
jetait à la mer, car c'était la propriété exclusive du roi. Quand,
dans les moments de nécessité majeure, il n'est plus possible de
vider la coque de l'eau qui y pénètre ni d'atteindre pour les réparer les endroits où le bordé a cédé, il est alors trop tard pour conjurer le danger ; la tragédie sera, cette fois encore, le fruit de l'incurie et de l'avidité qui président à la préparation de ces voyages :

> « ... dans la nef *[Nossa Senhora de Belém]* où, dès ce moment-là,
> on était continuellement occupé à pomper l'eau, il manquait beau-
> coup d'anneaux, de soupapes et de bagues de fer pour la pompe à
> roue, car les pompes ordinaires ne débitaient rien : elles n'avaient pas
> été bien réparées avant le départ de l'Inde, par la faute du calfat de
> ce voyage qui, à Goa, dans la hâte de l'embarquement, avait été plus
> occupé à charger quatre ballots de cannelle qu'à faire le nécessaire
> pour les pompes. »

Inextricablement liée à la surcharge et à la détorioration, l'âpreté
au gain est effectivement le motif le plus souvent dénoncé par les
auteurs : une avidité qui commence à se manifester lorsque la décision de lever l'ancre est prise sans aucun respect des paramètres
temporels de sécurité ni des ordonnances royales concernant la route
à suivre, et d'enfreindre l'obligation de naviguer de conserve pour
pouvoir se prêter mutuellement secours en cas de danger : l'important, c'est de parvenir à destination avant les autres pour vendre
sa marchandise aux meilleures conditions. Mais la cupidité humaine
peut se manifester aussi sous d'autres formes : calfats payés à la
pièce pour exécuter des réparations hâtives, charpentiers qui ne laissent pas sécher préalablement les coques ou utilisent du bois qui
n'a pas suffisamment vieilli, et coupé, de surcroît, à la mauvaise
époque :

> « Pour gagner du temps, [...] ils ne terminent rien comme il le fau-
> drait et comme l'exige un travail d'une telle importance ; et ainsi ils
> laissent tout inachevé. Et s'ils découvrent dans un vieux vaisseau quel-
> que chose qui cloche ou qui fait défaut, ils se taisent et rafistolent
> la chose de telle sorte que la réparation a l'air bonne. Et cela, secrè-
> tement mais sûrement, le mène à sa perte. Ils coupent aussi le bois
> en dehors de la saison convenable, qui est le décours de la lune de
> janvier, ce qui fait qu'il est trop lourd, trop vert et trop précoce » ;

officiers qui préfèrent, comme on l'a vu, charger un sac de cannelle supplémentaire plutôt que des pièces de rechange pour les
pompes ; nobles qui avec une arrogance sans limites s'emparent des
quelques embarcations de fortune pour sauver leurs biens plutôt
que les vies humaines :

> « Tout le monde n'était pas encore embarqué, et il restait quelques
> personnes à terre, mais déjà ce gros navire n'était plus manœuvrable
> à cause des gens trop nombreux qui y étaient et ne pouvaient y tenir.
> Dès que quelqu'un bougeait il donnait de la bande et chavirait pres-
> que. C'est que l'on avait voulu, dans une embarcation si petite, faire
> des chambres et des cabinets pour dona Francisca, pour la fille d'Antó-
> nio Pereira et pour d'autres femmes, et que sous le même prétexte
> on y transportait toute une fortune bien mal acquise, dont on se préoc-
> cupait plus que de la vie des hommes. »

*

Le voyage au cours duquel se produit le naufrage ou l'attaque
de l'embarcation et sa capture par les corsaires est, le plus souvent
— comme nous l'avons dit — celui du retour.

Le bateau rempli d'épices à ras bord lève l'ancre d'un port
indien, en général de Goa ou de Cochin, où il a fait escale plusieurs mois en attente de ravitaillement, ou pour compléter son
chargement.

Le régime des vents impose des départs à des périodes déterminées — entre décembre et janvier lorsque les moussons soufflent
en direction nord-est-sud-ouest pour « passer le cap de Bonne-
Espérance pendant que c'est l'été dans l'autre hémisphère, où se
trouve encore le soleil (Estácio do Amaral) » —, mais ces dates sont
rarement observées : le prélude au désastre est souvent le non-respect
des paramètres temporels de sécurité ; élément qui s'ajoute aux
autres causes déjà indiquées telles que l'excès de poids, les difficultés qui en découlent dans le maniement du timon et la menace
constante d'ouverture de voies d'eau. Dans les récits des voyages
de l'Inde vers Lisbonne, la navigation semble répondre, au début,
à des règles d'organisation assez homogènes : le bateau, poussé par
des vents favorables, arrive sans avaries graves en vue de la Terre
de Natal, mais là, la tempête l'endommage sérieusement, souvent
de manière irréparable. Parfois, le mauvais temps le surprend avant

le passage de l'équateur ou juste après ; d'autres fois, les tempêtes commencent entre le 17e et le 27e degré de latitude sud, alors que la pointe nord — ou sud — de Madagascar est presque en vue. À l'intérieur de ce schéma, qui se répète presque à l'identique dans les différents récits et qui préfigure les tribulations qui vont suivre, chaque auteur confectionne alors une histoire dont une partie lui appartient en propre et l'autre est commune à tous les ouvrages du genre ; il arrive presque toujours un moment où le bateau commence à faire eau, presque toujours les pompes sont insuffisantes pour vider la cale et se cassent ou se bouchent ; presque toujours les marins et les passagers — y compris les nobles, des religieux, des femmes et des enfants — sont réquisitionnés pour d'accablantes corvées : soit pour actionner ces fameuses pompes soit pour compléter leur action, ou y suppléer, en utilisant tous les récipients disponibles ; presque à chaque fois surgit le problème de débarrasser une partie de la cale à la recherche de la voie d'eau, ou du rejet à la mer de la surcharge pour alléger la coque : dans cet esprit, on peut en arriver à l'absurde du galion *Santiago*, lequel tout de suite après son départ.

> « ... était dans un tel état [...] que le commandant, voyant qu'il ne pouvait naviguer, ordonna, après avoir pris l'avis des autres, que tout ce que le moindre gros temps nous obligerait à jeter par-dessus bord, nous l'y jetions par beau temps, car cela ne se pouvait éviter pour que le galion pût tenir la mer. Et c'est ce qu'on fit : tout le monde accepta ce sacrifice, parce qu'il s'agissait des bagages des marins et des mousses pauvres. »

Presque toujours, le rejet des marchandises — sauf lorsqu'il s'agissait des ballots des pauvres gens — rencontrait de fortes résistances, soit de la part des marchands qui refusaient de se séparer de leur bien, soit de la part du capitaine qui s'opposait à la perte des marchandises qui étaient propriété du roi. Presque toujours le timon ne répond plus aux sollicitations de la barre, sort des cardans, se brise, finit dans la mer ; souvent, l'inexpérience du pilote, sa connaissance insuffisante ou nulle des fonds marins, son arrogance rendent la navigation difficile et provoquent des dégâts ruineux ; presque toujours, des divergences surgissent sur la route à suivre, au large de Madagascar ou à l'entrée du canal de Mozambique.
Lorsque ce ne sont pas les mauvaises conditions maritimes ou

l'embarcation qui créent les difficultés, d'autres problèmes empêchent le voyage de se dérouler dans une relative tranquillité : alors
que le *São Paulo*, par manque de vents favorables, est contraint
de s'attarder au large de la côte de Guinée, l'alternance de cha-
leurs insupportables et de pluies diluviennes rend malade la presque totalité des cinq cents personnes qui se trouvent à bord,

> « ... aussi bien les marins expérimentés et très anciens sur la ligne
> que les autres, — nobles, soldats, femmes et enfants. Et c'était au
> point que pendant bien des jours il y eut en tout trois cent cinquante
> malades, et que parfois on faisait de soixante-dix à quatre-vingts sai-
> gnées. Elles étaient faites, sur mon ordre, par le barbier du navire,
> le pilote, le sous-pilote, et un mousse qui s'en acquittait fort bien.
> On fit en tout mille cent trente saignées et plus. Il arrivait parfois
> qu'au coup de sifflet du maître d'équipage on ne voyait accourir qu'un
> marin et deux mousses, seuls à être bien portants sur plus de cent
> hommes de mer qu'il y avait sur ce navire pour la manœuvre ».

et, au contraire, la longue inactivité physique et psychique, conséquence d'une navigation sans risque, peut donner lieu à un état
de tensions complexes, à un malaise général qui se décharge en
querelles, rixes, larcins :

> « Pendant ce temps-là nous répondions bien mal aux grâces que Dieu
> nous faisait, car il ne se passait guère de jour sans que certains ne
> fussent volés ou détroussés, parfois de grosses sommes, ou encore bles-
> sés ou tailladés au visage. Les juruments étaient continuels, et de nature
> à impressionner les plus timorés. Même parmi les gens courageux il
> y eut des querelles, et certains s'affrontaient si fort qu'ils formaient
> des bandes opposées où l'on se haïssait mortellement, de sorte que
> le galion était tout rempli de péchés, des péchés qui semblaient résulter
> de l'heureux déroulement du voyage. Et les personnes les plus pieu-
> ses ne laissaient pas de craindre le châtiment de la main de Dieu,
> qui ne tarda guère. »

Mais le drame commence lorsque, à proximité du Cap, les vents
contraires ou tempétueux emportent les voiles et brisent les mâts,
ou que des vagues immenses soulèvent le navire comme sur la cime
d'une montagne pour le précipiter immédiatement vers des abî-
mes d'où il semble ne pouvoir jamais réémerger ; l'eau jaillit vio-
lemment des voies d'eau qui s'ouvrent les unes après les autres de
la proue à la poupe ; le chargement de pont et d'entrepont, privé
dès lors de ses amarres, roule d'un bord à l'autre, tuant et bles-

sant les passagers. À la fureur des éléments s'ajoutent des scènes
d'hystérie et de panique, d'égoïsme et d'élan altruiste, qui font
voir à nu avec une acuité rare les réactions de l'individu et du
groupe social face au danger. La première réaction instinctive est
d'implorer la miséricorde divine pour sauver au moins son âme car
il reste bien peu d'espoir de sauver son corps :

> « Chacun désormais, désespérant du salut de son corps, ne pensait qu'à
> celui de son âme, et tous demandaient à se confesser auprès des reli-
> gieux qui étaient dans le navire, avec force larmes et gémissements,
> mais avec si peu de discrétion et d'ordre qu'ils voulaient tous le faire
> en même temps, et ils parlaient d'une voix si forte qu'ils s'enten-
> daient les uns les autres, à l'exception des nobles et autres personnes
> de qualité qui se confessaient en secret. La hâte à se confesser était
> si grande qu'un homme, ne pouvant attendre, se mit à demander
> à grands cris à un religieux de l'entendre en confession, et, sans patien-
> ter davantage, il disait ses péchés à voix haute, des péchés si graves
> et si énormes que le religieux fut obligé de lui mettre la main sur
> la bouche en lui criant de se taire. »

La confession publique des péchés est un élément constamment
associé aux situations d'urgence ; elle peut donc se répéter plusieurs
fois au cours d'un même récit, et souvent parvient à en apaiser
la tension et les accents dramatiques par des notations d'un comi-
que plus ou moins inconscient, comme dans le récit du jésuite Gaspar Afonso que la tempête surprend au lit et gravement malade
et qui se voit contraint par les événements à apporter son secours
spirituel aux passagers en chausses et en chemise sur le seuil de
sa cabine.

Lorsque ce n'est pas la tempête qui démolit l'embarcation, celle-
ci se fracasse contre les récifs à fleur d'eau ou sur les bas-fonds où
elle est allée s'échouer, par incompétence ou inexpérience du pilote.
Panique et désespoir sont aussi des comportements caractéristiques
des passagers dans de pareilles circonstances. Et la tentative de lancer
à la mer le bateau de sauvetage ou de construire des radeaux est
la plupart du temps étroitement liée à la terreur incontrôlée qui
s'empare de la plupart des voyageurs face à une mort qui apparaît
désormais inévitable. Les auteurs des comptes rendus font preuve
d'une savante capacité — qui s'affine au fil du temps et au fur
et à mesure de l'évolution des techniques narratives spécifiques —
à décrire, dans un crescendo de sensationnalisme non dénué de

notes pathétiques ou grandguignolesques, les séquences du naufrage
et les réactions humaines, confectionnées de manière à obtenir un
effet émotionnel bien précis :

> ...« La mer était alors parsemée de caisses, d'antennes, de barriques
> et de tous les objets divers qu'on voit apparaître à l'heure funeste
> d'un naufrage, et tout cela flottait pêle-mêle au milieu des gens qui,
> pour la plupart, nageaient vers la terre. Spectacle effrayant, et à tout
> jamais pénible à rapporter ! Chez tous l'impétuosité de la mer faisait
> un carnage, et elle avait pour tous des supplices différents. On en
> voyait çà et là qui, ne pouvant plus nager, vomissaient avec de grands
> efforts douloureux l'eau qu'ils avaient avalée. D'autres, perdant encore
> plus leurs forces, se recommandaient à Dieu dans leur cœur et se lais-
> saient finalement couler au fond. D'autres, pris entre les caisses, étaient
> tués ou étourdis, puis achevés par les vagues qui les jetaient contre
> les rochers. D'autres, heurtés par les antennes ou les débris de navire
> qui flottaient, étaient déchirés par les clous, de sorte que l'eau avait
> par endroits des taches aussi rouges que le sang qui coulait abondam-
> ment de leurs blessures, et c'est ainsi qu'ils finissaient leurs jours. »

Mis à part quelques rares cas d'altruisme chrétien — le capitaine du *Nossa Senhora de Belém* qui au risque de sa propre vie
s'embarqua sur la chaloupe pour explorer la côte et trouver un
endroit où faire échouer le bateau avec le moins de dommages possible pour les occupants —, on assiste, dans la très grande majo-
rité des cas, aux expressions de l'égoïsme le plus condamnable, et
même parfois de la plus criminelle arrogance : officiers qui repous-
sent avec leurs armes quiconque tente de monter sur la chaloupe
où ils ont pris place avec les personnages importants ; maîtres
d'équipage qui tentent de forcer leurs supérieurs à s'unir à eux et
à quelques autres pour s'éloigner de l'épave à bord de la seule
embarcation disponible ; nobles préoccupés exclusivement de leur
sauvegarde personnelle et de celle de leur famille et qui préten-
dent imposer leur volonté en tant que détenteurs de droits et de
prérogatives supra-humaines ; l'abandon sur le bateau en train de
couler de ceux qui n'ont pas réussi à grimper sur les embarcations
de fortune et auxquels on a promis par des serments solennels de
revenir les chercher ; l'indifférence sans pitié envers les malheureux
qui vont être submergés par la marée après avoir momentanément
trouvé refuge sur un îlot :

> « Tout le récif était couvert de gens que l'on ne voulait recueillir ni

sur le canot ni sur les radeaux. La marée montait et ils perdaient pied, de sorte que tous ceux qui ne savaient pas nager commencèrent à se noyer. Ceux qui savaient nager se noyèrent aussi : ils retardaient seulement un peu leur mort. Un grand nombre d'hommes nageaient, les uns vers les radeaux, les autres vers la chaloupe : ils se noyèrent tous, de même que deux femmes qui voulaient monter sur les radeaux où il s'en trouvait déjà beaucoup d'autres. Un jeune garçon de quinze ans nagea pendant presque une demi-lieue, et il arriva à la chaloupe en devançant tous les autres nageurs. On le menaça d'une épée, mais, dans sa détresse, il n'en eut pas peur. Au contraire, il la saisit comme si on lui avait jeté un filin, et il ne la lâcha plus jusqu'à ce qu'on l'eût recueilli, mais au prix d'une grande plaie à la main. »

Quand d'ailleurs le bateau fait naufrage à une grande distance de la côte, les premiers, en général, à tenter de se sauver, sont le capitaine, les officiers et quelques rares privilégiés qui prennent place dans les embarcations et vont jusqu'à défendre par les armes la position conquise — comme dans le cas de la nef *Santa Maria da Barca* —, étrangers à tout esprit de solidarité et dépourvus de la pitié la plus élémentaire :

« Alors ils sautèrent les uns à la mer, les autres sur des radeaux. D'autres invoquaient tous les saints du Paradis. D'autres mouraient. D'autres nageaient en direction de la chaloupe. [...] Et dom Luís, une épée à la main, ne laissait monter personne, car il avait l'intention de prendre avec lui le pilote, le maître d'équipage et quelques-uns de ses proches qui étaient restés sur le navire. »

Après deux jours et trois nuits, « sur une barque fracassée et sans rames, [...] sans voiles, sans mât, sans boussole et sans vivres », les cinquante-neuf rescapés arrivent à terre, uniques survivants du naufrage. La chaloupe qui les avait portés jusqu'à la rive les préservera aussi des souffrances de l'épuisante marche par voie de terre, leur permettant d'atteindre le port de Aro. Le *Santiago* lui aussi coule à pic à une distance importante de la terre, pour avoir heurté des bancs de coraux, et là aussi, le capitaine prend place dans une barque de sauvetage avec dix-huit autres naufragés, en déclarant leur intention de partir en reconnaissance et de retourner ensuite au bateau mais avec le secret dessein de ne s'inquiéter que de leur propre sauvegarde. Ceux qui restent, s'étant rendu compte qu'on les avait abandonnés, réparent la chaloupe abîmée pendant la tempête et construisent des radeaux. Puis c'est l'embarquement sélectif, avec des scènes de cruauté ; comme celle de ces femmes qui tentent de s'accrocher au bateau et sont rejetées à l'eau par des coups d'épée. De toute façon ceux qui ont embarqué sont trop nombreux, et l'on décide donc d'en rejeter dix-sept à la mer, dont un noble qui s'était activé comme un mousse pour réparer la chaloupe — ce qui n'a pas joué en sa faveur — et un des frères Ximenes : entre eux deux s'instaure une émouvante compétition de générosité qui aura une issue heureuse. Finalement cinquante-sept survivants arrivent à terre et doivent maintenant se préparer à la marche.

*

Au-delà des variantes, on relève dans les récits relatifs au débarquement, d'importants points communs : l'arrivée à terre des naufragés ou d'une partie d'entre eux, en un ou plusieurs voyages de la chaloupe, ou sur des radeaux construits avec les moyens du bord ; l'abandon des autres sur le bateau, auquel il n'est plus possible d'accéder pour de nouveaux transbordements, car les vagues sont de plus en plus hautes ; l'éclatement du navire dont les débris seront récupérés et utilisés par les rescapés ou brûlés pour empêcher les Cafres de s'en emparer ; l'appel des survivants et les larmes versées sur les morts et les disparus ; la construction de tentes et de cabanes où soigner les blessés et les malades et pour protéger les bien portants contre le froid de la nuit et les brûlures du soleil ; le rétablissement d'une apparence d'organisation sociale en prévision de la longue marche vers la localité la plus proche habitée par des Portugais :

« Quand ils se furent échappés de la nef *Santo Alberto* [...] le capitaine leur demanda d'aller chercher les armes et les vivres qu'ils y trouveraient, ce qui fut fait aussitôt. Le maître, le second maître et tous les marins allèrent dans les débris du navire, et les soldats allèrent sur la plage. [...] Les nôtres se tenaient très soigneusement sur leurs gardes, pour se prémunir contre les vols et les attaques des Cafres. Dans la même intention ils se retranchèrent du mieux qu'ils purent, compte tenu de l'endroit et du moment. Et pour s'abriter du froid ils se firent des tentes avec de beaux tapis de Cambay et d'Odiá, de riches courtepointes, des tissus de coton rayé, des coffrets et des nattes des Maldives que l'on avait embarqués pour un tout autre usage, et ils s'y abritaient du froid pendant la nuit et de la chaleur pendant la journée. »

Le contact avec les indigènes — qui dans la plupart des textes sont des Cafres de la côte orientale africaine, à l'exception du *São Paulo*, échoué sur un îlot près de Sumatra, où la rencontre a lieu évidemment avec des gens de souche malaise, et du *São Francisco*, dont les occupants débarquent sur les terres européanisées de Saint-Domingue — peut se révéler périlleux, dès l'arrivée ou au cours de la marche. Les rescapés du navire *Santiago*, le jour même où ils débarquent, sont agressés, blessés et détroussés de tout ce qu'il leur restait sur eux :

> « Quelques Cafres les attaquèrent et les dépouillèrent tous de leurs vêtements, donnant deux coups de sagaie au P. Tomás Pinto et blessant un marin à un œil. [...] C'était un spectacle pitoyable que de voir ces gens en un pareil état, [...] sur la plage d'une terre barbare, avec d'un côté la mer dont les vagues furieuses les effrayaient encore, et de l'autre un pays plein d'ennemis cruels, comme le sont ces Cafres. »

À l'inverse, les naufragés du *São João Baptista,* alors qu'ils sont encore en train d'installer leur camp de base, reçoivent la visite de « bons » indigènes qui s'approchent d'eux, déposent leurs lances et leur offrent un spectacle de chants et de danses. Selon les endroits et les circonstances, le contact peut s'avérer plus ou moins difficile selon les possibilités de communiquer ; on pourrait paradoxalement affirmer que les relations entre naufragés et indigènes sont déterminées non seulement par les rapports de force (et donc par la quantité d'hommes valides et par l'armement dont disposent les Portugais, qui ne doivent jamais négliger la nécessité de rester unis et de ne se départir en aucun cas de leurs armes) mais aussi et surtout par l'obstacle linguistique : car on constate qu'à part, bien sûr, quelques exceptions, la cordialité est directement proportionnelle à la facilité de se comprendre. La communication, en l'absence d'intermédiaires, s'établit alors au niveau le plus élémentaire. C'est ce qui se passe avec les survivants du *São João Baptista* : ici le narrateur manifeste une certaine curiosité vis-à-vis de la diversité des langues et en particulier envers un type étrange et inédit d'articulation linguistique de la part des indigènes :

« Pendant le séjour d'un mois et six jours que nous fîmes là, on ne put jamais comprendre un seul mot de ce que ces gens disaient, car leur langage ne semblait pas humain. Dès qu'ils voulaient dire quelque chose ils faisaient des clappements avec leur bouche, un clappement au début, un autre au milieu et un autre à la fin. Ainsi l'on peut dire qu'il n'y a d'unité ni dans leur pays ni dans leur peuple (ou peu s'en faut). »

Dans quelques cas, la présence d'un esclave, ou d'un ex-esclave noir parmi les naufragés ou parmi les indigènes facilite le contact, surtout si l'interprète a subi une influence portugaise suffisante pour garder au cours des ans un souvenir pas trop désagréable de ses relations avec les Blancs. On trouve dans les comptes rendus divers témoignages sur l'existence de ces êtres isolés — blancs, noirs, ou métis —, rescapés d'anciens naufrages. Il suffira de citer le cas du *cabra* (métis) cité par José Cabreira :

« lequel s'était perdu il y avait plus de quarante ans sur la nef *Santo Alberto*. Cet homme, étant enfant, était resté dans la brousse. Le temps passant, il avait fini par se marier, et il était fort riche. Il avait trois femmes et beaucoup d'enfants. Sachant que nous étions là, il commença à vanter nos mérites devant ces primitifs, disant que nous étions des gens très braves, et de plus ses parents, et qu'il fallait nous amener beaucoup de vaches, car nous avions de grandes richesses et nous achèterions tout à bon prix ».

*

Dans le récit le plus ancien que nous possédons, relatif au voyage du galion *São João,* l'attention de l'auteur anonyme se concentre sur deux personnages, les nobles dona Leonor et Manuel de Sousa Sepúlveda, et essentiellement sur leur fin malheureuse, et il est accordé fort peu d'importance au cadre et à l'atmosphère dans lesquels les événements se déroulent :

« ... Les Cafres recommencèrent à les attaquer, lui, sa femme et les quelques personnes qui les accompagnaient, et ils leur ôtèrent leurs vêtements. [...] Quand dona Leonor se vit nue, elle se jeta aussitôt à terre, elle se couvrit tout entière de ses cheveux, qui étaient fort longs, et elle fit dans le sable un trou où elle se plongea jusqu'à la ceinture sans jamais plus se relever. Manuel de Sousa s'approcha alors d'une vieille femme qu'elle avait comme suivante, et à laquelle il res-

RELAÇAÕ
DO
NAUFRAGIO
DA
NAO CONCEYÇAÕ,
DE QUE ERA CAPITAÕ
FRANCISCO NOBRE,

A qual ſe perdeo nos baixos de Pero dos Ba-
nhos aos 22. dias do mez de Agoſto de 1555.

ESCRITA
POR MANOEL RANGEL,

O qual ſe achou no dito Naufragio: e foy deſ-
pois ter a Còchim em Janeiro de 1557.
Y

tait une mantille déchirée. Il la lui demanda pour couvrir dona Leonor. [...] Quoiqu'il eût le cerveau dérangé, il n'oubliait pas que sa
femme et ses enfants avaient besoin de manger. Boitant par suite
d'une blessure que les Cafres lui avaient faite à une jambe, il alla,
dans cet état d'épuisement, chercher dans la brousse des fruits pour
les leur donner à manger. À son retour [...] il trouva l'un des enfants
mort, et de ses mains il l'enterra dans le sable. Le lendemain Manuel
de Sousa alla de nouveau dans la brousse pour chercher quelques fruits,
et quand il revint il trouva dona Leonor morte ainsi que l'autre enfant,
et sur son corps cinq femmes esclaves qui pleuraient en poussant de
grands cris. On dit que, quand il la vit morte, il se contenta d'éloigner les esclaves et de s'asseoir près d'elle, le visage appuyé sur une
main, [...] sans pleurer et sans dire un seul mot. [...] À la fin il se
leva et, avec l'aide des esclaves, il se mit à creuser une fosse dans
le sable, et toujours sans dire un mot il l'y enterra avec l'enfant.
Quand il eut fini il reprit le chemin qu'il avait parcouru quand il
était allé chercher des fruits. Sans rien dire aux esclaves, il s'enfonça
dans la brousse, et personne ne l'a plus jamais revu. On pense que,
marchant dans cette brousse, il a sans doute été dévoré par les tigres
et les lions.
« C'est ainsi que tous deux, mari et femme, terminèrent leur vie après
avoir marché pendant six mois dans le pays des Cafres, au milieu de
toutes ces souffrances. »

En revanche dans les autres récits, et au fur et à mesure que
la connaissance du terrain se fait moins approximative, les auteurs
accordent un espace plus grand aux descriptions des lieux et des
phénomènes naturels, bien que celles-ci soient toujours subordonnées aux péripéties du récit, qu'elles ponctuent habilement. Ainsi
les tempêtes de sable qui fouettent jusqu'au sang les rescapés du
São Bento, les vastes marais qui engloutissent hommes et animaux,
les courants violents des fleuves qui emportent et retournent les
radeaux construits avec l'ingéniosité du désespoir, les forêts denses
et obscures où règne une nuit permanente, les bêtes féroces aux
aguets, les sous-bois inhospitaliers et enchevêtrés qui contraignent
souvent les voyageurs à avancer à quatre pattes, les fruits vénéneux,
les étendues arides et désertes d'où tout souffle de vie semble
absent.

Après un repos plus ou moins long dans un premier campement de fortune commence la marche le long de la côte. Le schéma
de l'itinéraire est très simple : les naufragés se mettent en route

pour un trajet long et fatigant qui les portera jusqu'à l'endroit le plus proche habité par des Portugais ou visité par des navires portugais (il n'y a guère que trois ou quatre bases militaires et commerciales, qui servent aussi de point d'appui aux bateaux qui suivent, dans les deux sens, la route des Indes) ; ils affrontent la nature sauvage et pleine d'embûches d'un territoire hostile, qui va les décimer par la faim, la soif, le froid de la nuit et la chaleur du jour, la fatigue, les maladies, les attaques des hommes et des animaux, réduisant le nombre des rescapés à bout de forces.

Le chemin vers la délivrance, implicitement ou explicitement présenté comme une sorte d'interminable chemin de croix ou, mieux, comme une marche expiatoire (l'auteur du récit relatif au navire *Conceição* parle de purgatoire), qui s'accomplit la plupart du temps par voie terrestre lorsque les naufragés sont nombreux et disposent de ressources alimentaires et défensives suffisantes, l'expédition s'organise même sur un modèle militaire, se dote d'une avant-garde et d'une arrière-garde armées en mesure d'assurer une certaine protection au groupe formé de femmes, d'enfants, de vieux, de malades ; en tel cas l'avant-garde arbore un emblème religieux — un crucifix, deux morceaux de bois en croix fixés sur une lance, un étendard béni, des reliques — qui sert à la fois à conjurer les malheurs et à rassurer les marcheurs. Le périple se déroule habituellement, comme nous l'avons dit, le long de la côte avec des incursions vers l'intérieur dictées par la nécessité de trouver des gués pour franchir les fleuves, ou de contourner des obstacles insurmontables. C'est une suite interminable d'ascensions et de descentes, de montagnes et de vallées, une alternance de chaud et de froid, une accumulation de rencontres hostiles ou bénéfiques, une suite d'exténuants marchandages avec les Cafres pour obtenir d'eux un peu de nourriture, et surtout une hémorragie progressive du groupe qui doit laisser derrière lui ceux qui ne sont plus en état de marcher ou qui sont enlevés, blessés, tués par les bêtes féroces ou par les indigènes ; c'est une alternance imprévisible de terres fertiles et de déserts, d'abondance et de disette, en une sorte de tragique ballet exécuté dans un espace géographique mal défini, confus et inexploré.

Le voyage est plus dramatique pour les groupes peu nombreux et qui n'ont ni armes ni ressources. Les Cafres ont facilement raison d'eux : ils les dépouillent de tout ce qui leur reste, les font

prisonniers dans leurs villages dans l'espoir d'en tirer une hypo-
thétique rançon, ils les laissent sans nourriture, ni eau, ni vêtements,
et leur interdisent de s'éloigner pour aller eux-mêmes à la recherche de quelque chose à se mettre sous la dent :

> « Ils souffrirent beaucoup de la faim, car on ne donnait à chacun,
> pour toute la journée, que deux cuillerées de cette bouillie de mil,
> et les nègres leur interdisaient d'aller chercher dans la brousse des fruits
> à manger ou des herbes. Ils les gardaient dans un petit espace, entre
> des figuiers, comme des prisonniers, et si l'un d'entre eux s'éloignait
> des autres à la distance d'un jet de pierre, ils le ramenaient aussitôt
> dans cette prison, en le rouant parfois de coups. Leur protection contre
> le froid de la nuit était insuffisante : ces nègres ont des cabanes cons-
> truites sur des pieux d'une coudée de haut, qui leur servent de gre-
> niers, et la nuit tous les gens de la chaloupe s'abritaient dans deux
> de ces cabanes, mais il en restait beaucoup dehors, et ils étaient si
> serrés que de toute la nuit ils ne pouvaient dormir. Leur lit était une
> herbe si dure qu'elle s'imprimait sur leur corps. Ils vivaient nus, et
> comme c'était encore l'hiver dans ce pays, le froid était grand. Ils
> faisaient alors du feu toute la nuit [...], mais ils avaient froid jusqu'à
> la moelle des os, et si d'un côté ils se réchauffaient, de l'autre ils
> se sentaient glacés. On comprit ainsi l'erreur de ceux qui disent que
> ''dans la zone torride il ne fait pas froid''. [...] Et dans ce pays le
> froid ne durait que pendant une heure après le lever du soleil. Tout
> le reste de la journée, jusqu'au coucher du soleil, la chaleur était
> insupportable. »

*

En revanche, lorsque le groupe est nombreux, bien armé, et
a de la marchandise à échanger, les Cafres se montrent généralement disposés à céder des poules, du mil, du riz, des légumes,
des chèvres, des vaches, de l'eau contre du fer ou des vêtements ;
ils leur louent des huttes, leur font passer les gués. Cependant,
même quand l'accueil des indigènes est bon, d'autres embûches
mettent à l'épreuve la résistance et le courage des rescapés.

Avec un réalisme coloré, Manuel de Mesquita Perestrelo décrit
par exemple l'assaut de « tigres » qui, poussés par la faim, sautent
les palissades qui entourent le village indigène et tuent les humains
qu'ils surprennent hors des huttes. Mais être à l'abri ne sert pas

à grand-chose : ils pénètrent jusqu'à l'intérieur ; la seule arme de
défense, en ces cas-là, est de s'unir en un bloc compact pour tenter d'arracher le pauvre homme aux crocs des bêtes sauvages :

> « Et même quand nous étions six ou sept ensemble, les tigres saisis-
> saient quand même celui qu'ils trouvaient le plus à leur portée, de
> sorte que, quand nous lui portions secours tous ensemble, nous avions
> la plus grande peine à le tirer de leurs griffes. »

Aux agressions des tigres s'ajoute la plaie des poux, non moins
funeste, qui dévore les chairs couvertes de haillons des misérables
rescapés du naufrage :

> « Comme nous n'étions vêtus que de loques, qui laissaient voir la chair
> en beaucoup d'endroits, il nous venait tant de poux que, visiblement,
> ils nous mangeaient sans que nous puissions rien y faire. Nous avions
> beau laver nos effets et nous épouiller soigneusement trois ou quatre
> fois par jour, mais [...] au moment où nous croyions les avoir tous
> tués nous les voyions bientôt réapparaître en si grand nombre que
> nous les ramassions sur nos vêtements avec un bout de bois et les
> emportions pour les brûler ou les enterrer, car il était impossible d'en
> tuer une telle quantité d'une autre façon. Malgré tous ces remèdes,
> il y eut un certain Duarte Tristão et deux ou trois autres hommes
> à qui ils firent de telles plaies dans le dos et sur la tête que c'est
> certainement de cela qu'ils moururent. »

Mais l'élément continuellement présent qui caractérise les pérégrinations des naufragés, c'est la faim. C'est la faim, surtout, qui
les laisse sans défense contre le froid, la fatigue, les dangers, qui
les vide de toute capacité de survie et les contraint à une vie et
à des comportements de bêtes. L'expérience de la faim est décrite
dès les premiers récits. Déjà, dans celui du naufrage de Sepúlveda,
la marche des survivants, pleine de dangers à cause des attaques
des Cafres, est pénible surtout à cause du manque de nourriture :

> « L'impossibilité de dormir, ajoutée à la faim et à la fatigue de la
> marche, nous coûtait tellement que nos gens s'épuisaient un peu plus
> de jour en jour. Chaque jour une ou deux personnes restaient sur
> les plages ou dans la brousse, parce qu'elles ne pouvaient plus avan-
> cer. Aussitôt elles étaient mangées par les tigres ou par les serpents,
> très nombreux dans ce pays. [...] Depuis bien des jours déjà on se
> nourrissait des fruits qu'on trouvait par hasard, ou d'os desséchés. Il
> est très souvent arrivé qu'une peau de serpent se vendît au camp pour

quinze cruzades. Toute sèche qu'elle fût, on la plongeait dans l'eau et on la mangeait telle quelle. »

Dans la forêt, les naufragés peuvent avoir la chance de trouver des fruits, des herbes et des racines, qu'ils mangent sans se soucier des conséquences parfois mortelles ; le long de la côte, ils peuvent se nourrir de crabes, de tortues et de leurs œufs, et parfois même de requins rejetés sur la rive par la tempête ; mais dans la traversée de terres stériles, le besoin les réduit à un état animal et les contraint à se nourrir de ce qui leur tombe sous la main : heureux sont ceux qui ont encore des chaussures ou des ceintures à faire rôtir ; ou ceux à qui il est resté un morceau d'ambre à mastiquer ou un peu de poivre qui, mélangé à de l'eau, peut atténuer les morsures de la faim ; les autres se disputent à coups de griffes, sans retenue, la moindre forme de vie, même la plus rebutante qui leur semble comestible, un lézard, un cafard, une punaise.

Le spectre de la faim dont ont souffert les victimes des précédents naufrages pèse désormais sur tous ceux qui se retrouvent dans des conditions analogues. L'importance d'organiser la réquisition de toute la nourriture récupérée sur les navires ou récoltée à terre, pour la redistribuer à égalité entre tous — en des rations très réduites mais suffisantes pour éviter l'inanition — commence à faire son chemin dans le récit relatif au *Santa Maria da Barca*. Le groupe qui s'éloigne dans la chaloupe n'emporte avec lui que cinq boîtes de confiture et six fromages. Aussi, à peine sont-ils arrivés à terre, le capitaine envoie-t-il immédiatement quelques hommes dans la forêt chercher des fruits que lui-même répartira ensuite de manière impartiale. Avec le temps et avec l'expérience, la constitution de réserves alimentaires s'effectue de façon toujours plus perfectionnée au point que José de Cabreira, capitaine de la *Nossa Senhora de Belém,* fait construire au centre du campement une hutte spéciale, appelée du nom indien de « bengaçal », dans laquelle toutes les victuailles sont rassemblées et tenues sous clé et à la distribution desquelles est préposé un religieux : un modèle d'organisation qui sera aussi suivi par les survivants d'autres naufrages, lorsque les conditions le permettront, mais qui ne suffira pas à éviter d'atteindre ce moment où la faim, devenue incontrôlable, harcèlera horriblement les naufragés. Et c'est bien parmi les survivants de l'*Atalaia* et du *São João Baptista* — dont les commandants ont fait preuve d'une singulière habileté dans la répartition des ressources alimentaires disponibles et dans la découverte de nouvelles sources d'approvisionnement direct dans les régions traversées — que se produisent les épisodes les plus sordides d'un retour à un comportement primitif capable d'abolir non seulement toute convention sociale, mais aussi les tabous religieux les plus ancrés. Après des marches exténuantes le long des plages de sable, à travers des gués difficiles et des sous-bois impénétrables, sur des montagnes escarpées dont les sommets semblent toucher le ciel, aveuglés par une faim telle « qu'aucun être humain ne pourrait la supporter », certains naufragés se jettent sur une tête de tigre :

> « ... une tête de tigre toute pourrie, pleine de vers et sentant mauvais, dont ils mangèrent aussitôt la langue. Et, tout contents, ils portèrent le reste à leur maître, qui mit cela à cuire en en buvant d'abord le bouillon. Et pour protéger des autres cette trouvaille, il fit si bonne garde que, pendant que cela cuisait, il avait un fusil chargé pour se défendre contre ceux qui auraient voulu le lui voler. Le lendemain, tandis qu'ils cheminaient, quelques-uns trouvèrent dans la brousse deux rats crevés et sentant mauvais, qu'ils se partagèrent en se disputant ».

De là à des scènes de véritable cannibalisme, le pas est vite franchi. Deux nègres, « portugalisés », responsables d'avoir tué quelques Portugais, furent empalés sur ordre du capitaine, mais ils ne restèrent guère sur la potence.

> « ... Car ils furent mangés en cachette par les nègres de notre camp, et par d'autres qui n'en étaient pas. On dissimulait la chose et l'on ne s'en préoccupait point. Pendant la nuit, j'ai souvent vu dans le camp beaucoup de viande à la broche, une viande qui sentait très bon le porc. Une fois, comme je me levais pour prendre la garde, mon compagnon Gregório de Vidanha me demanda d'aller voir quelle était cette viande que nos valets étaient en train de faire rôtir. J'y allai, j'interrogeai l'un des valets, et il me répondit que, si je voulais en manger, c'était quelque chose d'excellent et qui donnait beaucoup de forces. Mais je reconnus que c'était de la chair humaine, et je m'en allai en faisant semblant de n'avoir rien vu. »

*

Il n'est pas rare qu'aux tempêtes et aux voies d'eau viennent s'ajouter — ou se substituer — les attaques de corsaires hollandais, français, anglais et turcs contre lesquels les Portugais se lancent dans une bataille inégale, qui se termine le plus souvent par la capture des plus valeureux, sur qui va se déverser la cruauté et l'impiété des vainqueurs. En général, la grande mobilité des navires ennemis, la supériorité de leur armement et donc leur plus grande capacité de feu ont largement le dessus sur les navires portugais difficilement manœuvrables, alourdis par leurs charges et souvent déjà éprouvés par la fureur des éléments. Parfois la différence n'est pas seulement qualitative mais aussi quantitative : le *Chagas* est attaqué par trois vaisseaux anglais, le galion *Santiago* par trois navires hollandais, et le navire *Conceição*, qui dans la nuit se trouvait en vue de l'estuaire du Tage, se voit aux premières lueurs de l'aube encerclé par une flotte d'au moins dix-sept navires turcs « de trente-cinq à quarante canons chacun ».

La durée de la bataille est variable, mais elle ne dépend pas du rapport de forces : le *Santo António*, mal armé, et le *Santiago*, alourdi et lent, parviennent à résister à l'agression ennemie jusqu'au troisième jour ; le *Conceição* doit être abandonné, en proie aux flammes dès le second jour ; le *Chagas* prend feu lui aussi, mais au terme de la première journée de combat. Les navires entraînés dans ces aventures connaissent tous des sorts différents : certains sont capturés, d'autres sérieusement endommagés, d'autres coulent envahis par les flammes, d'autres encore explosent lorsque le feu atteint la sainte-barbe. De même les traitements que les corsaires réservent aux naufragés sont très variables : les Français et les Hollandais dépouillent le *Santo António* et le *Santiago* de leurs richesses, les premiers abandonnent les survivants sur un bateau désormais dans un état désastreux, les seconds les débarquent sur l'île de Fernão de Noronha, et réparent le galion portugais pour se l'approprier. Les Turcs, comme les Anglais, doivent renoncer à leur prise, mais ceux-ci sauvent dans leurs chaloupes autant de Portugais qu'ils le peuvent — pour en faire des esclaves et les emmener à Alger — tandis que ceux-là assistent impassibles à la fin de leurs ennemis qui périssent dans les flammes, ou noyés en mer ; ils tuent « en les transperçant de part en part avec leurs armes, cruellement, comme des bouchers » tous ceux qui tentent de se sauver à la nage, et qui ne peuvent leur offrir les pierres précieuses qui auraient échappé au naufrage pour se faire prendre à bord de leurs chaloupes. En effet, c'est le comportement des Anglais vis-à-vis de leurs

anciens alliés, qui, dans l'absolu, apparaît le plus inhumain. Toutefois, le mépris dont font preuve les Hollandais, tant sur le plan
politico-idéologique que sur le plan humain, envers les Portugais,
n'est pas moins détestable. Non seulement ils les dépossèdent de
tous leurs biens et se font ensuite longuement prier, lorsqu'ils les
déposent sur l'île de Noronha, avant de leur concéder un peu de
riz et de biscuits pourris, non seulement ils raillent par des paroles
cuisantes la cupidité des vaincus, dont témoigne le galion surchargé,
et tuent sans pitié quiconque tente de se sauver à la nage au
moment où le *Santiago* coule à pic, mais ils soumettent les rescapés à la plus minutieuse et la plus humiliante inspection corpo-
relle avant de les débarquer sur l'île :

> « Et avant de les abandonner à terre ils soumirent les nôtres à une
> fouille corporelle et vestimentaire, pour voir s'ils ne débarquaient pas
> avec un bijou ou une pièce d'or. Je dis ''fouille corporelle et vesti-
> mentaire'', car ils les déshabillaient, les déchaussaient et fouillaient
> non seulement leurs vêtements et leurs parties extérieures, mais aussi
> leurs parties intérieures, allant jusqu'à y mettre les doigts, et ils leur
> faisaient boire de force un verre de vin pour leur faire cracher la pierre
> qu'ils auraient pu avoir dans la bouche. »

*

Du point de vue de la structure narrative, les récits de naufrage se présentent de façon tellement homogène que cela nous
autorise à avancer l'hypothèse d'un modèle auquel tous les auteurs
se conforment plus ou moins, en usant d'une large liberté dans
la répartition de leur récit en divers segments. En d'autres termes,
si les récits sont constitués d'un enchevêtrement de thèmes puisés
dans une vaste gamme de variantes, il est possible, à partir de leur
segmentation en composants syntaxiques — départ, tempête, naufrage, abordage, pérégrination —, de mettre en évidence une théorie
de la production de ces structures apparentes, c'est-à-dire d'en
extraire l'archétype qui est à la base de chaque réalisation. Et le
modèle narratif des histoires de naufrage semble plonger ses racines dans celui du récit médiéval de voyage, surtout dans les récits
de voyages fantastiques vers l'au-delà comme la *Navigation de saint
Brandan*, le voyage au purgatoire de saint Patrick ou encore la *Vie
de saint Amaro* : ce dernier se détache de tous les autres par sa

richesse inventive et présente un schéma narratif comparable à celui des comptes rendus de naufrage.

Le voyage d'Amaro au paradis terrestre commence par l'acquisition d'un bateau sur lequel il s'embarque avec seize compagnons, est ponctué par des escales sur des îles semi-désertes habitées uniquement de moines et d'ermites qui ravitaillent le navire de pain, d'eau et de bons conseils, puis sur d'autres terres peuplées d'hommes sauvages et malfaisants ; il se poursuit à travers de terrifiantes tempêtes, sur une mer « coagulée » dont les navires restent prisonniers et seule l'intervention de la Sainte Vierge pourra les remettre à flot, il entre ensuite à l'intérieur du *locus amoenus* de l'ermite Leomites. Le voyage s'achèvera après les longues et exténuantes péripéties d'Amaro qui doit abandonner ses compagnons pour atteindre seul le seuil du paradis, où, au terme d'une longue attente, il ne lui est finalement pas permis d'entrer. À son retour — bien deux cents ans ont passé sans qu'il s'en soit rendu compte — il constate que tous ses compagnons sont morts et qu'il est devenu un personnage mythique.

De la préparation du navire à la traversée de territoires semi-désertiques, de la rencontre avec un survivant d'un précédent naufrage (qu'on peut assimiler à l'ermite qui, comme celui-ci, ravitaille ses compatriotes), au choc de la rencontre hostile avec les Cafres sauvages et mécréants, des tempêtes furibondes aux calmes exténuants dont on ne peut être sauvé que par quelque intercession céleste, du *locus amoenus* que représentent les régions fertiles habitées par de « bons » indigènes aux vicissitudes des longs et fastidieux itinéraires à travers une nature inconnue et souvent malveillante, de la séparation du chef de groupe (par exemple, dans l'aventure de Sepúlveda) au retour des rescapés de longues années plus tard, et à la mythification des plus illustres d'entre eux — les ingrédients des textes auxquels nous nous sommes intéressés et ceux des récits médiévaux de voyages fantastiques, comme celui de la *Vie* d'Amaro que nous venons de résumer, sont identiques. Les éventuelles variantes dans la distribution de ces éléments communs sur le plan syntagmatique, comme l'absence ou le rajout de certains autres, ne compromettent pas l'homogénéité d'ensemble des deux structures comparées.

Outre les grandes unités de narration, l'analogie entre les comptes rendus de naufrages et les récits médiévaux concerne aussi une série de micro-éléments, par exemple : « la montagne », qu'il faut grimper pour pouvoir se sauver (et dans les textes qui nous occupent, cet élément est répété jusqu'au paroxysme), le fleuve impétueux qui barre la route, les bêtes sauvages et insolites qui assaillent les pèlerins ; et encore, à un autre niveau, les raisons qui poussent les personnages à affronter les risques inhérents à ce type de traversée : le désir de profit (ici matériel, là spirituel), la curiosité envers les pays inconnus, la volonté de conquête.

Au-delà des éléments narratifs communs à ces deux types de récits, les comptes rendus de naufrage présentent également un certain nombre d'analogies avec les chroniques et la littérature de voyage : analogies qui se font plus étroites dans les récits du XVIIIᵉ siècle, au fur et à mesure que s'élargit et s'approfondit la connaissance des terres exotiques et qu'une quantité croissante d'informations tirées de l'expérience directe commencent à porter leurs fruits et à compléter les anciennes ou à s'y substituer. L'exotisme fantastique des récits médiévaux s'adapte à la diffusion, au sein de la collectivité, d'une perception toujours plus concrète de cette réalité nouvelle, et de ses dimensions effectives. À titre d'exemple, la nature ingrate de la *Terra do Natal* est peuplée, dans le compte rendu de naufrage de Sepúlveda, de lions, de tigres, de serpents et d'autres « bêtes féroces » qui constituent le danger majeur pour qui reste en arrière pendant la marche : un danger auquel les naufragés du *São João* ne sont jamais contraints à se mesurer mais qui apparaît davantage comme résidu de la tradition littéraire que comme perception empirique de la réalité. En effet, dans les comptes rendus plus tardifs, alors que les côtes du Natal sont mieux connues — à travers les expériences des naufragés qui les avaient parcourues à pied —, le péril des « monstres » disparaît presque tout à fait, réduit à l'apparition effective de quelque hippopotame regardé avec plus de curiosité que de terreur. Le véritable danger, c'est à cette époque essentiellement les Cafres.

Or la dynamique interne et les conditionnements socio-littéraires du récit de naufrage exigent que les images narratives reproduisent avec de plus en plus de précision une réalité empirique, distincte de la réalité au sens mythique qui est celle de la tradition. Et cependant la matrice fantastique du monde décrit par le récit non seulement ne s'oblitère jamais tout à fait, mais singulièrement réémerge, au terme de cette courbe évolutive, dans le récit attribué à Francisco Correa rédigé entre 1693 et 1699 et qui relate les mésaventu-

res de la patache *Nossa Senhora da Candelária*. La première partie
de ce récit est calquée, dans ses grandes lignes, sur le même canevas que les autres : parti de la Guinée et ayant en vue les îles du
Cap-Vert, le navire se trouve brusquement enveloppé d'un brouillard très dense, et devient, tout de suite après, la proie d'une terrible tempête. Lorsque l'aube se lève, le brouillard s'étant dissipé et
les vents s'étant calmés, le navire gravement endommagé est poussé
à la dérive vers une terre où il va s'échouer. Le chargement est sauvé,
les naufragés coupent des troncs d'arbre pour réparer l'embarcation,
en prenant soin de se mettre à l'abri au premier signal de danger,
« car nous nous savions être sur la terre des Cafres ».

À partir de ce moment, Francisco Correa — capitaine du navire,
et donc narrateur à la première personne des aventures dont il aurait
été le témoin oculaire — commence à prendre ses distances par
rapport à une structure de récit consacrée par une tradition vieille
d'un siècle et demi, et revient au modèle médiéval du récit de
voyage. En effet, les naufragés réalisent bientôt qu'ils ont accosté
sur une île inconnue, qui a toutes les caractéristiques du *locus amoenus*, riche et fertile comme l'île où accoste Amaro, mais qui, semblable en cela aux anciennes terres fantastiques, est peuplée de
monstres ; les uns mythiques, les autres reproduisant des animaux
exotiques vus cependant avec les yeux de l'imagination :

> « Nous observâmes que cette terre était une île habitée d'oiseaux et
> de monstres, et qu'elle abondait d'aliments produits généreusement
> par la nature sans le secours d'aucune culture. Nous vîmes un singe
> qui avait bien huit empans de haut, avec des dents de quatre doigts
> de long. Nous tirâmes sur lui à balle sans lui faire aucun mal : au
> contraire, il monta à un arbre et se mit à faire des gestes indécents.
> Nous vîmes un serpent aussi gros qu'un baril de huit *almudes*, et
> il émettait un bruit tel qu'il nous inquiéta. [...] Nous vîmes sortir
> de l'eau une femme marine qui sauta à terre et gravit la montagne
> avec une telle légèreté que mes compagnons n'eurent pas tous le plaisir
> de la voir. Elle avait jusqu'à la ceinture toutes les perfections qu'on
> observe chez les plus belles, et n'était enlaidie que par de grandes
> oreilles qui lui tombaient plus bas que les épaules et qui, quand elle
> les levait, se dressaient sur sa tête de plus d'un demi-ampan. Au-
> dessous de la ceinture elle était toute couverte d'écailles, avait des pieds
> comme ceux des chèvres et des nageoires aux jambes. Dès qu'elle fut
> sur la montagne, soupçonnant qu'on la voyait, elle poussa des hurle-
> ments qui, répercutés par les échos, firent trembler toute l'île. Et l'on

vit sortir tant de bêtes, et d'espèces si diverses, que nous en fûmes
fort effrayés. Elle se jeta finalement dans la mer de l'autre côté, avec
tant d'impétuosité que nous en sentîmes dans l'eau la violence. »

Il faut noter que l'attitude de l'auteur en présence du monstre
marin, qui semble sorti d'un bestiaire fantastique ou d'un chapi-
teau roman, est d'un total naturel, le même naturel dont aurait
pu faire preuve un auteur médiéval : non seulement il ne s'étonne
pas de l'apparition, mais il affirme avoir eu d'autres expériences
du même genre, et pour plus de vraisemblance, il mentionne un
document qui contient la preuve de ces faits :

> « Tous en furent effrayés, sauf moi, car j'en avais vu une à Cabo da
> Gué, et d'autres semblables apparitions m'avaient fait perdre la peur.
> Je me souviens d'avoir vu près de Ténérife un homme marin d'une
> forme si horrible qu'il semblait être le vrai démon. Il n'avait sur son
> visage qu'une apparence d'homme, et il portait sur la tête, au lieu
> de cheveux, des cornes qui s'enroulaient deux fois sur elles-mêmes
> comme celles d'un bélier. Ses oreilles étaient plus grandes que celles
> d'un âne, il avait le teint foncé, un nez avec quatre narines, un œil
> unique au milieu du front, une bouche qui se fendait d'une oreille
> à l'autre, avec quatre rangées de dents, des mains de singe, des pieds
> de bœuf et un corps couvert d'écailles plus dures que des coquilles.
> Une tempête l'échoua à terre, et il poussa de tels hurlements qu'il
> en expira. On fit faire, pour s'en souvenir, un moulage de lui que
> l'on conserve dans la maison de ville de cette île. »

Et enfin, la figure de l'ermite, à propos de laquelle il est important de relever comment celle-ci résulte de la combinaison du personnage du récit médiéval et de celui du naufragé portugais qui
s'est adapté, par la force des choses à la vie parmi les Cafres.
L'ermite de Francisco Correa a toutes les qualités requises pour les
fonctions qui lui sont assignées : c'est un homme vénérable, qui
vit dans une très pauvre demeure, et comme ses confrères des
romans de chevalerie « chacune de ses paroles était sainte et son
esprit valeureux et patient », en outre, bien que d'un âge respectable, il présente « l'aspect viril, à la fois grave et bienveillant, d'un
homme de vingt-cinq à trente ans » grâce à la clémence du climat
de cette île qui lui a permis de vivre si longtemps, en conservant
toujours le même aspect. Mais c'est aussi un Portugais qui a fui
en 1580 lors de l'occupation de son pays par Philippe II et a longtemps erré entre l'Afrique, la Palestine et l'Europe avant de tom-

ber aux mains des ennemis espagnols : condamné à être jeté à la mer, il ne dut qu'à la pitié du capitaine d'être abandonné en plein océan sur une barque fournie en vivres pour trois jours, et d'accoster enfin sur cette île où, cent ans plus tard, il rencontre à nouveau des êtres humains qui s'avèrent être ses compatriotes.

Une combinaison de nouveauté et de tradition qui montre d'une part une évolution du genre, et d'autre part son retour, à la fin de la parabole, au modèle de récit sur lequel il s'était calqué et qui apparaît maintenant enrichi par les nouvelles expériences du réel acquises par la culture portugaise au cours des XVIᵉ et XVIIᵉ siècles.

Traduction de Françoise Liffran, et de Paul Teyssier pour les citations

Giulia Lanciani

La filière italienne

Carmen M. Radulet

Financiers, cartographes, marins, espions, commerçants, éditeurs affluent à Lisbonne : le rôle des Italiens dans les découvertes a été fondamental. Ils surent en tirer d'énormes profits et compenser l'effondrement des marchés traditionnels qui résultait de l'ouverture de la route de l'Inde.

On considère traditionnellement que la collaboration entre les Italiens et les Portugais débute en 1317, lorsque le roi dom Diniz signa un contrat avec le Génois Manuel Pessanha (Pessagno) lui attribuant le titre d'amiral. Ce contrat l'obligeait non seulement à mettre à la disposition de la Couronne lusitanienne son expérience nautique et commerciale, mais également à maintenir, lui et ses descendants, la présence de vingt autres Génois « connaisseurs de la mer ». Il s'agit en effet d'un accord bilatéral dont les clauses juridiques auront une incidence sur le développement de la marine portugaise et son rôle commercial et politique. Cependant, même avant cette date historique il est possible de parler d'une présence italienne au Portugal.

Dans les *Annales* génoises on trouve la référence d'un voyage entrepris en 1291 au-delà des Colonnes d'Hercule par les frères Ugolino et Vadino Vivaldi. Les indications, très générales, ne permettent cependant pas d'établir avec précision ni les escales effectuées par la flotte génoise, ni sa destination finale. La même imprécision accompagne l'expédition d'un autre Génois, Lanzarotto Malocello (ou Maroxello) qui aurait exploré, entre 1330 et 1339, l'archipel des Canaries, comme en témoigne la carte nautique d'Angelino Dulcert (1339) où apparaît le toponyme *Insula di Lanzarotus Marocellus* et les armes de Gênes. Non moins vagues sont les indications qu'il est possible de détacher dans le *De vita solitaria*, où Pétrarque relate une expédition aux Canaries sans offrir toutefois des éléments utiles pour établir la datation et la route suivie par la flotte. Boccace, lui aussi, n'est pas indifférent aux voyages en Atlantique, et dans son texte *De Canaria et de insulis ultra Hispaniam in Oceano noviter repertis*, il fait la relation détaillée de l'expédition de 1341 réalisée aux Canaries, et probablement à Madère et Porto Santo, par le Génois Niccoloso da Recco et le Florentin Angiolono del Tegghia de Corbizzi. Grâce à l'abondance des détails relevés par Boccace, on peut établir que la flotte italienne non seulement sortit du port de Lisbonne pour sa destination finale, mais qu'elle put s'y ravitailler, et très probablement, embarquer des équipages portugais.

Sur les cartes du XIIIe siècle, apparaissent plusieurs des îles identifiables avec Madère, les Açores, les Canaries et une série d'îles fantastiques (île des Sept-Cités, Saint-Brandan, Satanas, Brasil, etc.). Le fait que certaines de ces îles apparaissent avec des noms italiens (Conigi, Capraria, San Zorzi, Corvi, Marini, Colombi, etc.) a induit de nombreux historiens à supposer une prédécouverte d'une partie de ces archipels par des bateaux italiens, probablement génois, qui naviguaient alors avec une fréquence croissante en Atlantique. Si cette hypothèse est plus que plausible, il est difficile d'établir avec quelque fondement l'objectif et les conditions de ces explorations. En l'état actuel des connaissances, il est licite de supposer que ces découvertes précoces furent le fruit du hasard et qu'elles n'eurent aucune conséquence économique et politique. Dans ces expéditions, on ne peut parler d'une véritable collaboration entre Italiens et Portugais, mais seulement de relations occasionnelles.

La conséquence directe de l'intensification des voyages maritimes entre la Méditerranée et l'Atlantique fut le renforcement des liens entre les deux nations qui se concrétisèrent par des traités de navigation et de commerce. Ainsi, Alphonse IV concède à partir de 1338 des privilèges aux Florentins (surtout à la Compagnie commerciale des Bardi), aux Lombards et aux Génois, tandis que le roi Fernando signe un contrat en 1370 avec Gênes pour protéger leurs marchands des attaques des corsaires portugais. Pour sa part, le roi Jean Ier confirme une partie des privilèges obtenus précédemment par les Italiens, signe en 1392 un accord entre son pays et Venise, et prend en 1395 les Génois et les Lombards sous sa protection directe.

Cette constante ouverture des ports lusitaniens à la navigation italienne va créer les bases d'une collaboration non seulement très intense mais diversifiée. Des maisons commerciales essentiellement florentines et génoises et des marchands provenant de plusieurs régions italiennes choisissent Lisbonne comme siège de leurs propres activités, non seulement pour la péninsule ibérique, mais aussi pour leurs relations avec l'Angleterre et les Pays-Bas. D'autre part, des navigateurs italiens indépendants du contrat « Pessanha » offrent leurs services pour naviguer sur les bateaux portugais.

Les explorations promues par l'infant Henri le Navigateur et la progressive mise en place du monopole de navigation et de l'exploitation économique des régions découvertes induisent beaucoup d'étrangers à choisir le Portugal comme lieu privilégié pour rechercher la richesse et la gloire, même s'ils sont obligés de subordonner leur activité à la politique portugaise. Ainsi, par exemple, le Vénitien Alvise Ca' da Mosto arrive en 1454 au Portugal et, obtenant l'agrément nécessaire de l'infant, s'embarque sur la nef de Vicente Dias, originaire de Lagos. La destination est la Guinée et l'objectif est double : commerce d'or et d'esclaves, et poursuite de l'exploration de la côte au-delà du cap Vert. Dans la zone du Cap-Vert, Ca' da Mosto rencontre deux autres navires avec un autre Génois, Antoniotto Usodimare, lui aussi résident au Portugal et associé à l'Infant. Dans la suite de ce voyage et dans un autre réalisé en 1456, les deux Italiens explorent, toujours sous l'égide de l'Infant, les fleuves Gambie et Geba, établissent des contacts avec les populations de cette région et découvrent une partie des îles qui constituent l'archipel du Cap-Vert.

Alors que les navigateurs portugais, soit par ordre royal, soit, plus probablement, par manque d'intérêt, relatent rarement leurs propres expériences de découvreurs, nombre des Italiens qui opèrent au Portugal, permettent à l'Europe, au travers de mémoires ou de lettres publiques et privées, de connaître les grands moments de l'expansion. Ainsi, Antoniotto Usodimare relate ses navigations atlantiques dans un texte intitulé *Itinerarium Antonii Ususmaris Civis Januensis*, malheureusement resté inédit jusqu'à ce jour. Au contraire, les deux relations écrites par Ca' da Mosto, probablement entre 1464 et 1465 après son retour à Venise, sur ses voyages en Afrique, et une autre sur l'expédition du Portugais Pedro de Sintra, eurent une très large divulgation en Italie et dans le reste de l'Europe. Ces textes insérés par Fracanzio da Montalboddo en 1507 dans le recueil *Paesi novamente retrovati e Novo Mondo da Alberico Vesputio Florentino intitulato,* et par Giovanni Battista Ramusio dans le premier volume de son recueil de textes géographiques et de voyages *Navigationi e viaggi* (publié à Venise en 1550), eurent non seulement le privilège de présenter à l'Europe les navigations atlantiques organisées par la Couronne portugaise, mais également d'offrir un très intéressant témoignage de la réalité africaine — tant géographique qu'ethnographique, naturelle, historique et économique — susceptible d'effacer au moins partiellement les mythes et les légendes qui persistaient alors en Europe.

À l'archipel du Cap-Vert reste lié le nom d'un autre navigateur italien : il s'agit du Génois Antonio de Noli qui, arrivé au Portugal, probablement en 1441, avec son frère Bartolomeu et son neveu Raffaello, obtient de l'Infant la licence nécessaire pour naviguer dans le golfe de Guinée. Dans sa relation, *De prima iuentione Gujnee,* le Portugais Diogo Gomes affirme avoir découvert en 1462 avec Antonio de Noli l'archipel du Cap-Vert. Cette assertion contredit cependant tout ce qui est raconté par Ca' da Mosto ou notifié par d'autres sources portugaises, et de fait, il est encore difficile d'établir à qui attribuer le titre de découvreur de cet archipel : tout indique qu'il s'agit d'une découverte progressive, probablement commencée en 1456 et caractérisée par une redécouverte d'îles préalablement visitées. Le fait que Diogo Gomes et Antonio de Noli aient reçu les deux capitaineries de l'île de Santiago (île où le navigateur génois va rester jusqu'à la fin de ses jours) confirmerait la découverte de cette île par les deux hommes.

L'activité maritime des étrangers, même après la mort de l'Infant, témoigne de l'observance du principe de *mare clausum* et l'acceptation de la politique d'exploration et d'exploitation économique tracée par la Couronne portugaise. À cette réalité qui pose les conditions de l'intégration des étrangers dans les flottes portugaises, il faut ajouter les figures de Christophe Colomb et d'Amérigo Vespucci, les plus célèbres navigateurs de la fin du XVe siècle et du début du XVIe siècle qui n'ont cependant développé que des actions peu significatives dans le cadre de l'expansion portugaise.

Le rôle d'Americo Vespucci dans le cadre de l'expansion portugaise reste, comme celui de Christophe Colomb (qui sera évoqué plus loin dans ce livre), encore partiellement obscurci par des
incertitudes et des polémiques, souvent gratuites. Sur la base des
relations imprimées durant la vie du navigateur (le *Mundus Novus*,
la *Lettera di Amerigo Vespucci delle isole novamente trovate in quat-
tro suoi viagi*) et dans ses lettres privées envoyées à Florence, les
historiens ont établi que Vespucci a effectué quatre voyages en Amérique : les deux premiers (1497-1498 et 1499-1500) intégré aux flottes espagnoles des Rois Catholiques, et les deux derniers au compte
de la Couronne portugaise. Dans ces dernières expéditions, le navigateur florentin avait le titre de capitaine ou de pilote, mais, contrairement à ce qu'affirme Vespucci lui-même ou Pedro Mártir, il faisait partie de flottes portugaises probablement frétées par des particuliers. Lors de l'expédition de 1501-1502, Vespucci explore la côte
de l'Amérique du Sud jusqu'à 50° ou 52° de latitude sud, c'est-
à-dire tout près du futur détroit de Magellan, peut-être, comme
le suppose le critique Alberto Magnaghi, objectif qu'il recherchait
en qualité d'espion des Rois Catholiques espagnols. Le voyage réalisé en 1503-1504 où le Florentin navigue de conserve avec Gonçalo Coelho reste encore très obscur, tout comme les motivations
qui l'ont conduit à retourner à Séville. Cependant, si nous donnons crédit à une carte envoyée le 3 octobre 1502 de Séville par
Piero Rondinelli, Vespucci n'aurait pas trouvé au Portugal les profits qu'il recherchait : « Americo Vespucci sera ici dans peu de
temps, car il a connu là-bas beaucoup de déboires et reçu peu de
profit, car bien qu'il ait mérité grandes récompenses, le roi du Portugal concède les terres par lui découvertes à des juifs convertis... »
Cette affirmation pourrait expliquer le retour définitif de Vespucci
en Espagne, où il réussira à obtenir une excellente situation sociale
et de considérables reconnaissances matérielles et honorifiques.

Dans la phase ouverte par le voyage de Vasco de Gama et par
la découverte de la route maritime vers l'Orient, on note une trans-
formation du rôle et du poids des Italiens qui opèrent au Portugal. Surtout au moment où l'on passe de l'époque des découvertes à celle de la consolidation et de l'exploitation, la présence italienne augmente considérablement et couvre différents champs
d'action : non seulement leurs navigateurs sont employés dans les
flottes portugaises, mais ils organisent eux-mêmes des expéditions

commerciales et travaillent comme régisseurs, marchands ou aventuriers au service de la Couronne portugaise. Les nombreuses maisons commerciales italiennes établissent des filiales à Lisbonne et
envoient leurs acheteurs sur leurs propres navires, ou en associa-
tion avec des marchands portugais. Tandis que quelques-uns de ces
Italiens se limitent à développer une activité purement commerciale, d'autres participent activement aux tentatives de conquête des
places fortes orientales, parvenant même à occuper des postes importants dans la structure administrative et militaire du nouvel État
indien.

Déjà, en 1500, dans la flotte de Pedro Álvares Cabral, on trouvait un navire, l'*Annunciada,* armé par Bartolemeo Marchionni et
Girolamo Sernigi, qui reviendra au Portugal chargé d'épices destinées au marché génois. Successivement, en 1501 et en 1502, sur
les flottes de João da Nova et Vasco de Gama, on trouve d'autres
navires armés par Marchionni et Sernigi où voyagent leurs régisseurs et opérateurs commerciaux. Le succès et le lucre énorme réalisé par le commerce des produits orientaux conduisent les Italiens
du Portugal à intensifier leur activité et à augmenter leurs investis-
sements, avec la perspective d'établir à Porto Pisano (actuellement
Livourne) un centre de distribution des épices en Méditerranée et
en Europe centrale, qui aurait concurrencé Venise. Dans cette phase
de progressive stabilisation de la « route » de l'Inde, est significatif
le cas de Diogo Mendes de Vasconcelos qui commande quatre navires appartenant tous à des marchands italiens. Cette flottille, qui
sort de Lisbonne en 1510, a une mission purement commerciale,
mais sera prise dans une réalité très différente car Afonso d'Albuquerque qui poursuivait un programme de stabilisation politique,
de défense et de conquête des places considérées vitales pour la
construction de l'Empire d'Orient, tente de les faire participer à
des actions militaires. Le choc entre mentalité mercantile et vision
stratégico-politique conduira pendant quelque temps à de graves
tensions, et contribuera d'une certaine manière à accentuer au Portugal l'atmosphère défavorable à Albuquerque, qui finira par être
destitué de sa charge de vice-roi.

Dans la phase suivante, où s'intensifie ultérieurement le trafic
commercial vers l'Europe, le nombre d'Italiens qui opèrent directement en Orient augmente considérablement. Il s'agit, cependant,
non seulement de simples marchands mais aussi de navigateurs qui

sont parfois capitaines dans les flottes portugaises ou intégrés avec leurs compatriotes dans les armées, de militaires et d'aventuriers-explorateurs comme tant de Portugais qui faisaient partie de la même aventure orientale.

C'est le cas, par exemple, de Giovanni d'Empoli qui, après avoir réalisé en qualité de régisseur un premier voyage en Inde avec la flotte d'Afonso de Albuquerque en 1503 et un second avec Diogo Mendes de Vasconcelos en 1510, retourne en Orient et atteint, avec Fernão Peres de Andrade, la Chine en 1517, où il meurt lors d'une terrible épidémie ; de Andrea Corsali qui accompagne en Inde l'expédition de Lopo Soares de Albergaria, visite les plus importantes places fortes, apprend la langue perse et malabare, et trouve la mort lors d'une mission en Éthiopie vers 1519 ; de Pietro Strozzi qui arrive en Inde avec Mendes de Vasconcelos, participe à la seconde prise de Goa, se trouve en 1511 sur la flotte d'Afonso de Albuquerque qui attaque Malacca, puis visite les principaux ports du Malabar, la côte du Coromandel et les Moluques avant de mourir vers 1522-1523. On pourrait citer Filippo Sasseti, Francesco Corbinelli et bien d'autres encore...

Si l'Orient représente le lieu privilégié, où les Italiens réussissent le mieux à satisfaire leurs intérêts commerciaux par une utilisation concrète des découvertes, d'autres continuent à étendre leurs activités mercantiles au Portugal, en de nombreuses régions africaines, à Madère et au Brésil, laissant des témoignages concrets de leur présence.

Un séjour prolongé au Portugal provoque l'intégration d'innombrables Italiens — situation que l'on retrouve en Espagne avec quelques différences. Dans certains cas, les représentants des grandes maisons commerciales et quelques-uns de leurs collaborateurs, appartenant souvent à la bourgeoisie marchande et bancaire, contractent des mariages avec des représentants de la noblesse portugaise ou des familles d'origine italienne déjà intégrées dans la société portugaise (c'est le cas par exemple des Pessanha, des Perestrelo et des Bardi). Dans d'autres cas les Italiens demandèrent à la Couronne portugaise leur naturalisation. Ce fut le cas de Girolamo Sernigi qui obtint le titre et les privilèges de citoyen de Lisbonne, puis la reconnaissance de ses armes dans l'Armorial général portugais.

Dans l'analyse de cette présence au Portugal on ne peut ignorer aussi un aspect, plus marginal, mais qui a joué un rôle essen-

« L'île des Voleurs » (Mariannes) découverte par Magellan lors de sa traversée du Pacifique. In : Antonio Pigafetta, Notizia del mondo nuovo, Biblioteca ambrosiana, Milan.

tiel dans le cadre de la culture européenne du XVIᵉ siècle : les Italiens plus ou moins directement engagés dans le mouvement d'expansion sont devenus les divulgateurs des entreprises et voyages portugais. Une partie non négligeable des résultats obtenus par les Portugais a été précisément connu grâce à la curiosité et à l'œuvre des humanistes, des cartographes et, dans un sens plus large, des hommes de culture qui ont recueilli et publié la documentation relative au mouvement de découverte et d'expansion.

Déjà en 1507, répondant à la sensibilité de leurs compatriotes pour tout ce qui était en rapport avec les navigations entreprises par les peuples ibériques, Fracanzio da Montalboddo publie le premier recueil de textes « de voyages », — cité plus haut — intitulé suggestivement, *Paesi novamente retrovati e Novo Mondo da Alberico Vesputio Florentino intitulato*. Dans le volume, assez hétéroclite, on trouve des textes plus anciens, comme les relations d'Alvise Ca' da Mosto, des extraits du Journal de Christophe Colomb, le fameux *Mundus Novus* de Vespucci, deux lettres de Girolamo Sernigi sur l'expédition de Vasco de Gama, la relation appelée du Pilote Anonyme, des lettres de marchands et d'informateurs, et des textes où l'on décrit la réalité orientale. Le recueil a immédiatement obtenu un très grand succès et connu de nombreuses rééditions en italien, en latin et dans les principales langues européennes. En 1550 l'humaniste vénitien Giovanni Battista Ramusio commence la publication d'un grand recueil de textes géographiques intitulé *Navigationi e viaggi*. Dans les quatre volumes qui constituent l'ensemble on trouve, outre certains textes déjà présents dans les *Paesi*, d'autres inédits, parmi lesquels, pour la partie relative aux découvertes portugaises, il faut rappeler les lettres de Giovanni d'Empoli et d'Andrea Corsali et la *Verdadeira Informação do Preste João* de Francisco Alvares.

Durant tout le XVIᵉ siècle, la curiosité des humanistes et des intellectuels italiens se concrétise non seulement dans la publication de textes de « voyages », mais également dans l'édition de caractère diplomatique (l'*Oratio de Obedientia* prononcé par Vasco Fernandes de Lucena au couronnement du pape Innocent VIII, la *Lettre du roi Manuel Iᵉʳ aux rois catholiques,* etc.), dans la rédaction de poèmes de type apologétique (*El secondo cantare dell'India*, de Giuliano Dati, le *Libro dell'universo* de Matteo di Raimondi Fortini ou le *Emmanuelis portugalliae regis elogium*, de Giovanni Poggio Florentino), dans l'élaboration de livres de synthèse historique (*Historiarum indicarum libri*, de Giovanni Petro Maffei ou les *Relazioni universali* de Giovanni Botero), dans la rédaction de nouveaux traités géographiques (l'*Isolario* de Benedetto Bordone ou *L'Isole più famose del mondo* de Tommaso Porcacchi) et dans l'actualisation de la cartographie de nombreuses parties du monde grâce aux informations reçues directement des navigateurs portugais et italiens.

Traduction de Michel Chandeigne

Carmen M. Radulet

3. *Découvrir*

Le moment privilégié de la découverte n'est pas celui de la colonisation. Dans le premier cas, tout est en suspens, dans la lumière d'un étonnement miraculeux... Quelques textes ont fixé ces instants et les premières rencontres avec une « autre » humanité.

Impressions d'Afrique

João Rocha Pinto

L'exploration de la côte africaine eut deux constantes : le prosélytisme religieux et l'intérêt commercial. Les textes écrits au XVᵉ siècle par le chroniqueur royal Gomes Eanes de Zurara et par le marchand vénitien Luis de Ca' da Mosto témoignent de ces a priori qui détermineront l'image et la connaissance du continent noir.

L'ethnocentrisme qui marqua au fer rouge l'expansion européenne était inévitable à l'époque, et aujourd'hui encore il n'a guère changé. Allié au prosélytisme religieux, on le trouve dès les premiers textes qui relatent la découverte de l'Afrique et de ses habitants. Toute la connaissance qu'on eut alors des Africains, et qui résultait de ces premières rencontres, en fut à jamais modifiée.

Au début du XVᵉ siècle, tandis que les Portugais colonisaient les archipels inhabités de Madère et des Açores, quelques-uns d'entre eux combattaient avec des Français et des Castillans pour la possession des Canaries.

Les Canaries furent les premières îles de la grande Mer Océane fréquentées par les Européens, et elles étaient déjà identifiées sur les cartes du XIVᵉ siècle. Leur proximité des côtes africaines et leur intégration dans le complexe commercial méditerranéen, étendu au-delà des Colonnes d'Hercule, avaient déclenché la convoitise de la chrétienté. Si la première tentative d'occupation fut antérieure à 1339, ce fut bien le Français Jean de Béthencourt qui s'établit en 1402 dans quelques îles de l'archipel, et reconnut dès 1403 la suzeraineté du roi de Castille, Henri III. En 1418, il vendit ses droits féodaux au comte de Niebla, Castillan, mais ce fut son neveu, Maciot de Béthencourt, qui gouverna l'île de Lanzarote, au moins jusqu'en 1430.

Les aventures des Normands emmenés par Jean de Béthencourt et Gadifer de la Salle sont relatées dans la célèbre chronique *Le Canarien*. Selon ce qui est écrit, on peut attribuer à La Salle une mentalité conservatrice et médiévale, et à Béthencourt, une autre plus pragmatique et novatrice qui était celle de la Renaissance. La chronique reflète parfaitement la forme de pensée et de dire de l'époque :

« Pour ce qu'il est vrai que maints chevaliers en oyant retraire [dépeindre] les grandes aventures, les vaillances et les beaux faits de ceux qui au temps passé ont entrepris de faire les voyages et les conquêtes sur [les] mécréants, en espérance de les tourner et convertir à la foi chrétienne [...] ; Jehan de Béthencourt, chevalier, né du royaume de France, eut entrepris ce voyage à l'honneur de Dieu et au soutènement et accroissement de notre foi en les parties méridiennes, en certaines îles qui sont sur cette bande, qui se disent les îles de Canare, habitées de gens mécréants, de diverses lois et de divers langages [...]. Et Dieu, qui tout voit et tout connaît, veuille par sa sainte grâce donner à ceux qui loyalement s'y sont maintenus, et maintiendront, sens, entendements, force et puissance de parfaire la conquête et mener à bonne fin, en manière que ce soit bon exemple à tous ceux qui par dévotion ont courage et volonté d'employer leur corps et leur chevance [bien] au soutènement et à l'exaltation de la foi catholique. »

Si, pour la noblesse portugaise, les véritables motivations de l'expansion furent, sinon l'attrait de la gloire, l'enrichissement de leurs maisons seigneuriales, elles venaient toujours occultées par cette rhétorique chevaleresque qui mélangeait esprit de croisade (déjà en décadence ; surtout après la désastreuse bataille de Nicopolis en 1396, qui conduisit les chrétiens à traiter les Maures autrement que par la guerre) et prosélytisme militant. Dans la *Chronique de Guinée* de Gomes Eanes de Zurara, écrite vers le milieu du XVe siècle, et qui relate les débuts de la découverte de la côte occidentale africaine sous l'impulsion de l'infant Henri, viennent se greffer les mêmes raisons développées en cinq points :

« Mais comme ledit seigneur voulait savoir la vérité de tout cela
[...], il envoya ses propres navires vers ces contrées afin d'en avoir
une claire connaissance, poussé qu'il y était par le service de Dieu
et du roi dom Duarte [...]. Et telle fut la première raison de sa
détermination.

« Et la seconde fut qu'il considérait que, s'il trouvait en ces
pays quelques lieux habités de chrétiens ou quelques ports où l'on
pût aborder sans danger, on pourrait en amener vers ce royaume
un grand nombre de marchandises, que selon toute vraisemblance
on se procurerait à bon marché puisque personne de nos régions
ni d'aucune autre région connue ne commerçait avec eux, et que
de la même manière, on y porterait quelques-unes de celles qui
se trouvaient chez nous, trafic qui serait de grand profit pour les
naturels de ce royaume.

« La troisième raison fut que l'on disait que la puissance des
Maures de pays d'Afrique était beaucoup plus grande que l'on ne
pensait communément, et qu'il n'y avait parmi eux ni chétiens ni
gens d'une autre race. Et [...] afin de savoir de façon précise
jusqu'où allait le pouvoir de ces infidèles.

« La quatrième raison fut que pendant trente et un ans qu'il
guerroya contre les Maures, il ne trouva jamais ni roi chrétien ni
seigneur étranger à notre royaume, qui pour l'amour de Notre-
Seigneur Jésus-Christ voulût l'aider dans ladite guerre, et il voulait savoir si, en ces régions, se trouvaient quelques princes chrétiens chez qui la charité et l'amour du Christ fussent assez forts
pour qu'ils le voulussent aider contre les ennemis de la foi.

« La cinquième raison fut le grand désir qu'il avait d'étendre
la sainte foi de Notre-Seigneur Jésus-Christ et d'amener à elle toutes les âmes qui se voudraient sauver, car il n'ignorait pas que tout
le mystère de l'Incarnation, de la Mort et de la Passion de Notre-
Seigneur Jésus-Christ n'eut pas d'autre fin que le salut des âmes
perdues, âmes que ledit seigneur voulait, par ses travaux et ses
dépenses, conduire au chemin de la vérité, sachant bien qu'on ne
pouvait faire meilleure offrande au Seigneur. »

En somme, la recherche du profit matériel et de l'accroissement
des honneurs, et tout cela au nom de Dieu ! Mais à ces cinq raisons, Zurara en ajoute une sixième, pour nous surprenante, qui

témoigne de l'ambivalence de l'esprit préscientifique que certains ont voulu attribuer à l'époque et à l'entourage de l'Infant :

« Mais au-dessus de ces cinq raisons je place la sixième qui semble être la racine d'où procèdent toutes les autres, à savoir l'inclination des roues célestes [...] [astres] qui sont des corps ordonnés par la pensée de Dieu Notre Seigneur, qu'ils courent selon des nombres définis et en vue de diverses fins que la grâce divine a révélées aux hommes et que, sous leur influence, les corps de nature inférieure sont inclinés à certaines passions. »

Comme pour tous les hommes de ce temps, le naturel et le surnaturel apparaissent totalement solidaires, une liaison constante existant entre les deux catégories. Ainsi l'astrologie judiciaire déterminait la vie des individus et cherchait des causes simples et transcendantes aux phénomènes de ce monde qui échappaient à l'expérience et à la perception du commun des hommes.

La mentalité de l'époque avait une forme très curieuse d'envisager le salut des âmes : même les captifs et les esclaves convertis de force devaient montrer leur gratitude pour avoir abandonné leur religion erronée et embrassé celle du Christ, pour le meilleur et pour le pire, du moment que c'était pour leur rédemption. Zurara, chroniqueur du roi et courtisan du palais, nous raconte longuement, non sans exprimer ses sentiments, plusieurs de ces épisodes où, sans regarder aux moyens employés, les Portugais convertissent de force et pour leur bien tous ces gens qui, s'ils ne comprennent pas tout de suite ce qui leur arrive, en remercieront par la suite leurs maîtres :

« Le huitième jour du mois d'août, très tôt le matin à cause de la chaleur, les équipages commencèrent à préparer les canots et à y mettre les captifs pour les conduire là où il avait été ordonné. Et ces gens, une fois rassemblés sur cette place, offraient un spectacle étonnant à voir car, parmi eux, quelques-uns étaient presque blancs, beaux et bien proportionnés ; d'autres, moins blancs, avaient l'air de mulâtres ; et d'autres encore, aussi noirs que des Éthiopiens, étaient si disgraciés de visage et de corps que ceux qui les regardaient croyaient voir les images de l'hémisphère inférieur [les enfers]. Mais quel cœur, si dur qu'il pût être, n'eût pas été transpercé d'un sentiment de pitié en voyant cette troupe ? Car les uns baissaient la tête, et leurs visages se baignaient de larmes lorsqu'ils se regardaient les uns les autres ; d'autres gémissaient douloureusement, levaient les yeux vers le ciel et y fixaient leurs regards, et y criaient à pleine voix comme s'ils imploraient le secours du père de la nature ; d'autres se frappaient le front de leurs mains et se jetaient tout de leur long à terre ; d'autres poussaient des lamentations à la manière d'un chant, selon l'usage de leur pays, et bien que les mots de leur langage ne pussent être compris des nôtres, ils révélaient bien le degré de leur tristesse. Mais pour que leur douleur s'accrût encore, survinrent bientôt ceux qui étaient chargés du partage. Et ils se mirent à les séparer les uns des autres pour que les parts fussent égales, de telle sorte qu'il était nécessaire de séparer les enfants de leurs parents, les femmes de leurs maris, et les frères de leurs frères. Aucun compte n'était tenu ni de l'amitié, ni de la parenté, mais chacun allait tomber là où le sort l'emportait.

« Ô toute-puissante fortune, dont la roue tourne et retourne sans cesse et qui imprimes aux choses du monde l'allure qui te plaît, mets au moins sous les yeux de ces êtres pitoyables quelque connaissance des choses de l'au-delà, afin qu'ils puissent recevoir quelque consolation au milieu de leur grande tristesse ! Et vous autres qui travaillez à ce partage, jetez un regard de pitié sur tant de misère et voyez comme ils se serrent les uns contre les autres et combien vous avez de peine à dénouer leurs étreintes ! Qui aurait pu en finir avec ce partage, sans se donner beaucoup de mal ? Car sitôt qu'ils avaient été placés d'un côté, les enfants, voyant que leurs parents étaient d'un autre, se levaient avec impétuosité et couraient les rejoindre ; et les mères embrassaient étroitement leurs autres enfants et se jetaient avec eux à terre et, faisant peu de cas de leurs propres chairs, acceptaient d'être meurtries pour qu'on ne les leur arrache pas.[...]

L'Infant se trouvait là sur un puissant cheval, entouré de ses familiers, [...] et il songeait avec grande satisfaction au salut de ces âmes qui, naguère encore, étaient perdues. »

Bien que dans les premiers temps de l'expansion ibérique le prosélytisme religieux eût été intimement lié à l'entreprise commerciale, les préoccupations économiques émergèrent avec une extrême netteté chez les voyageurs qui écrivirent leurs aventures à cette époque. Un des textes les plus intéressants est du Vénitien Alvise Ca'da Mósto, qui se proposait : « de retourner en Flandres, où j'avais déjà été une fois ; et cela à fin d'en pouvoir rapporter quelques profits, car je ne me proposais d'autre but que de travailler pour acquérir quelque bien par divers moyens et atteindre à quelque degré d'honneur ». Cependant l'Infant, qui lui confia ses projets expansionnistes et commerciaux, réussit à convaincre Ca' da Mósto de tenter plutôt sa chance vers le sud. Les arguments de l'Infant et les conseils de ses compagnons de voyage furent décisifs : « ... me déclarant que l'Infant avait fait naviguer des mers qui par d'autres n'avaient jamais été naviguées, et découvrir des terres de diverses et étranges générations, où se trouvaient des choses admirables ; et que ceux qui avaient été en ces contrées, en avaient retiré de grandes richesses, car d'un écu on en faisait six ou dix. Outre cela, ils nous en rapportèrent tant de choses, qu'ils nous émerveillèrent, et firent croître notre désir de partir ».

Ca'da Mósto s'entendit avec l'Infant, mit en ordre ses affaires et s'embarqua vers le sud. De ses voyages il fit une relation pittoresque et haute en couleur. La forme de contact avec les indigènes était presque toujours identique même si les conflits diminuaient à mesure qu'il descendait vers le golfe de Guinée, que les indigènes avaient moins de contact avec les musulmans et que leur couleur de peau devenait plus noire. Écoutons le Vénitien, quand il parvint au fleuve Gambie lors de son second voyage :

« Or, de cette île ayant fait départ, et remontant le fleuve, quelques almadies [pirogues] de Noirs nous suivirent de loin, et leur faisant signe, nous les appelions par notre truchement [interprète] et leur montrions quelques taffetas noirs et d'autres objets, les assurant qu'ils pouvaient nous aborder en toute sécurité, et que nous leur ferions part de ce que nous avions, et qu'ils ne doutassent de rien, car nous étions gens traitables et humains. Cela les enhardit, et peu à peu ils venaient accoster, rejetant leur défiance envers nous ; tant qu'à la fin, ils vinrent en ma caravelle ; et l'un d'eux, qui entendait mon truchement, monta sur le navire et s'émerveilla grandement de notre mode de naviguer, et des voiles, car ils n'ont d'autre usage d'aller sur l'eau qu'à force de rames, et il n'estimait pas qu'on eût pu naviguer autrement. Et outre que toutes ces choses lui causaient une admiration fort grande, il ne se trouvait pas moins ébahi de voir des hommes blancs, et de notre habit semblablement, qu'ils trouvaient fort étrange et fort différent de celui dont ils usent ; car si la plupart vont nus, ceux qui se trouvent vêtus ne le sont que d'une chemise de coton blanc.

« Nous fîmes grande fête à ce Noir, avec grandes caresses, nous enquérant de plusieurs choses sans importance, et petit à petit, nous sûmes si bien lui ouvrir son estomac et sonder sa pensée, qu'il nous affirma que ce pays était celui de Gambie, et que leur principal seigneur était Forogansole, qui devait faire sa résidence loin du fleuve, à neuf ou dix journées de marche, et était vassal de l'empereur du Mali, qui est le grand empereur des Noirs ; mais qu'il y avait aussi plusieurs autres seigneurs de moindre autorité et puissance, qui faisaient leur résidence auprès du fleuve tant d'un côté que d'un autre. Et si nous le trouvions bon, qu'il nous guiderait vers l'un d'eux qui s'appelait Battimansa, envers lequel il monnayerait par toutes voies de prendre amitié avec nous, d'autant que nous lui semblions gens de bien et de bonne sorte. Nous trouvâmes bonne cette offre gracieuse d'un tel homme, et le fîmes naviguer avec nous et lui tînmes bonne compagnie. Ainsi, remontant sur le fleuve, nous parvînmes au lieu de la résidence de Battimansa qui, selon notre jugement, pouvait être éloignée de l'embouchure de soixante milles et plus [...].

« Après être arrivés en ce lieu, nous fûmes tous d'avis d'envoyer un de nos truchements avec ce Noir au-devant du seigneur Battimansa, ce que nous fîmes, avec un vêtement ouvré de soie mauresque, qui ressemblait à une chemise des nôtres, fort belle et faite en la terre des Maures. Nous chargeâmes notre homme de lui dire comment nous étions venus par le commandement de notre seigneur le roi chrétien du Portugal, pour traiter avec lui d'amitié, et pour savoir s'il avait besoin des choses de nos pays que notre roi pourrait lui envoyer chaque année, et bien d'autres paroles. Le truchement se mit en compagnie de ce Noir. Il le mena auprès du seigneur, à qui il fit un tel rapport de nous, qu'il envoya incontinent à notre caravelle quelques Noirs, lesquels ne prirent pas seulement amitié avec nous, mais reçurent encore plusieurs choses en échange contre quelques esclaves noirs et certaines quantités d'or. Mais ce fut peu de chose en comparaison de ce que nous y pensions trouver, mais pour eux ce fut beaucoup car ils étaient très pauvres. Ils ont cet or en plus grande estime, selon ce que j'en pus connaître, que nous autres. Mais bien qu'ils le tenaient comme chose fort précieuse, ils nous le laissaient à bon compte au respect des choses de peu de valeur qu'ils nous prenaient en échange. »

Comme on le perçoit immédiatement, ce type de contact culturel instantané ne permettait pas autre chose que la création d'une image très superficielle et fallacieuse de l'autre, représentation qui s'enracine beaucoup plus dans l'imaginaire et les préjugés que dans une réelle connaissance provenant d'un dialogue approfondi et avalisé par la vie quotidienne et de l'expérience qui permet la maturation des données acquises et ouvrant ainsi l'accès à un savoir plus profond et structuré. Cependant il faut remarquer que l'admiration était souvent mutuelle, et le Vénitien décrit remarquablement cet étonnement et cette perplexité réciproques :

« Ces Noirs, hommes comme femmes, venaient me voir comme une merveille, et il leur semblait une chose extraordinaire que de voir en tel lieu un chrétien, qu'ils n'avaient jamais vu auparavant : et ils ne s'étonnaient pas moins de mon costume et de ma blancheur ; ledit costume était à l'espagnole, avec un pourpoint de damas noir, et une cape de gris ; ils regardaient le tissu de celui-ci, qu'ils ne connaissent pas, et aussi le pourpoint, et ils s'émerveillaient beaucoup ; certains touchaient mes mains et mes bras, et avec de la salive frottaient ma peau, pour voir si ma blancheur était de la teinture ou de la chair ; et voyant que c'était de la chair blanche, ils restèrent en admiration. Je fus à leur marché pour voir des choses nouvelles, et aussi pour voir si quelqu'un avait ici de l'or en quantité à vendre ; mais de tout on ne trouvait que très peu... »

Convenons que, malgré sa bonne volonté en quelques cas, l'Européen manifesta une immense et indépassable incapacité pour maîtriser intellectuellement le phénomène matérialisé pas les cultures archaïques ou primitives (ou froides, comme le dirait Lévi-Strauss), ce qui impliqua, sur le plan politique et stratégique, le choix de l'imposition du commerce par la violence et, sur le plan culturel, une tendance généralisée et préconçue à discriminer, et même à disqualifier les différentes races et cultures en les nivelant avec un égal mépris sous les termes de « barbares » et de « sauvages », d'« êtres sans police » (sans civilisation) et « sans culture ».

Soldat portugais ; sculpture en bronze, art afro-portugais du Bénin, XVIe siècle, Museum of Mankind, Londres.

Haut : Guerriers africains, in : Relation du royaume du Congo de *Filippo Pigafetta et Duarte Lopes, 1591.*
Bas : *Cafres d'Afrique australe,* in : Voyages, *Linschoten, Amsterdam, 1638.*

Le peu d'éducation et de formation de la plupart des marins et
des commerçants aggrava plus encore cette situation, ne serait-ce
que par le caractère unilatéral des intérêts commerciaux. Le découvreur européen en arriva à revendiquer un plus grand savoir culturel et commercial pour la simple raison qu'il ne portait aucune
attention aux multiples critères de valeur attribués aux marchandises chez les différents peuples.

Revenons à Ca' da Mósto :

« Ayant passé le banc, par-delà lequel nous n'eûmes pas navigué quatre milles, que nous découvrîmes quelques almadies (je ne
sais de quel lieu sorties) lesquelles nous suivaient fort rapidement.
Les apercevant, nous virâmes sur elles ; mais craignant que leurs
traits ne fussent envenimés (comme nous en avions été avertis) nous
couvrîmes les navires le mieux qu'il nous fut possible ; puis nous
regagnâmes notre poste, encore que nous fussions mal équipés en
armes. [...] nous comptâmes les almadies jusques au nombre de
dix-sept ; ayant cessé d'avancer, les avirons haussés, ils se mirent
à nous regarder comme chose merveilleuse. Puis ayant nombré les
gens qui étaient dans celles-ci, nous trouvâmes qu'ils étaient cent
trente ou cent cinquante au plus qui nous semblaient de belle taille
et bien formés mais très noirs, tous vêtus de chemisolles blanches
de coton, avec sur la tête des chapeaux blancs, presque à la mode
allemande, si ce n'est qu'au milieu se trouvait une plume blanche, qui signifiait qu'ils étaient gens de guerre. En proue de chaque almadie se tenait un Noir, avec un bracelet au bras qui nous
sembla être de cuir ; et ainsi ils restèrent immobiles, aucun des
nôtres n'ayant fait semblant de les irriter ou de les offenser. Enfin
ils se dirigèrent sur deux de nos navires, et les ayant abordés, sans
autre salutation, saisirent leurs arcs et commencèrent à décocher fort
dru. Voyant cela, ceux de nos navires déchargèrent quatre canons,
dont le fracas engendra une telle crainte et frayeur au cœur de ces
Noirs, tous nouveaux à ouïr un tel tintamarre, que comme gens
éperdus ils quittèrent et abandonnèrent leurs arcs, regardant çà et
là, non moins saisis de froide peur que surpris du merveilleux châ-
timent, regardaient les boulets des artilleries donner dans l'eau et
tomber tout auprès d'eux. Étant restés à bonne distance sans voir
autre chose, ils oublièrent leur crainte des détonations, et recommencèrent la fête. Ils reprirent leurs arcs, et nous firent une nouvelle charge en approchant à un jet de pierre de nos navires, sur

lesquels ils décochèrent une pluie de flèches, montrant ainsi une très grande hardiesse lors que les mariniers avec leurs arbalètes commencèrent à les escarmoucher ; et celui qui donna la première atteinte fut le fils de ce gentilhomme génois qui d'un vireton transperça si fort la poitrine d'un Noir, qu'il tomba raide mort dans l'almadie. Voyant cela, les autres prirent ce trait, et ils prirent une telle arme pour une grand'merveille. Mais ils n'en cessèrent pas moins de faire pleuvoir le trait fort dru sur nos navires, et ceux des caravelles faisaient de même envers eux, dont la plupart fut renversé en peu de temps ; et parmi les chrétiens, grâce à Dieu, il ne se trouva aucun blessé. [...] Puis nous nous efforçâmes de parlementer avec ces Noirs, par le moyen de nos truchements qui les appelaient et leur faisaient signe. Enfin une de ces almadies s'approcha de nous à un trait d'arc, et aux Noirs de celle-ci nous fîmes demander pourquoi ils s'étaient jetés sur nous et nous avaient ainsi molestés, vu que nous étions gens de paix, étrangers et marchands en bonne amitié avec ceux du Sénégal, et pas moins désireux de traiter avec eux un bon accord, s'il leur était agréable. Car nous étions venus de régions lointaines pour faire quelques honorables présents à leur roi et seigneur, de la part du roi du Portugal, lequel désirait avoir leur alliance et amitié. Au moyen de quoi, nous les suppliâmes de bien nous vouloir dire en quel pays nous avions abordé, qui en était le seigneur et comment se nommait ce fleuve, et qu'ils vinssent aimablement prendre de nos besognes en échange des leurs, autant que bon leur semblerait, peu ou point, les assurant que volontiers nous nous soumettrions à leur bon vouloir et discrétion. Or leur réponse fut que par le passé, ils avaient bien eu connaissance de nous autres, et de notre alliance avec les Noirs du Sénégal, lesquels pour s'être oubliés à prendre notre accointance, ne pouvaient être que des lâches et des méchants ; qu'ils savaient que nous ne vivions que de chair humaine, n'achetant les Noirs que pour les dévorer. Considérant cela, ils se passeraient volontiers de notre amitié, et s'efforceraient, autant qu'il est possible, de nous faire tous périr, et d'offrir tout ce qui serait nôtre à leur seigneur qui, selon leurs dires, se trouvait à trois journées de marche ; ils nous dirent également que ce pays étaient celui de Gambie, et nous dirent le nom de ce grand fleuve que je n'ai pu retenir.

Or sur ces entrefaites, le vent s'étant levé, et ne doutant plus de de leur mauvais vouloir, nous fîmes voile sur eux. Nous apercevant, ils s'enfuirent vers la rade, où ils abordèrent, ainsi mettant fin au combat. »

Alvise Ca'da Mósto, enfant de l'Italie qui symbolisait la civilisation au XVe siècle, ne peut pas ne pas ressentir une grande supériorité sur les cultures africaines qu'il rencontre. Sur le pays de Budomel, il écrit :

« En tout ce que je pus voir et entendre de ce seigneur Budomel, j'appris que ceux qui ont titre de seigneur ne tiennent ni villes, ni châteaux ; et même le roi de ce pays n'a d'autres villages que de maisons de paille. Ce Budomel était seigneur d'une partie de ce royaume, ce qui était peu de chose. Car ces seigneurs ne sont pas seigneurs en raison de leur richesse ou trésors car il n'en ont pas, et n'a cours aucune monnaie : mais quant aux cérémonies et suite de gens, ils se peuvent à bon droit appeler seigneurs, d'autant qu'ils sont accompagnés, honorés, plus prisés et estimés de leurs sujets que ne sont les nôtres chez nous.

« Et pour que vous entendiez comment est logé ce seigneur Budomel, je vous dirai qu'il ne s'agit point de maisons muraillées, ni de sompteux palais ; mais selon leur coutume, il y a quelques villages destinés et ordonnés pour l'habitation des seigneurs, de leurs femmes et de toute la famille, car ils ne se fixent jamais en un même lieu. En ce village où je séjournai, et qu'il appelait sa maison, on peut trouver environ quarante-cinq à cinquante maisons de paille, attenantes l'une à l'autre, en un rond délimité par des palis et des claies de gros arbres, avec une bouche ou deux pour l'entrée ; et chacune de ses maisons a de même une cour fermée par des palis, de sorte que l'on va ainsi de l'une à l'autre et de maison en maison. En ce lieu Budomel tenait neuf femmes, comme il en a dans les autres lieux, plus ou moins, selon ce que bon lui semble, et chacune d'elles tient cinq ou six chambrières noires à son service, avec lesquelles il est permis à ce seigneur de coucher comme avec ses femmes, qui pour autant ne s'en estiment pas injuriées, car la coutume le permet ainsi. Et par ce moyen, il change souvent de pâture. [...]

« Quant au mode de vivre, c'est-à-dire de manger, le seigneur tient ici le même ordre de manger que le roi du Sénégal, à qui toutes ses femmes envoient chaque jour un certain nombre de services, coutume qui est respectée par tous les seigneurs des Noirs et hommes d'importance. Ils mangent à même le sol, comme les animaux, sans observer le moindre point de civilité. Avec ces seigneurs ne mangent que les Maures noirs qui leur enseignent la loi, et un ou deux Noirs parmi les plus apparents. Le populaire mange en compagnie de dix à douze : ils posent au milieu un chaudron rempli de viande où ils mettent tous leurs mains ; ils mangent peu, mais fréquemment, c'est-à-dire, jusques à cinq ou six fois par jour. »

La supériorité de la religion ne cesse d'être invoquée :

« Mais ce seigneur Budomel usait d'une si grande familiarité envers moi, qu'il me permettait d'entrer dans le lieu où, en fin d'après-midi, il faisait ses oraisons. Et il appelait ses Azénègues ou Arabes, qu'il avait toujours chez lui, comme nous nos prêtres, car c'étaient eux qui lui enseignaient les lois. Il entrait dans un grand jardin, avec quelques nègres des plus apparents. Ledit Budomel priait debout, faisait deux pas en avant, murmurait quelques paroles et regardait vers le ciel. Ensuite il s'étendait de son long sur le sol qu'il baisait, en quoi il était imité par les Azénègues et les autres, et se relevant derechef, il recommençait les mêmes cérémonies, jusques à dix ou douze fois. Il passait près d'un quart d'heure à prier. Puis, quand il avait terminé, il me demandait ce qu'il m'en semblait. Et comme il se délectait merveilleusement d'ouïr des choses de notre foi, il me priait souventes fois de lui en parler ; ce que je faisais, jusques à m'enhardir à exalter la nôtre, en dénigrant la sienne qui lui était enseignée par des gens ignorants de la vérité ; et en présence de ses Arabes, je réprouvais la loi de Mahomet comme pernicieuse et fausse pour plusieurs raisons, et j'affirmais que la nôtre était vraie et sainte, tant et si bien que je provoquais et irritais grandement les Maures qui étaient maîtres de la loi. Le seigneur riait de tout cela, et disait qu'il ne pouvait estimer que notre foi ne fût pas bonne, vu qu'il ne pouvait en être autrement ; car Dieu, qui nous avait mis entre tant de richesses et singularités, ne nous aurait pas donné une mauvaise loi. Mais, pour la même raison, il ne tenait pas la sienne pour mauvaise ; et il trouvait de bonnes raisons pour que ses Noirs pussent mieux se sauver que nous, chrétiens ; parce que Dieu était juste ; et en ce monde il nous avait mis entre tant de délices et biens qu'il n'avait presque rien laissé aux Noirs. Au moyen de quoi, notre paradis en ce bas monde nous étant déjà octroyé, ils espéraient obtenir les béatitudes célestes. Et avec de tels et semblables propos, il donnait à connaître le bon jugement qui était le sien. Et ce qu'il entendait des chrétiens lui causait grande satisfaction : et j'étais assuré qu'il se fût facilement réduit à notre foi si la peur de perdre sa place ne l'en eût détourné ; car son neveu, en la maison duquel j'étais logé, me le dit plusieurs fois ; et lui-même se délectait d'ouïr parler de notre loi ; et il disait que c'était une belle chose d'ouïr la parole de Dieu. »

Cet autre très bel épisode de l'itinéraire du Vénitien donne bien la dimension de la sensation de la supériorité de sa civilisation :

« Il y a plusieurs choses auxquelles ces hommes portent une grande admiration, comme le trait de l'arbalète, et plus encore le bruit des bombardes, comme je m'en aperçus auprès de quelques Noirs qui vinrent sur notre navire, où je fis donner le feu à une pièce, ce dont ils reçurent une merveilleuse frayeur ; et ils restèrent encore plus ébahis quand je leur dis qu'elle pouvait tuer d'un coup plus de cent hommes ; ce dont ils conclurent que ce ne pouvait être que chose du Démon. Le son de la cornemuse, dont je fis jouer un des mariniers, leur causait de même une grande admiration car ils ne connaissaient pas un tel instrument : et la voyant revêtue de cuir, avec des houppes et des franges à son sommet, ils se persuadèrent que c'était un animal vivant qui rendait une telle diversité de voix. Ce qui leur causait simultanément plaisir et admiration. Mais voyant leur erreur, je leur donnai à entendre que ce n'était qu'un instrument ; et je leur mis en main la cornemuse désenflée. Voyant que c'était un instrument fait à la main, ils disaient que c'était une chose céleste, que Dieu l'avait façonnée de ses propres mains, car elle rendait un son très doux avec une grande diversité de voix ; et ils disaient encore qu'ils n'avaient vu chose plus belle.

« Ils s'ébahissaient encore davantage de l'artifice de notre navire, avec les appareils, le mât, les voiles et l'ancre ; et ils pensaient que les yeux qui se font en proue du navire étaient naturels, par lesquels il voyait pour se diriger en mer. Ils disaient que nous étions de grands enchanteurs, et quasi comparables au Démon, car les hommes qui allaient sur terre avaient bien des difficultés à se transporter d'un lieu à un autre, et nous autres partions en mer (dont ils avaient ouï dire qu'elle était grande et merveilleuse chose) sans voir la terre pendant plusieurs jours ; et nous savions quelle route nous devions prendre, ce qui était chose impossible, sinon par le pouvoir de Dieu. Et cela leur paraissait impossible car ils ne connaissaient pas l'art de naviguer, ni la boussole, ni la carte.

« Il s'étonnaient aussi grandement de voir brûler une chandelle de nuit sur un chandelier, car ils ne savent produire d'autre lumière que celle du feu de bois, ce qui leur faisait trouver une chandelle une chose entre les plus belles et merveilleuses dont ils avaient jamais eu la connaissance, car c'étaient les premières qu'ils avaient vues de leur vie. En ce pays le miel abondait, avec lequel on trouve la cire, mais ils suçaient le miel et jetaient la cire. Ayant acheté un bournal [rayon de miel] à l'un d'entre eux, je leur montrai comment il fallait séparer le miel de la cire ; ensuite je leur montrai la cire, et ils me dirent que c'était une chose sans valeur. Mais je leur fis faire des chandelles que je fis allumer ; voyant cela, ils furent surpris d'une grande admiration, et nous dirent que tout le savoir des choses était en nous... »

Avec le sentiment de supériorité surgit toute une ingénuité et l'incapacité, référée plus haut, de comprendre d'autres valeurs et d'autres modes de vie.

Cependant, malgré la disqualification à laquelle les découvreurs vouèrent les cultures de « l'homme sylvestre », ces dernières ne cessèrent d'exercer sur les chrétiens une immense fascination. Cette fascination pour le monde étrange et magique des indigènes, ce monde apparemment prodigue et sans problèmes, entraîna beaucoup d'Occidentaux — qu'on appela *lançados* ou *tangos-maõs* — à déserter leurs navires pour se joindre aux indigènes.

Traduction de Michel Chandeigne, et de Léon Bourdon pour les citations de Zurara

João Rocha Pinto

Caravelle du XVᵉ siècle, panneau de Santa Auta, env. 1517-1523, Musée d'art antique, Lisbonne.

Christophe Colomb et les Portugais

Amiral Teixeira da Mota

Si l'exploit de Colomb a été abondamment commenté, le long séjour qu'il fit au Portugal est beaucoup moins étudié. D'où nombre de fables et d'idées reçues qui circulent encore sur le grand navigateur génois...

Un grand nombre de travaux ont été dédiés à Christophe Colomb et à ses voyages, et l'on ne pourra espérer quelque nouveauté de cet article. Cependant, ses liens avec les Portugais sont si étroits — et souvent méconnus — qu'il est peut-être intéressant et significatif de les rappeler.

Nombre d'historiens au XIXᵉ siècle et quelques autres au XXᵉ, n'ont pas su, très clairement, prendre en compte l'importance de la contribution du génie nautique ibérique, particulièrement celui des Portugais, aux grands exploits nautiques de Colomb. Mais, depuis la fin du XIXᵉ siècle, les progrès sensibles de l'historiographie des premiers voyages atlantiques nous ont permis d'avoir une vue d'ensemble plus précise des événements. Nous savons aujourd'hui que ce fut certaines innovations techniques, introduites en majeure partie par les peuples atlantiques, qui ont rendu possible l'accroissement des voyages aux XVᵉ et XVIᵉ siècles. Le développement de la construction navale, les progrès dans l'art du pilotage qui aboutiront à la navigation astronomique, le développement de la cartographie avec l'introduction d'une échelle de latitudes, l'étude des meilleures routes en fonction des vents et des courants de chaque zone, furent des facteurs qui ont rendu possible la création d'un système efficace de navigation en haute mer dans l'océan Atlantique, alors qu'en Méditerranée on continuait encore à utiliser l'ancien système de navigation, essentiellement côtière. Colomb entra précisément en scène quand un demi-siècle de progrès réalisés par les Castillans et les Portugais avait abouti à de spectaculaires résultats en ces différents domaines, inaugurant ce qui sera appelé l'ère des grandes découvertes océaniques.

Ce fut en 1476 que Colomb, âgé tout juste de vingt-cinq ans, vint pour la première fois au Portugal. Il gagna la côte à la nage, ayant survécu à une bataille navale devant l'Algarve qui opposait des bateaux génois à des navires portugais et français. Durant une période approximative de dix années, il allait vivre au Portugal, s'y marier et utiliser le pays comme base de plusieurs de ses voyages.

En 1477, selon ses dires, il visita la lointaine Islande. On pense que c'est après son retour que Colomb s'installa avec son frère comme cartographe à Lisbonne. En 1478, il partit à Madère acheter du sucre pour le compte d'un négociant génois. À cette époque, Madère était grande productrice de sucre pour les marchés de Méditerranée et d'Europe occidentale. Ce rôle sera dévolu, cinquante ans plus tard, à d'autres îles portugaises comme celles du Cap-Vert et de São Tomé, et ensuite à la fin du XVIᵉ siècle au Nord-Est brésilien. Le sucre était l'unique produit agricole à jouir d'un grand développement lors de la colonisation portugaise des îles atlantiques, un fait qui n'échappa point à la perspicacité de Christophe Colomb.

En 1479, il se maria avec Filipa Perestrelo Moniz, d'ascendance italienne et fille de Bartolomeu Perestrelo, premier *donataire* de Porto Santo, une petite île proche de Madère. Voyant son intérêt manifeste pour les voyages et les découvertes, la veuve de Perestrelo offrit à son gendre les cartes et les écrits nautiques de son mari. Diogo, le fils de Colomb, qui deviendra plus tard le deuxième amiral des Indes, est né dans l'île de Porto Santo. Il semble qu'à cette époque Colomb ait passé un certain temps dans l'île de Madère.

Entre 1482 et 1484, Colomb a voyagé sur un bateau portugais jusqu'à la côte de Guinée. Il visita Saint-Georges-de-la-Mine où commençaient les travaux d'édification d'une forteresse sous les ordres de Diogo de Azambuja. À ce moment, les Portugais expérimentaient les nouvelles méthodes de navigation astronomique. Nous avons connaissance de ce fait par des allusions indirectes dans les écrits mêmes de Colomb.

Entre l'âge de vingt-cinq ans et trente-cinq ans, avec des liens cimentés par son mariage, Colomb apprit certainement la langue portugaise dans le pays et lors de ses voyages avec les Portugais. Il est presque certain qu'il apprit également le castillan durant son séjour au Portugal, cette langue y étant couramment pratiquée. La plupart des écrits de Colomb sont en castillan. Il est significatif que ces écrits, même ceux qui se réfèrent à sa vie postérieure en Espagne, soient remplis d'expressions et de phrases portugaises, une caractéristique qui amena l'historien Morison à conclure que le célèbre navigateur s'exprimait en langue hispano-portugaise. Il est très probable que ce fut au Portugal que Colomb apprit le latin, et développa ses connaissances mathématiques et cosmographiques. Lors de ses voyages entre l'Islande et la Guinée avec des pilotes et des marins portugais, il put approfondir ses connaissances nautiques et s'initier aux secrets des nouvelles routes maritimes, où les navires passaient des semaines entières en haute mer, loin de la terre — grande différence avec la traditionnelle navigation côtière méditerranéenne qui avait été les premières expériences de Colomb.

Pour donner une idée de l'atmosphère de l'époque, sans oublier sa touche d'exotisme, nous utiliserons ici la description de l'Allemand Hieronymus Münzer qui visita le Portugal en 1494, un an avant la mort de Jean II. Arrivé d'Espagne, il rencontra le roi à Evora. À la porte de l'église de Saint-Blaise il vit une peau de serpent de Guinée qui mesurait plus de trente empans de longueur et avait, selon ses dires, le diamètre d'un homme. Münzer relate alors ce qui lui est raconté du comportement de tels reptiles... Puis, dans la cour du palais royal, il vit un chameau de « tendre et bel âge » que le roi avait fait venir d'Afrique du Nord. Selon Münzer, Jean II était un homme instruit, très sensé, aimable et curieux de tous les sujets. Il écoutait avec attention les visiteurs qui se vantaient de leurs prouesses guerrières et nautiques, ou de tout autre exploit, puis il exigeait que lui en soient présentées les preuves, qu'il considérait longuement. Si leurs prétentions étaient justes et dignes de crédit, les visiteurs étaient récompensés de leurs efforts. Le roi était très habile pour obtenir les meilleurs profits commer-

ciaux, et il recevait de Guinée de l'or, des esclaves, du poivre, de
la malaguette et de l'ivoire en échange d'autres marchandises [la
malaguette, ou maniguette, appelée également « graine de paradis » ou « poivre de Guinée », est le fruit d'un amome qui servait
de substitut au poivre].

Münzer nous parle également des quartiers juifs et maures de
Lisbonne. Dans un monastère, il remarqua un énorme crocodile
pendu dans le chœur. Ailleurs, il vit d'énormes dragonniers des
Canaries ou de Guinée, dont les troncs servaient à la construction
des meilleures pirogues africaines. Dans les faubourgs de la capitale, il observa le bec d'un pélican, et de mystérieux roseaux repê-
chés près des côtes de Madère et des Açores. Il vit des lances, des
arcs et des flèches fabriqués par les indigènes africains. Il vit encore
un autre crocodile plus petit et des têtes d'espadon. Il monta au
château, où il admira deux énormes lions avant d'examiner une
splendide carte dorée et bien dessinée qui avait quatorze empans
de large. Il visita le magasin de la *Casa da Mina* pour observer les
différentes marchandises utilisées pour commercer avec les Africains.
Alors, selon ses propres mots,

> « Nous vîmes une énorme fonderie avec plusieurs fourneaux où étaient
> coulés des ancres, des canons et tout ce qui était nécessaire pour la
> mer. Il y avait également tant d'ouvriers noircis par les fournaises que
> nous imaginions facilement nous trouver parmi les cyclopes dans les
> forges de Vulcain. Nous vîmes ensuite plus de quatre grands bâti-
> ments où s'entassaient de gros et splendides canons, des armes de jet,
> des boucliers, des armures, des mortiers, des fusils, des arcs et des
> lances, tous de bonne fabrication et en quantité, sans parler de tout
> ce qui se trouvait à bord des navires naviguant sur les sept océans.
> En comparaison, les installations et les fabriques de Nuremberg ne
> sont presque rien. Quelle abondance de plomb, de cuivre, de potasse
> et de soufre ! D'énormes chargements de tout parvenaient sans cesse,
> ce qui n'avait rien d'étonnant car l'Éthiopie envoyait de l'or en quan-
> tité, et le roi, homme simple et sans extravagance, put donc profiter
> au maximum de cette opportunité. Son commerce maritime devait lui
> rapporter ainsi un énorme gain annuel. »

Münzer poursuit en témoignant de la puissance maritime portugaise et décrit plusieurs scènes mélangées d'exotisme africain. En
amont de Lisbonne, il vit sur le fleuve une splendide embarcation
royale dont il dit n'avoir jamais vu l'équivalent. On lui montra

les navires pourris par les anatifes des eaux équatoriales. Il vit une multitude d'esclaves à la peau noire ou cuivrée, et observa la foule des commerçants de Lisbonne qui traitaient avec l'Éthiopie. Il parle à nouveau des importations de Guinée : musc, myrrhe, perroquets, loups-marins (phoques), singes, tissus en fibres de palmier, paniers, coton et autres produits.

Il relate également qu'à la cour du roi Jean II, vivaient plusieurs enfants des seigneurs d'Éthiopie, élevés selon la religion et les coutumes européennes. Le roi envoyait régulièrement des présents, afin de maintenir les liens d'amitié avec les rois nègres, ce qui permettait aux Portugais de voyager en sécurité à l'intérieur de l'Afrique et de se familiariser avec tout ce qu'ils pouvaient y observer. Des Noirs de différentes races et parlant plusieurs langues étaient utilisés comme interprètes lors de tels voyages. À Lisbonne, comme dans les autres terres, il y avait beaucoup de jeunes Noirs que le roi incitait à suivre la religion catholique, et à apprendre le latin. Son intention était de convertir au catholicisme les îles qu'il possédait et les nombreux territoires sous domination des rois nègres. Il obligeait les jeunes filles noires à filer, à tisser et à réaliser d'autres travaux qui convenaient aux femmes. Le roi lui-même parla à Münzer des événements survenus dans l'île de São Tomé nouvellement colonisée, et décrivit sa végétation exotique, les plantations de canne à sucre qu'il ordonna de cultiver et les expériences d'acclimatation du blé et de la vigne. Quelques années auparavant, il avait envoyé en mission dans ces îles des prêtres noirs élevés depuis leur enfance à Lisbonne pour évangéliser les populations. Le roi reçut Münzer à quatre reprises et, selon Münzer, « il parla au moins huit heures de tout, de la cosmographie, où il était expert, de la médecine et d'autres sujets ».

Revenons à Colomb. Ses notes, telles qu'elles furent résumées et publiées par Las Casas, nous disent que pris dans cette ambiance portugaise où affluaient les informations nautiques et les nouveautés exotiques, il eut connaissance de l'existence de terres à l'occident, et des voyages envisagés pour y parvenir :

> « Colomb nous dit, entre autres choses qu'il a écrites, que lors de conversations avec des marins ayant navigué sur les mers occidentales, particulièrement près de Madère et des Açores, il apprit par un pilote du roi du Portugal appelé Martim Vicente qu'à environ 450 lieues du cap de Saint-Vincent, il avait recueilli en mer un fragment de bois

sculpté qui apparemment n'avait pas été travaillé par des outils en fer. Comme le vent d'ouest soufflait là depuis plusieurs jours, il conclut que ce morceau de bois était venu d'une île ou d'îles situées plus à l'occident. Un autre pilote, Pêro Correia, cousin de la femme de Colomb, lui avait dit que dans le port de Porto Santo, il avait vu un autre morceau de bois apporté par ce même vent d'ouest, et que lui-même avait vu des roseaux de grande taille qui pouvaient contenir d'un nœud à l'autre neuf mesures de vin. Colomb raconte lui-même qu'il entendit la même chose de la bouche du roi du Portugal, lequel ordonna qu'on les lui montrât. Selon Colomb, le roi calcula que ces roseaux étaient venus d'une île proche, ou peut-être même de l'Inde, portés par des vents et des courants forts, car il n'y avait pas de roseaux de ce type en Europe, ou du moins ils y étaient inconnus...

« Colomb apprit également des habitants des Açores, que lorsque soufflaient des vents violents d'ouest ou de nord-ouest, la mer charriait des pins qui échouaient sur les côtes des îles Gracieuse et Faial, bien qu'il n'existât aucune espèce de pins sur ces îles. D'autres lui dirent que deux cadavres d'hommes aux visages très larges et aux traits qui ne correspondaient pas aux caractéristiques de l'homme européen avaient été rejetés sur la côte de l'île de Flores, également aux Açores. En une autre occasion, au cap de la Verga ou non loin de là, étaient apparus des canoës longs, étroits et couverts. Lors d'un trajet d'une île à une autre, ils avaient probablement été déroutés par des vents ou des courants forts qui les avaient fait dériver jusqu'aux Açores, leur équipage ayant péri. Ainsi, un certain António Leme, qui vivait à Madère avec sa femme, lui assura qu'en naviguant vers l'ouest avec sa caravelle, il avait un jour aperçu trois îles au loin. Que cela soit la vérité ou non, il est normal que les marins des Açores ou des Canaries racontent et jurent chaque année avoir vu des îles plus à l'ouest... Mais Colomb dit en 1484 avoir entendu un habitant de Madère demander au roi une caravelle pour découvrir une île qu'il jurait avoir vue tous les ans, toujours de la même manière, concordant en ce point avec les affirmations des habitants des Açores. »

Las Casas continue et fait référence aux nombreuses îles indiquées sur les cartes du XVe siècle, parmi lesquelles celle d'*Antilha,* ou île des Sept-Cités, en racontant sa légende. Il nous informe également que Diogo de Teive découvrit vers 1452 les îles de Flores et Corvo (Açores) lors du retour de son voyage d'exploration au sud-ouest de Faial. Lors de ce voyage, il atteignit la mer des Sargasses, qui sera mentionnée dans une carte italienne de l'époque, encore que mal située et sous l'appellation de mer de Baga. Il est significatif que les deux mots, *Sargaços* et *Baga,* soient des mots typiquement portugais, le premier ayant été généralement accepté pour décrire la mer des Sargasses, ce qui prouve que les Portugais l'avaient découverte bien avant que Colomb ne la traversât en 1492. Parmi d'autres références, Las Casas dit que le pilote portugais Vicente Dias, lors d'un voyage qu'il fit entre la Guinée et les Açores, crut voir une île qu'il rechercha ensuite vainement, en partant de l'île Terceira dans un bateau armé par le Génois Lucas de Cazana.

Cette croyance répandue qu'il existait des terres plus à l'ouest trouva un écho dans de nombreux documents portugais de l'époque qui sont parvenus jusqu'à nous. Par charte royale datée du 19 février 1462, les îles prétendues de Lovo et Capraia, fréquemment indiquées sur les cartes de l'époque, furent concédées à João Vogado. Par une autre charte datée du 29 octobre 1462, était concédée à Gonçalo Fernandes une île supposée qu'il avait entrevue au nord-est des Canaries. Une troisième du 12 janvier 1473 octroyait une île aperçue quelques années auparavant à l'ouest du Cap-Vert, et une autre du 21 juin 1473 à João Gonçalves da Câmara une île qu'il désirait découvrir. Un autre document royal, daté du 28 janvier 1474 concédait à Fernão Teles n'importe quelle île qu'il viendrait à découvrir, une concession qui sera étendue par ordonnance du 10 novembre 1475 à l'île des Sept-Cités ou à n'importe quelle autre île inhabitée. C'est également en 1474 que le cosmographe florentin Toscanelli écrivit la lettre qui encourageait les Portugais à atteindre l'Asie en naviguant vers l'ouest et non plus en tentant de contourner l'Afrique. Une ordonnance royale du 30 juin 1484 concède à Fernão Domingos de Arco une île qu'il avait l'intention de découvrir. Finalement, par ordonnance du 3 mars 1486 et documents annexes, était concédée à Fernão Dulmo et João Afonso do Estreito la capitainerie d'« une grande île, îles ou continent, que l'on suppose être l'île des Sept-Cités », et on calcula que le voyage d'exploration durerait six mois.

Ces documents montrent qu'un nombre croissant de personnes au Portugal croyaient en l'existence d'îles ou même d'un continent, et que quelques-uns croyaient même les avoir aperçus. D'une part, cela prouve que la navigation en haute mer, loin de la côte africaine et même des archipels déjà connus, était devenue si fréquente que la crainte de telles entreprises avait disparu. D'autre part, les documents portugais n'identifient jamais ces terres avec l'Asie, et il n'existe aucune allusion à une traversée de l'Atlantique qui aurait pour but d'atteindre l'Extrême-Orient. Aucun signe n'indique que les conseils de Toscanelli aient été suivis.

Lorsque Colomb arriva au Portugal, une guerre commençait entre Alphonse V du Portugal et les Rois Catholiques espagnols pour la possession de la couronne de Castille. Cette guerre avait un aspect naval important. La reine Isabelle avait revendiqué des droits sur la Guinée et autorisé ses sujets à naviguer jusque-là, malgré les clauses de la bulle *romanus pontifex* de 1455, dans laquelle le pape Nicolas V avait proclamé légitime la possession par le Portugal de la Guinée et des terres « des Indiens ». Il y eut plusieurs expéditions castillanes en Guinée, dont une où l'île de Santiago dans l'archipel du Cap-Vert fut entièrement mise à sac, et une autre qui rapporta un chargement d'or de la côte de Mina, une région découverte par les Portugais quelques années plus tôt. De fait, même avant la guerre, quelques bateaux castillans s'étaient aventurés juqu'aux côtes occidentales de la Guinée. Ces activités étaient effectuées par des bateaux andalous et des marins de la province de Niebla, particulièrement du district de Palos. Bien que les chroniqueurs contemporains portugais et espagnols mentionnent ces expéditions andalouses, rapportant ainsi une notable compétence et précocité navales, l'historiographie traditionnelle de la découverte de l'Amérique ne leur a accordé que peu d'attention, si forte est la légende qui a toujours présenté Christophe Colomb comme une sorte de supermarin, en l'isolant arbitrairement des milieux nautiques portugais et andalous où il avait antérieurement vécu et travaillé. Au XIXe siècle, cependant, le vicomte de Santarém fut un des premiers historiens à montrer l'importance des expéditions « précolombiennes », celles des Castillans jusqu'en Guinée par exemple.

Un Flamand, Eustache de la Fosse, nota des informations sur une de ces expéditions castillanes, lorsqu'il voyagea sur un navire espagnol vers Saint-Georges-de-la-Mine en septembre 1479, mois où fut signé le traité d'Alcáçovas qui mettait un terme à la guerre entre Alphonse V et les Rois Catholiques.

À son arrivée à Saint-Georges-de-la-Mine, le bateau et son équipage furent faits prisonniers par les Portugais. Le pauvre Flamand fut envoyé à bord d'un bateau commandé par Diogo Cão, le navigateur qui allait quelques années plus tard découvrir le Congo et l'Angola avant de revenir en Europe. Nombre d'années plus tard, Eustache de la Fosse rédigea une relation intéressante de ses aventures et nous y découvrons de curieux détails sur le voyage de retour au Portugal. Après une description des escales qu'ils firent sur la côte de la Malaguette, en Sierra Leone et aux îles du Cap-Vert, Eustache de la Fosse écrit :

> « Nous mîmes la voile vers le pays de Portugal et eûmes plusieurs jours vent à demi quartier, puis après eûmes très-bon vent, et en naviguant vîmes plusieurs oiseaux voler ; et disoient nos mariniers que ces oiseaux étoient des îles enchantées, lesquelles îles ne s'apparaissoient point à cause que un évêque de Portugal, avec tous ceux qui le voulurent suivre, s'y sauvèrent et fut devant le temps de Charlemagne, roi de France, que toutes les Espagnes furent conquises des Sarrasins, Aragon, Grenade, Portugal, Galice qui sont tout compris du royaume d'Espagne : et lors ledit évêque se sauva avec tous ceux qui le voulurent suivre, et furent plusieurs navires, lesquelles arrivèrent es dites îles, comme me fut compté par les Portugallois. Et lors ledit évêque qui était grand clerc, sachant l'art de nigromance, enchanta les dites îles et que jamais ne s'apparaîtroient à personne tant que toutes les Espagnes ne seroient remises à notre bonne foi catholique, mais souvent les mariniers voyoient les oiseaux de ladite île en naviguant en ce quartier sans jamais pouvoir voir rien des dites îles, à cause dudit enchantement. »

De la Fosse ajoute que plus tard, quand les Rois Catholiques assiégèrent la ville de Grenade, un bateau portugais fut repoussé par une tempête loin de Madère et atteignit l'île enchantée, sans pour autant y débarquer. L'équipage mourut entièrement quand il revint sur la côte portugaise. Le Flamand conclut en affirmant que :

> « Ce fut comme aucuns disent que quand l'île enchantée fut découverte que la Grenade n'étoit point encore chrétienne, car il restoit que la cité n'était pas encore chrétienne, et l'enchantement étoit qu'il dureroit tant que toutes les Espagnes seroient chrétiennes ; et à cette cause ils périrent ; et depuis que la cité fut conquise, on y va tout à volonté auxdites îles enchantées et sans aucun danger, et auparavant on les avoit jamais su voir ni trouver. »

Cet étrange écrit de l'aventurier flamand montre encore une fois que, parmi les marins de l'époque, la notion de l'existence de nouvelles terres en Atlantique occidentale était courante. Cette croyance est confirmée par de nombreux documents qui se réfèrent à des plans et des tentatives pour trouver de nouvelles terres, comme ceux mentionnés plus haut.

Le texte d'Eustache de la Fosse est également significatif en d'autres points. Quand il se réfère aux oiseaux des îles enchantées, croisés lors du voyage entre le Cap-Vert et le Portugal, lequel commence par des rafales de vents de travers « à demi quartier », suivies de vents favorables, c'est-à-dire de vents qui permirent au bateau de faire route vers le Portugal. Cela signifie qu'il traversa d'abord la zone de vents alizés de nord-ouest, et ensuite, à des latitudes supérieures, qu'il atteignit les vents d'ouest recherchés. Cela veut dire que les Portugais suivaient déjà dès cette époque la route du « retour de Mina », connue également sous les termes de « retour par les Sargasses », une route imposée par les vents dominants dans cette zone de l'Atlantique.

Un chroniqueur espagnol, Pulgar, dans un texte sur la rivalité navale entre le Portugal et l'Espagne, parle longuement des difficultés du retour de Mina ; nous pouvons en conclure que les Castillans avaient appris, sans doute des Portugais, le secret du retour de la Guinée vers l'Europe, et c'était probablement la conséquence des relations entre l'Algarve portugais et le comté voisin de Niebla, respectivement les berceaux de l'expansion maritime portugaise et espagnole.

Pendant la guerre qui opposa Alphonse V aux Rois Catholiques, Colomb se trouva soit en terres portugaises, soit à bord d'un navire portugais. Il fut certainement informé des événements maritimes et des expéditions castillanes en Guinée. Pendant l'une d'elles, un autre Génois au service du Portugal, Antonio de Noli, capitaine d'une partie de l'île de Santiago, fut capturé et amené en Espagne.

Une fois la paix obtenue, Jean II donna des ordres pour la construction de la forteresse de Saint-Georges-de-la-Mine, et la même année, en 1482, il envoya une flotte commandée par Diogo Cão, pour poursuivre la reconnaissance de la côte africaine au sud de l'équateur. Diogo Cão revint à Lisbonne au début du printemps 1484 avec l'annonce de la découverte du fleuve Congo et de la côte méridionale jusqu'à Santa Maria, proche de la ville appelée aujourd'hui Lobito. Bien qu'il nous manque certaines données, il y a des raisons de croire que l'explorateur a cru atteindre la pointe sud de l'Afrique. L'année suivante, l'émissaire du roi Jean II auprès du pape annonça dans son oraison d'obédience que les Portugais n'étaient plus qu'à quelques jours du promontoire de Prassus, — dénomination ptoléméenne de ce que l'on croyait être à cette époque une région de l'Afrique orientale proche de l'actuel cap Delgado au Mozambique. C'est-à-dire que Jean II pensa que ses navires avaient atteint l'entrée de l'océan Indien.

Il est probable que ce fut au début de l'année 1484, après le retour de Diogo Cão, que Colomb demanda à Jean II que lui soient fournis les bateaux et le nécessaire pour atteindre l'île de Cipango [le Japon] en naviguant vers l'ouest. Il avait pour argument que la distance à parcourir ne pouvait être supérieure à 2 500 milles (en réalité, elle est d'environ 10 000 milles !). Devant l'insistance de Colomb, le roi soumit le plan à ses cosmographes, qui rejetèrent sagement les arguments sur lesquels se fondait la proposition. Tout cela concordait parfaitement avec la politique officielle antérieure du Portugal. En effet, la Couronne portugaise n'avait jamais tenté d'atteindre l'Asie par cette voie. La preuve en est que toutes les expéditions envoyées pour reconnaître la côte africaine ont été faites à l'initiative du roi, et payées par la Couronne, tandis que les voyages vers l'occident en quête de nouvelles terres étaient entièrement laissés à l'initiative privée, et financés par elle.

Déçu par ce refus, Colomb partit tenter sa chance en Castille. La même année, Diogo Cão commença son second voyage d'exploration, qui le mena jusqu'au tropique du Capricorne, sans avoir atteint l'extrême sud de l'Afrique. En 1487, Jean II prépare l'assaut final vers l'océan Indien, en envoyant deux expéditions : l'une maritime et l'autre terrestre.

L'expédition terrestre avait une double finalité : en premier lieu rencontrer le « Prêtre Jean », et en second obtenir des informations sur l'Inde et les conditions de navigabilité de l'océan Indien. Afonso de Paiva et Pêro da Covilhã furent choisis pour cette mission. Les cosmographes du roi préparèrent et dessinèrent une mappemonde qui devait servir soit à guider les deux hommes, soit à recueillir des informations sur les pays visités. De 1488 à 1492, Pêro da Covilhã voyagea sur les côtes de la mer Rouge, et de l'océan Indien et visita Ormuz, Calicut et Sofalá. Il aura envoyé de longs rapports à Jean II avant de se diriger vers l'Éthiopie (mission initialement dévolue à Afonso de Paiva qui mourut en chemin) où il fut retrouvé des années plus tard par d'autres explorateurs.

L'expédition maritime fut commandée par Bartolomeu Dias. Il contourna l'extrémité méridionale de l'Afrique au début de l'année 1488 et revint à Lisbonne en décembre 1488 porteur de ces nouvelles. Nous connaissons cette date grâce à une annotation en marge d'un manuscrit ayant appartenu à Bartolomeu Dias ou à Christophe Colomb lui-même. On pense qu'elle était de la main de Christophe Colomb, car il se trouvait à Lisbonne le jour du retour de Bartolomeu Dias, et nous avons connaissance d'une lettre écrite la même année par le roi Jean II, qui l'invite cordialement à revenir au Portugal. Plusieurs historiens émettent l'hypothèse qu'en raison de l'échec ou de l'annulation du voyage de Fernão Dulmo et de João Afonso do Estreito, planifié en 1487, et en l'absence de nouvelles de Bartolomeu Dias, Jean II aurait convoqué Colomb avec l'intention de répondre favorablement à sa proposition de 1484, intention que le roi abandonna quand il revit Bartolomeu Dias sain et sauf. L'hypothèse ne nous semble pas très plausible. Colomb ne possédait pas de moyens propres pour financer un tel voyage, et si le roi avait réellement eu l'intention d'armer des navires et de payer leurs équipages pour tenter de découvrir une voie maritime occidentale vers l'Asie, il aurait eu à sa disposition des marins portugais beaucoup plus expérimentés que le Génois. L'idée n'était d'ailleurs pas nouvelle, et Colomb n'avait pas encore eu l'occasion de prouver ses qualités de capitaine ou de chef d'escadre. Pourquoi donc le roi aurait-il convoqué Colomb pour une telle proposition ?

Quand Colomb revint en Castille, il alla directement dans le comté de Niebla, précisément dans la région délimitée par les fleuves Tinto et Odiel. Quand la reine Isabelle agréa son projet, les bateaux et les équipages étaient tous originaires de cette région. Même si les marins choisis par Christophe Colomb n'étaient jamais allés en Guinée, ils avaient certainement, par leurs compagnons, entendu parler des méthodes employées pour revenir de Guinée en Andalousie, en prenant la route du large selon une direction nord-ouest dans la zone des vents alizés, jusqu'à ce que soit atteinte la zone des vents variables. Ainsi, Christophe Colomb employa des navires atlantiques et des marins connaisseurs de la navigation en haute mer, contrairement aux allégations de certains historiens qui ignorent la réalité des navigations océaniques à la fin du XVe siècle.

Pendant et après le premier voyage en 1492-1493, qui permit la découverte de ces îles Caraïbes que son imagination délirante persistait à identifier au continent asiatique, et que les Portugais, plus réalistes, appelèrent Antilles en les identifiant avec une île légendaire, les liens entre Colomb et le Portugal ne furent pas rompus. Considérons à présent quelques aspects de cette relation, et commençons par ce premier voyage.

En premier lieu, portons notre attention à la route de Colomb, qui suivit à l'aller comme au retour la voie la plus rapide, naviguant vers l'ouest en bordure nord de la zone des vents alizés, et revenant par une route plus au nord, dans la zone des vents variables. On a beaucoup écrit sur les raisons qui ont conduit Colomb à choisir une telle route. Sans vouloir approfondir ce sujet, nous pouvons cependant considérer que cette route est à première vue le prolongement occidental de la route d'aller et retour de la Guinée suivie par les Portugais et quelques Andalous, et même par Colomb quand il s'embarqua avec des Portugais pour la Guinée. À l'époque, l'erreur majeure des Portugais, qui recherchaient alors des terres vers l'occident, était de vouloir naviguer directement plein ouest à partir du Portugal et des Açores, contre des vents contraires. C'est ainsi, que persistant dans cette voie, ils atteignirent Terre-Neuve en 1500, où dès lors les bateaux portugais allèrent régulièrement pêcher ; leur persévérance fut donc récompensée ! Nous ne pouvons affirmer qu'avant Colomb tous les Portugais qui avaient tenté de découvrir des terres à l'ouest ne naviguaient que dans les zones de vents variables, au nord de la latitude des Canaries. Outre ceux que nous connaissons, il est fort possible qu'il y ait eu d'autres Portugais qui explorèrent l'Atlantique occidental en quête de nouvelles terres. Peut-être que parmi les très nombreux documents des chancelleries royales d'Alphonse V et de Jean II qui se perdirent, quelques-unes de ces expéditions étaient répertoriées. Cela dit, nous ignorons quelles furent les routes suivies par ceux dont nous ne connaissons que les noms et les prouesses. Il n'est nullement impossible que Christophe Colomb ait eu des précurseurs dans l'aventure de la navigation occidentale dans la zone des vents alizés et que lui-même en eut connaissance. Cependant de tels précurseurs ne surent pas suffisamment persister dans leurs tentatives de découverte, pour la simple raison qu'ils ne croyaient pas, contrairement à Colomb, pouvoir atteindre l'Asie en suivant cette direction. Lors de sa première expédition, Colomb navigua vers l'ouest en bordure nord de la zone des vents alizés, de telle sorte qu'au retour, il ne

lui fut nécessaire de naviguer que quelques jours vers le nord pour
se retrouver dans la zone des vents variables. Cette stratégie fut-
elle le fruit du pur hasard, ou un acte de prudence qui garantis-
sait le retour vers l'Europe sur la base des expériences portugaises
antérieures du retour de Guinée ? Nous ne devons pas oublier que
pendant plusieurs siècles les Européens n'osèrent pas voyager au sud
du cap Bojador, sur la bordure nord des vents alizés, par peur de
ne plus pouvoir revenir contre les vents favorables de l'aller. On
peut conclure que Colomb s'aventura autant vers l'occident parce
qu'il connaissait le secret du retour vers l'Espagne.

Un autre aspect de la première expédition de Colomb, qui prêta
le flanc à de nombreuses spéculations, fut sa méthode de navigation, et principalement ce que l'on interpréta comme ses tentatives de détermination des latitudes. Pendant longtemps, on avança
que la navigation astronomique ne faisait pas partie, du temps de
Colomb, de l'apprentissage des métiers de pilote et de capitaine,
et qu'elle n'apparut que quelques décennies après sa mort. Elle
n'aurait été pratiquée à l'époque que par quelques mathématiciens,
des astrologues ou des physiciens, et des marins d'expérience comme
António Pigafetta et dom João de Castro. Nous ne pouvons plus
être d'accord sur ce point.

La vérité est que la navigation astronomique en Atlantique ne
débuta point, comme on le pensa longtemps, avec la détermination de la latitude déduite de l'observation de la hauteur de l'étoile
polaire, suivie par celle de la hauteur méridienne du soleil : on
put montrer récemment qu'avant la détermination de la latitude,
il y eut une phase où étaient observées la hauteur de l'étoile polaire,
celles d'autres étoiles et aussi du soleil. Les informations fournies
par les différences de hauteur à des jours différents étaient utilisées pour contrôler la route choisie, selon une direction nord-sud.
Les différentes hauteurs de l'étoile polaire, observées en des points
reconnus de la côte, parfois marquées sur le bois du cadran, servaient à la reconnaissance des terres et du littoral. Il existe des documents qui prouvent que cette méthode précaire de navigation astronomique fut adoptée par Diogo Gomes en Guinée, plus de trente
ans avant la première expédition de Colomb. Il est clair que Christophe Colomb devait connaître cette méthode que ses lacunes en
astronomie ne lui permirent pas d'utiliser efficacement. Colomb était
un habile navigateur à l'estime et doué d'aptitudes exceptionnel-

les au pilotage, il n'y a aucun doute sur ce point, mais il fut incapable d'assimiler les méthodes de navigation astronomique que les Portugais perfectionnaient alors. Dans ses écrits, on trouve quelques notes qui montrent qu'à l'époque de son départ les Portugais utilisaient déjà la méthode de navigation par différence ou comparaison des hauteurs, et que ce ne fut qu'en 1485 environ que l'on commença à déterminer la latitude selon la hauteur méridienne du soleil. On ne peut retenir la thèse selon laquelle entre 1520 et 1540, période qui va de l'expédition de Magellan à celle de dom João de Castro, seuls des hommes « hautement instruits » pouvaient naviguer en se repérant sur les étoiles. Si ce fut le cas, comment expliquer que tant de navires, à la suite de Vasco de Gama, aient pu chaque année naviguer avec succès de Lisbonne jusqu'en Inde en passant des mois sans apercevoir de terres ?

Tout le monde sait que dans le journal de bord de son premier voyage, Colomb fit des annotations sur les variations de l'aiguille magnétique de la boussole et observa la ligne agonique qui se trouve à 100 lieues à l'ouest des Açores. Sur la base de ces commentaires, on affirma parfois que ce fut Colomb qui découvrit la déclinaison magnétique. Sur ce point également, nous devons dire qu'il ne fit que noter un phénomène bien connu depuis longtemps par les Portugais, qui le lui avaient sans doute indiqué. De fait, il fait allusion à la variation de l'aiguille en des termes tels que *nordestear* (varier dans le sens nord-est) ou *noroestear* (varier dans le sens nord-ouest) que l'on retrouve dans des documents portugais du début du XVIᵉ siècle — et rappelons que la langue de Colomb était remplie d'expressions et de phrases portugaises. Il est difficile de comprendre comment de tels termes auraient été transmis par Colomb à des Portugais ; l'inverse est en revanche beaucoup plus probable. D'autres faits montrent que les Portugais connaissaient déjà les différentes variations magnétiques de l'aiguille dans les parages lointains de l'Atlantique. Sur une carte réalisée vers 1504 par Pêro Reinel, nous voyons au large de Terre-Neuve une échelle oblique de latitude indiquant la déclinaison magnétique dans cette région. Dans la relation du voyage en Inde que fit en 1505 Francisco de Almeida, la variation de la boussole dans l'Atlantique sud fut notée. Le toponyme *Baía das Agulhas,* ou baie des Aiguilles (plus tard cap des Aiguilles), fut écrit en 1502 sur une carte maritime de l'Afrique du Sud, et nous savons que ce nom fut donné car en ce lieu n'existait aucune variation. En 1514, dans son *Traité sur la boussole,* le pilote portugais João de Lisboa indiqua que la ligne agonique passait entre les îles de Santa Maria et de São Miguel aux Açores, la localisant ainsi avec plus de précision que Colomb, et avança une méthode erronée de détermination des longitudes fondée sur l'étude des variations de l'aiguille magnétique. En 1519, une semblable suggestion fut faite par Raul Faleiro, compagnon de Magellan. Toutes ces connaissances n'auraient pu atteindre un tel point de perfection en un si court laps de temps (1492-1519), et nous devons en conclure que Colomb prit connaissance des phénomènes de variations magnétiques pendant les années où il navigua avec les Portugais. Enfin, les notes de son livre de bord sur les variations magnétiques de la boussole démontrent qu'il tentait de régler l'aiguille sur l'étoile polaire, comme il avait vu les Portugais le faire, mais sans comprendre le mouvement de l'étoile qui s'éloignait de 3 à 5° du pôle.

Au retour de sa première expédition, Colomb fit deux escales avant d'arriver en Castille. La première fut la petite île de Santa Maria. Il est connu que pendant toute la période des grands voiliers, les Açores furent le cœur de toute la navigation atlantique, en raison des vents dominants qui obligeaient les bateaux venus d'Amérique, d'Afrique, du Pacifique et de l'océan Indien à y faire escale. La vue des îles ou des signaux qui révélaient leur proximité étaient des points de repère très utiles pour les marins de cette époque, particulièrement pour ceux qui, peut-être comme Colomb, ne savaient pas déterminer les latitudes sur mer.

Puis, sans doute en raison du mauvais temps, Colomb fit route vers Lisbonne où il put ravitailler et réparer son navire. Il réussit à envoyer par voie terrestre un message au roi Jean II qui se trouvait alors à Valparaiso, afin de le rencontrer. Quelques détails de cette entrevue nous sont connus, car elle marqua entre le Portugal et l'Espagne le début de fiévreuses manœuvres politiques autour de la découverte de Colomb, dès qu'il affirma avec insistance qu'il avait atteint l'Asie. Nous devons souligner qu'en dépit de tous les événements, les relations entre le roi et le marin semblèrent être toujours restées très amicales, et par la suite, Colomb se référa toujours au roi du Portugal en termes de respect et d'admiration.

Sans entrer dans les détails des activités diplomatiques qui suivirent la découverte de Colomb, rappelons que le pape Alexandre VI, qui était de Valence, édicta le 28 juin 1493 la bulle *Inter Cœtera,* antidatée du 4 mai 1493, qui concédait aux Rois Catholiques tous les territoires déjà découverts ou à découvrir « en direction de l'Inde », au-delà d'une ligne située à 100 lieues à l'ouest des Açores et du Cap-Vert. Cette ligne fut certainement suggérée par Colomb, car elle était celle où l'air, du moins selon ses dires, devenait plus doux, attribuant ainsi à l'Espagne le paradis terrestre dont il eut la certitude de se rapprocher lors de sa troisième expédition... Cependant cette bulle et d'autres obtenues par simonie auprès du pape Alexandre VI grâce à la ruse du roi Fernando furent récusées par le roi Jean II, qui imposa avec succès l'idée d'un arrangement direct entre les parties concernées. Ainsi fut signé le célèbre traité de Tordesillas du 7 juin 1494, qui divisait les océans convoités par le Portugal et la Castille par une ligne passant à 370 lieues à l'ouest des îles du Cap-Vert. Dans ce traité, l'Inde n'était pas mentionnée, mais bien que ce fût l'Atlantique que l'on divisait, c'était l'Asie qui était réellement en cause. Les Rois Catholiques pensaient qu'ils avaient gagné la partie, vu que leur zone incluait les terres récemment découvertes dont Christophe Colomb jurait qu'elles appartenaient au continent asiatique. Ils allaient bientôt perdre leurs illusions.

Au cours des négociations, les Castillans supposèrent que le roi Jean II croyait en l'existence de nouvelles terres occidentales plus au sud. Cette idée détermina la troisième expédition de Colomb, selon ses propres écrits, pour déterminer la présence d'un « continent » dont le roi portugais affirmait l'existence près de l'équateur. Lors de son voyage de 1498, Colomb fit trois escales portugaises. La première fut Porto Santo, tenue par la famille Perestrelo d'où sa femme était originaire. La seconde fut Madère. À Funchal, Colomb fut chaleureusement accueilli et put ravitailler ses navires. Au-delà des Canaries, Colomb ne prit pas la route de l'ouest comme lors de ses voyages antérieurs, mais gagna les îles du Cap-Vert, où il obtint confirmation de l'intérêt que Jean II portait à ses voyages vers le sud-ouest. Ce fut cette route qu'il suivit avant de reprendre le cap vers l'ouest, ce qui l'amena à découvrir l'île de Trinité et la côte qui lui faisait face. Il parvint donc à ce continent, mais sans rompre les liens avec les Portugais, et parmi eux Jean II.

Cependant la carrière de Colomb touchait à son terme. La troisième expédition s'acheva avec son emprisonnement en 1500 et son retour en Espagne, les fers aux pieds, sous les ordres de Bobadilla.

Par ironie du destin, un de ses rivaux, un Portugais qui était parti avec une petite flotte de Lisbonne en 1497, et qui avait passé trois mois en Atlantique sud sans apercevoir de terre, avait atteint l'Inde véritable, quelques semaines avant que Christophe Colomb n'aperçoive l'Amérique du Sud. Après le retour de Vasco de Gama à Lisbonne en 1499 qui apportait les heureuses nouvelles, Manuel Ier, qui succéda à Jean II, prit le titre de « seigneur de la navigation, du commerce et de la conquête de l'Éthiopie, de l'Arabie, de la Perse et de l'Inde ». Peu après que don Cristóbal Colón (nom sous lequel Colomb était connu en Espagne), amiral des Indes, fut jeté en prison en Espagne, Vasco de Gama fut élevé à la dignité d'amiral de l'Inde, cette fois de l'Inde véritable, la région se révélant prodigieusement riche et son peuple de culture raffinée, et non pas la pseudo-Inde des « cannibales » et des tribus vivant encore à l'âge de pierre. Ce renversement des événements fut une grande déception pour les Rois Catholiques, qui voyaient ainsi leur voisin et rival se fixer dans cette Asie si convoitée que Colomb leur avait promise. Ils durent alors réaliser que Jean II, « L'Homme », comme l'appelait la reine, avait gagné la partie avec le traité de Tordesillas. Leur première réaction fut de protester, selon un document de la fin de 1499 ou du commencement de 1500. Le roi aurait rompu l'accord entre les deux royaumes en envoyant ses navires dans l'océan Indien alors que la limite de sa zone ne devait pas dépasser le cap de Bonne-Espérance. Ce document dut être un mouvement d'humeur et n'est peut-être que le simple brouillon d'une protestation qui ne fut jamais envoyée... Cependant, il est significatif que beaucoup plus tard, en 1524, à l'époque du contentieux sur la possession des îles Moluques, Fernando Colomb avança exactement le même étrange argument. Ainsi, ce qui était en cause au moment des négociations qui ont abouti au traité de Tordesillas était bien l'Asie et non pas les îles découvertes par Colomb.

En 1502, Colomb et Vasco de Gama partirent pour de nouvelles explorations. Avec une petite flotte, Colomb tenta de découvrir un passage inexistant vers l'océan Indien entre le Honduras et le Panama ; Vasco de Gama, à la tête d'une puissante escadre de vingt navires, partit afin d'établir, avec succès, une présence militaire portugaise sur les mers entre l'Afrique orientale, l'Arabie et l'Inde. Les Espagnols continuèrent à être perturbés par leurs mirages géographiques. Les Rois Catholiques remirent au seigneur des

Indes une lettre adressée au commandant de l'escadre portugaise, c'est-à-dire à l'amiral de l'Inde, souhaitant d'amicales relations, s'il leur arrivait de se rencontrer. De fait au terme de leurs voyages de 1502, ils n'étaient séparés sur l'autre moitié du globe que de 200 degrés. Cet épisode d'une lettre adressée d'un amiral à un autre est un lien de plus qui relie Colomb aux Portugais.

Ce fut également un autre Portugais, mais cette fois au service de l'Espagne, qui réalisa ce que Colomb avait tenté de faire. En 1519, quand il partit, Magellan connaissait presque exactement, avec une erreur de juste quelques degrés, la distance en longitude qu'il lui faudrait parcourir pour atteindre les Moluques. Il chercha et trouva les détroits qui lui permirent de traverser le plus grand océan du globe, et de cette manière les Portugais et les Espagnols se rencontrèrent finalement, et bouclèrent ainsi le premier tour du monde.

Pendant sa quatrième et dernière expédition atlantique, Colomb fit une première escale en Algérie après avoir quitté l'Espagne. Son intention était de secourir les Portugais qui étaient alors assiégés par les Maures dans une forteresse d'Afrique du Nord. Ce geste symbolise, par-delà quelque rivalité, la complicité amicale que les gouvernants espagnols, tout comme Colomb, tentèrent de maintenir avec les Portugais. Tout au long du XVIe siècle, cette complicité fut confirmée par le respect de part et d'autre du traité de Tordesillas, au bénéfice des deux parties, car ils s'aidaient mutuellement contre les incursions atlantiques des autres puissances. Si Colomb avait effectué ses voyages au service de la France ou de l'Angleterre, ou s'il n'avait pas « découvert » l'Amérique, les événements auraient certainement pris un autre cours, et les transactions subséquentes n'auraient certainement pas été aussi favorables aux Portugais, comme elles le furent de fait. Le traité de Tordesillas fut une des conséquences de la découverte de l'Amérique par Colomb, et les Portugais durent non seulement admirer son courage et sa maîtrise, mais aussi être reconnaissants à sa mémoire.

Traduction de Michel Chandeigne

Amiral Teixeira da Mota

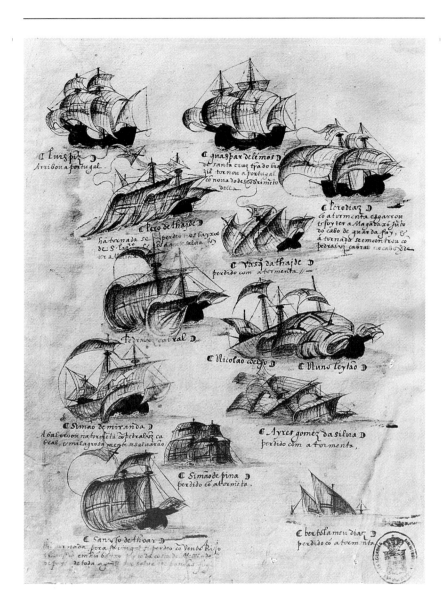

La flotte de Pedro Álvares Cabral (1500) ; parmi les navires qui ont fait naufrage, on reconnaît celui de Bartolomeu Dias (en bas à droite) ; in : Livro das armadas, *Académie des sciences de Lisbonne.*

Pedro Álvares Cabral découvre le Brésil

Jacqueline Penjon et Anne-Marie Quint

Présentation et traduction in extenso *de la Lettre de Pêro Vaz de Caminha (1500), adressée au roi du Portugal, et décrivant la découverte de la « Terre de la Vraie Croix » et de ses habitants... Cette lettre retrouvée au XIXᵉ siècle est un texte fondamental décrivant la rencontre entre les peuples des deux mondes.*

Lorsque Vasco de Gama rentre au Portugal en 1499, après avoir enfin atteint les Indes en contournant l'Afrique, il est accueilli triomphalement. Il reçoit le titre d'amiral de la mer de l'Inde, le droit pour lui et les siens d'utiliser le *dom* devant son nom, et la promesse d'un comté. Le roi Manuel Iᵉʳ, pour remercier le ciel, fait vœu de fonder une église et un couvent à Belém, à côté de la chapelle du Restelo où les navigateurs avaient entendu la messe avant leur départ. Malgré les résultats diplomatiques et commerciaux peu concluants de l'expédition, l'enthousiasme des Portugais les conduit à armer presque aussitôt une nouvelle flotte beaucoup plus importante que la précédente : au bout de huit mois à peine, treize navires au lieu des quatre de Gama sont prêts à prendre la mer, dès mars 1500.

Le roi a donné au commandant *(Capitão Mor)* des *Instructions* détaillées dont seuls des fragments sont parvenus jusqu'à nous. On a cependant une idée assez précise des buts poursuivis : établir une alliance avec le *Samorim* de Calicut, organiser des relations commerciales et, bien sûr, propager la sainte foi catholique. On sait aussi que le roi donne des consignes de navigation ; en particulier, il recommande de cingler vers le sud-ouest avant d'avoir atteint la ligne équinoxiale, afin d'éviter les calmes plats. Le roi avait-il connaissance de l'existence d'un continent *(terra firme)* à l'ouest ? Si Christophe Colomb avait abordé au nord du territoire sud-américain lors de son troisième voyage en 1498, il demeurait convaincu d'avoir atteint les Indes ; si les Espagnols Vicente Yañez Pinzon, puis Diego de Lepe, avaient touché les côtes du Nord-Est brésilien au début de 1500, avant de gagner les Antilles, ni l'un ni l'autre ne semblent s'être rendu compte de l'étendue de cette nouvelle terre. En fait, beaucoup d'historiens pensent que le Brésil n'a pas été découvert par hasard. Mais on ne dispose pour confirmer cette thèse que d'indices, et non de documents.

Le commandant de la flotte était un gentilhomme, Pedro Álvares Cabral. Il naviguait sur la nef *São Gabriel*, rescapée du voyage de Gama en Inde. Parmi ses capitaines, on comptait les plus célèbres navigateurs de l'époque : Bartolomeu Dias, qui avait le premier doublé le cap de Bonne-Espérance en 1488, et son frère Diogo ; Nicolau Coelho, qui avait accompagné Vasco de Gama ; Sancho de Tovar, commandant en second, sur la nef *El-Rei* ; Pêro de Ataíde, surnommé « Enfer », sur la caravelle *São Pedro* ; Nuno Leitão da Cunha sur la nef *Anunciada* ; Simão de Miranda, Vasco de Ataíde, Luis Pires, Aires Gomes da Silva, Simão de Pina ; Gaspar de Lemos commandait le navire des vivres. Le pilote principal était Pêro Escolar. Mestre João, médecin et chirurgien du roi, et sans doute astrologue, était du voyage. Quant à Aires Correia et à Pêro Vaz de Caminha, ils étaient chargés de jeter les bases de la future factorerie de Calicut. On sait que Pêro Vaz de Caminha était originaire de Porto, où il avait succédé à son père dans la charge de contrôleur des monnaies, qu'il avait participé à la rédaction des « doléances » présentées par la ville aux *Cortes* de 1498, et qu'il allait être *escrivão*, c'est-à-dire chargé des écritures de la factorerie. Il devait déjà jouer le rôle de secrétaire auprès du commandant à bord de la nef capitane.

Un groupe de franciscains, dirigés par Frei Henrique de Coïmbra, et accompagnés de prêtres séculiers, devaient évangéliser les infidèles. Ils seraient aidés dans leur tâche par des interprètes que Vasco de Gama avait ramenés des Indes : le juif Gaspar de Gama, qu'il avait fait baptiser d'autorité, et des Indiens Malabars qu'il avait pris comme otages à Calicut.

Outre mousses et matelots, on embarqua encore soldats, marchands et proscrits : en tout, 1 200 personnes.

La flotte, ayant quitté le Tage le 9 mars, arrivait le 14 aux Canaries, le 22 aux îles du Cap-Vert, et le 22 avril en vue des côtes brésiliennes, que le commandant allait reconnaître sommairement pendant dix jours, jusqu'au 2 mai. Conscient de l'importance de sa découverte, il dépêcha Gaspar de Lemos au Portugal sur le bateau des vivres, afin de porter au plus tôt la nouvelle au roi.

Il ne nous reste que trois documents rédigés par des membres de l'expédition :
- la *Lettre à dom Manuel*, de Pêro Vaz de Caminha, qui relate le début du voyage et donne une première description détaillée de cette terre qui venait de recevoir le nom d'*ilha de Vera Cruz* ;
- la lettre de Mestre João, qui rend compte de ses observations astronomiques, dessine la constellation de la Croix-du-Sud, et conseille au roi de se reporter à un certain vieux portulan sur lequel figurerait l'île découverte ;
- la *Relation* d'un pilote anonyme, dont l'original est perdu, mais dont il nous reste une traduction italienne publiée en 1507. Il s'agit d'un bref récit et non d'une lettre ; l'auteur suit le même ordre que Pêro Vaz de Caminha, mais insiste davantage sur certains faits : la remise de la bannière royale au commandant par Manuel Iᵉʳ en personne ; l'importance de la pêche chez les indigènes ; les pleurs des proscrits qu'on abandonne sur le rivage ; l'opinion que la terre découverte est bien un continent.

Le 2 mai, le reste de la flotte reprit la route des Indes. La traversée de l'Atlantique ne se fit pas sans pertes ; lors d'une violente tempête, quatre bateaux sombrèrent corps et biens : ceux de Bartolomeu Dias, Aires Gomes da Silva, Simão de Pina et Pêro de Ataïde. Arrivé à Calicut, Pedro Álvares Cabral fut reçu par le *Samorim*, Aires Correia put créer sa factorerie ; mais des conflits avec les musulmans provoquèrent le massacre de soixante Portugais, dont le « facteur » et son secrétaire Pêro Vaz de Caminha. En représailles, Cabral fit bombarder Calicut, alla se fournir en épices à Cochin et à Cananor, avant de rentrer à Lisbonne après avoir perdu encore un bateau, le 23 juin 1501.

Au début de ce même mois, passant au large du Cap-Vert, il avait croisé la flottille de trois navires qui allait reconnaître le Brésil et en prendre définitivement possession au nom du roi Manuel Iᵉʳ.

L'arrivée de Cabral au Brésil, localisation des cérémonies religieuses

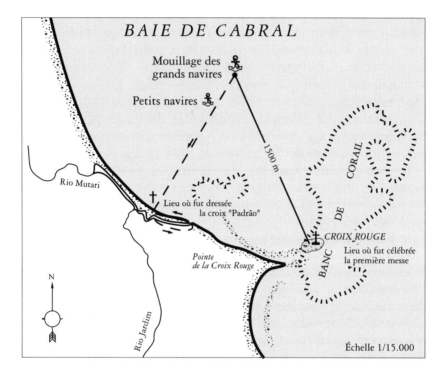

*

« Sire,

« Bien que le commandant en chef de votre flotte ainsi que
les autres capitaines écrivent à Votre Altesse pour lui annoncer la
découverte de cette nouvelle terre que, pour Vous, au cours de
notre traversée, nous venons de découvrir, je ne laisserai pas pour
ma part de vous en rendre compte du mieux que je pourrai, encore
que pour le bien conter et en parler je sois de tous le moins habile.
Que Votre Altesse cependant daigne considérer ma bonne volonté
plutôt que mon ignorance, et qu'elle soit assurée que loin d'exa-
gérer le beau ou le laid, je ne rapporterai ici que ce que j'ai vu
et qui m'est apparu. De la navigation et des cinglages, je ne dirai
rien à Votre Altesse, car je ne saurais le faire et c'est aux pilotes
de prendre ce soin ; voici donc, Sire, ce que j'ai à porter à votre
connaissance.

« Le départ de Belém, comme vous le savez, Sire, a eu lieu
le lundi 9 mars ; et le samedi 14 du même mois entre 8 heures
et 9 heures nous nous trouvâmes dans les îles Canaries, non loin
de la Grande Canarie, et nous restâmes tout ce jour-là encalmi-
nés en vue des îles à trois ou quatre lieues environ ; et le dimanche 22 du même mois, vers les dix heures, nous aperçûmes les
îles du Cap-Vert, c'est-à-dire l'île de Saint-Nicolas selon le pilote
Pêro Escolar. Et la nuit du lundi, quand parut l'aube, Vasco de
Ataïde avec sa nef avait perdu la flotte, sans gros temps ni vent
contraire qui pût expliquer la chose. Le commandant fit diligence
pour le retrouver, allant et venant de tous côtés, mais il ne reparut plus.

Mardi 21 avril

« De sorte que nous poursuivîmes notre route sur cette mer droit
vers le large, jusqu'au mardi de l'octave de Pâques, c'est-à-dire au
21 avril où nous rencontrâmes quelques indices d'une terre, alors
que selon les pilotes nous étions à 660 ou 670 lieues de l'île susdite. Il y avait en abondance de ces longues herbes que les gens

de mer appellent varech ainsi que d'autres qu'ils désignent sous le nom de queue-d'âne.

Mercredi 22 avril

« Le lendemain matin mercredi, nous rencontrâmes des oiseaux que l'on appelle pétrels brise-os, et ce jour-là à l'heure de vêpres nous aperçûmes la terre : d'abord un grand mont très élevé et arrondi au sud duquel se trouvaient d'autres montagnes plus basses, puis une plaine couverte de grandes forêts ; et le commandant donna à ce grand mont le nom de mont Pascal, et à la terre, le nom de Terre de la Vraie-Croix. Il fit lancer la sonde, on trouva 25 brasses, et au coucher du soleil, à 6 lieues environ de la terre, nous jetâmes l'ancre par 19 brasses de fond, mouillage franc. Nous demeurâmes sur place toute cette nuit-là.

Jeudi 23 avril

« Le jeudi matin, nous mîmes à la voile voguant droit vers la terre, les caravelles en avant, par 17, 16, 15, 14, 13, 12, 10 et 9 brasses jusqu'à une demi-lieue de la terre où nous jetâmes tous l'ancre au droit de l'embouchure d'un fleuve ; et il pouvait être 10 heures lorsque nous arrivâmes à ce mouillage, et de là nous aperçûmes des hommes allant et venant sur la grève, sept ou huit environ, selon ce que dirent les caravelles arrivées les premières.

« Alors on fit mettre à l'eau chaloupes et canots et aussitôt tous les capitaines des nefs rejoignirent la nôtre, celle du commandant, et ils y tinrent conseil ; et le commandant envoya à terre, dans la chaloupe, Nicolau Coelho afin de reconnaître ce fleuve, et dès que Coelho commença à s'en approcher, des hommes accoururent sur le rivage, par deux, par trois, de sorte que lorsque la chaloupe atteignit l'embouchure, il y avait dix-huit ou vingt hommes à peau cuivrée, tous entièrement nus, sans rien qui couvrît leurs parties honteuses ; ils avaient des arcs à la main ainsi que des flèches ; ils couraient tout droit sur la chaloupe et Nicolau Coelho leur fit signe de déposer leurs arcs, ce qu'ils firent ; mais pour l'heure il ne put ni parler ni se faire comprendre utilement à cause de la mer qui se brisait sur la côte ; il leur donna seulement une toque rouge, un bonnet de lin qu'il portait sur la tête et un chapeau noir ; et l'un d'eux lui donna une coiffure faite de longues plumes avec une petite calotte en plumes rouges et grises comme celles des perroquets, et un autre lui donna un grand collier de petites perles blanches qui semblent être de la nacre : je crois d'ailleurs que le commandant envoie ces objets à Votre Altesse ; là-dessus, Nicolau Coelho s'en revint aux nefs car il se faisait tard et il ne pouvait s'entendre mieux avec eux à cause du bruit de la mer.

« Cette nuit-là le vent, accompagné de grains, souffla si fort du sud-est qu'il fit chasser les nefs et surtout la capitane.

Vendredi 24 avril

« Et le vendredi matin, à huit heures à peu près, sur le conseil des pilotes, le commandant donna ordre de lever l'ancre et de mettre à la voile, et nous longeâmes la côte, les chaloupes et les canots amarrés en poupe, en direction du nord, pour tâcher de trouver quelque abri et un bon mouillage où demeurer le temps de faire de l'eau et du bois, non que cela nous fît déjà défaut, mais pour nous prémunir tant que nous y étions ; or quand nous mîmes à la voile il devait déjà y avoir sur le rivage, se tenant auprès du fleuve, environ soixante ou soixante-dix hommes qui s'étaient rassemblés là peu à peu. Nous restâmes au large mais le commandant donna ordre aux caravelles de serrer la côte, et, si elles trouvaient un havre sûr pour les nefs, d'amener les voiles.

Or comme nous étions non loin de la côte, à dix lieues environ de l'endroit d'où nous étions partis, lesdites caravelles découvrirent un récif formant un port excellent et très sûr, avec une large entrée ; elles y pénétrèrent et mirent en panne, les nefs les rejoignirent, et peu avant le coucher du soleil, à une lieue environ du récif, elles amenèrent les voiles et jetèrent l'ancre par 11 brasses de fond. Or Afonso Lopes notre pilote, se trouvant dans l'une des caravelles par ordre du commandant, en homme décidé et plein de ressources qu'il était, sauta aussitôt dans le canot pour sonder l'intérieur du port et y fit monter deux de ces hommes de l'endroit, jeunes et bien faits, qui étaient dans une pirogue ; l'un d'eux tenait

un arc et six ou sept flèches et sur le rivage il y en avait beaucoup avec leurs arcs et leurs flèches et ils n'en firent pas usage.
Le pilote les conduisit sur-le-champ, la nuit étant déjà tombée,
auprès du commandant où on les reçut avec grand plaisir et où
on leur fit fête.

« Voici comment ils sont : la peau cuivrée tirant sur le rouge,
de beaux visages, des nez beaux et bien faits. Ils sont nus sans
rien pour se couvrir ; ils ne se soucient nullement de cacher ou
de montrer leurs parties honteuses ; ils ont sur ce point la même
innocence que pour ce qui est de montrer leur visage. L'un comme
l'autre avaient la lèvre inférieure percée, avec chacun un orne-
ment blanc en os passé dedans, long comme la largeur d'une
main, gros comme un fuseau de coton, acéré au bout comme un
poinçon ; ils les introduisent par l'intérieur de la lèvre, et la partie
entre la lèvre et les dents est faite comme la base d'une tour
d'échecs ; ils les portent coincés là de telle sorte que cela ne leur
fait pas mal et ne les gêne ni pour parler, ni pour manger, ni
pour boire. Leur cheveux sont lisses et ils étaient coupés, mais
coupés courts plutôt que ras, et tondus jusqu'au-dessus des oreilles ; et l'un d'eux portait sous ses mèches d'une tempe à l'autre
par-derrière une sorte de perruque de plumes jaunes qui pouvait
avoir une coudée de long, très épaisse et très touffue, qui lui
couvrait la nuque et les oreilles : elle était collée aux cheveux
plume par plume avec une substance molle comme de la cire,
mais qui n'en était pas, de sorte que la perruque était bien ronde,
bien fournie et bien régulière et qu'un lavage n'était pas nécessaire pour la retirer.

« Le commandant lorsqu'ils arrivèrent était assis sur une chaise,
un tapis à ses pieds en guise d'estrade, richement vêtu, un très
long collier d'or autour du cou ; Sancho de Tovar, Simão de
Miranda, Nicolau Coelho, Aires Correa et nous autres qui sommes
sur la même nef, étions assis à terre, sur le tapis. On alluma des
torches, les deux hommes entrèrent sans ébaucher le moindre salut
ni faire mine de parler au commandant ou à quiconque ; mais l'un
d'eux aperçut le collier du commandant et commença à désigner
de la main la terre et puis le collier, semblant nous dire qu'il y
avait de l'or là-bas, et il vit aussi un chandelier d'argent et de même
il montrait la terre et ensuite le chandelier comme s'il y avait aussi

de l'argent. On leur montra un perroquet gris que le commandant a apporté, ils le saisirent aussitôt et désignèrent la terre, comme
pour indiquer qu'il y en avait là-bas. On leur montra un mouton,
ils n'en firent nul cas. On leur montra une poule, ils en avaient
presque peur et ne voulaient pas en approcher la main, puis ils
la prirent, manifestement stupéfaits. On leur donna à manger du
pain et du poisson cuit, des confiseries, des gâteaux aux épices,
du miel et des figues sèches, ils ne voulurent presque rien avaler
de tout cela, et s'ils goûtaient quelque chose, ils le jetaient aussitôt ; on leur apporta du vin dans une coupe, ils y trempèrent à
peine les lèvres, mais cela ne fut pas de leur goût et ils n'en voulurent plus ; on leur apporta de l'eau dans un hanap, ils en prirent chacun une gorgée et n'en burent pas ; ils se rincèrent seulement la bouche et la recrachèrent. L'un d'eux vit les grains blancs
d'un chapelet, il demanda par gestes qu'on le lui donnât, s'en
amusa fort, le mit à son cou et puis l'ôta et en entoura son bras :
et il désignait la terre et puis les perles et le collier du commandant, semblant dire qu'ils donneraient de l'or en échange. C'est
là ce que nous comprenions parce que c'était notre désir. Mais s'il
voulait dire qu'il aurait aimé emporter le chapelet et aussi le collier, nous ne voulions rien entendre car nous n'allions pas lui en
faire présent ; ensuite il rendit le chapelet à celui qui le lui avait
donné et voilà qu'ils s'allongèrent sur le dos à même le tapis sans
se soucier le moins du monde de cacher leurs parties honteuses,
lesquelles n'étaient pas circoncises et avaient leurs toisons soigneusement rasées. Le commandant donna l'ordre de leur mettre à chacun un coussin sous la tête, et celui qui avait la perruque prenait
grand soin de ne pas l'abîmer ; on jeta sur eux un manteau, ils
l'acceptèrent, restèrent couchés et s'endormirent.

Samedi 25 avril

« Le samedi matin, le commandant donna ordre de mettre à
la voile et nous nous dirigeâmes vers l'entrée du port qui était très
large et profonde de 6 à 7 brasses ; toutes les nefs y entrèrent et
s'ancrèrent par 5 à 6 brasses de fond ; le mouillage dans ce port
est si vaste, si beau et si sûr qu'il peut y tenir plus de deux cents
nefs et caravelles. Donc, dès que les nefs furent en place et à l'ancre,

tous les capitaines vinrent ici sur la nôtre et le commandant ordonna
à Nicolau Coelho et à Bartolomeu Dias d'aller à terre pour reconduire les deux hommes et les laisser aller avec leur arc et leurs flèches ; il leur fit donner à chacun une chemise neuve et un bonnet
rouge et deux chapelets à grains blancs en os qu'ils portaient au
bras, et à chacun des grelots et des clochettes ; il envoya avec eux
pour rester à terre un jeune proscrit, serviteur de dom João Telo,
du nom de Afonso Ribeiro, chargé de se mêler à eux et de connaître leur façon de vivre et leurs coutumes ; et moi, il m'ordonna
d'accompagner Nicolau Coelho.

« Nous partîmes donc sans délai vers le rivage. Aussitôt accoururent environ deux cents hommes tous nus, des arcs et des flèches à la main. Ceux que nous ramenions leur firent signe de s'éloigner et de déposer leurs arcs, ce qu'ils firent sans aller bien loin.
Dès qu'ils eurent déposé leurs arcs, ceux que nous ramenions mirent
pied à terre et le jeune proscrit avec eux ; à peine à terre, ils ne
s'arrêtèrent pas un instant et sans s'attendre l'un l'autre ce fut à
qui courrait le plus vite ; ils traversèrent un fleuve d'eau douce qui
coule en ce lieu, et dont l'eau leur montait au-dessus du genou ;
beaucoup d'autres firent de même, et courant ainsi de l'autre côté
du fleuve ils pénétrèrent dans des touffes de palmiers où se trouvaient d'autres hommes et s'arrêtèrent là ; cependant le proscrit partit avec un homme qui l'avait bien accueilli dès sa sortie de la chaloupe et qui le conduisit jusqu'aux autres ; après quoi ils le ramenèrent et en sa compagnie venaient ceux que nous avions recon-
duits, lesquels étaient à présent nus et sans bonnets. Alors beaucoup commencèrent à approcher, entrant dans la mer en direction
des chaloupes jusqu'à perdre pied ; ils apportaient des calebasses
d'eau, prenaient quelques-uns des barils que nous transportions,
les remplissaient d'eau et les rapportaient aux chaloupes sans y monter vraiment, mais quand ils en étaient tout proches, ils saisissaient
le bordage et nous prenions les barils et ils nous demandaient de
leur donner quelque chose. Nicolau Coelho avait avec lui des grelots et des anneaux de métal, et aux uns il donnait un grelot, aux
autres un anneau, de sorte qu'attirés par ces appâts, ils semblaient
prêts à nous en donner plus : ils nous offraient des arcs et des flèches en échange de chapeaux et de bonnets de lin, ou de quoi
que ce fût qu'on leur voulût donner. Alors les deux jeunes gens
de la veille s'en allèrent et nous ne les vîmes plus.

« Il y en avait beaucoup, sans doute la plupart, qui arboraient de ces pointes en os dans les lèvres, et quelques-uns qui n'en portaient pas avaient les lèvres percées et dans les trous ils avaient de petits bondons de bois qui ressemblaient à des bouchons d'outres ; certains portaient trois pointes, une au milieu de la lèvre, les deux autres aux extrémités ; il y en avait de colorés en mi-partie, c'est-à-dire la moitié du corps dans sa couleur naturelle, et la moitié teinte d'un noir bleuté, et d'autres divisés en damier. Il y avait avec eux trois ou quatre filles fort jeunes et fort gracieuses, leurs longs cheveux très noirs sur les épaules, et leurs parties honteuses si allongées, si bien fermées et si bien épilées que nous les regardions attentivement sans en éprouver la moindre honte.

« Pour l'heure il ne fut pas possible de parler davantage car leurs cris étaient si barbares qu'on ne comprenait ni n'entendait personne. Nous leur fîmes signe de s'en aller, ils partirent donc et traversèrent le fleuve ; trois ou quatre de nos hommes sortirent des chaloupes et remplirent je ne sais combien de barils d'eau que nous transportions, puis nous regagnâmes les nefs, et comme nous partions ainsi, ils nous firent signe de retourner, ce que nous fîmes ; ils renvoyèrent alors le proscrit, ne voulant pas qu'il restât avec eux.

« Celui-ci portait un petit bassin et deux ou trois bonnets rouges qu'il aurait dû offrir à leur seigneur s'ils en avaient un. Ils ne se soucièrent pas de lui prendre quoi que ce fût et le renvoyèrent avec tous ses présents ; alors Bartolomeu Dias le fit retourner pour leur donner ces objets, il obéit et les remit sous nos yeux à cet homme qui l'avait bien accueilli la première fois, puis il s'en revint et nous le ramenâmes.

« Celui qui l'avait bien reçu était déjà âgé et en manière d'élégance il était couvert de plumes collées sur son corps au point qu'il semblait criblé de flèches comme saint Sébastien ; d'autres portaient des bonnets de plumes jaunes, ou rouges, ou encore vertes. Une des filles était toute colorée des pieds à la tête de la teinture dont j'ai parlé ; elle était en vérité si bien faite et si potelée, et cette partie de son corps dont elle n'avait point honte avait tant de grâce, que bien des femmes de notre pays, lui voyant une telle tournure, auraient eu honte de n'avoir pas une féminité comme la sienne. Aucun des hommes n'était circoncis, mais tout pareils à nous. Là-dessus, nous regagnâmes les nefs et ils s'en furent.

« L'après-midi le commandant partit dans sa chaloupe avec nous

tous afin de se distraire dans la baie face au rivage, et les autres
capitaines dans leurs chaloupes firent de même, mais nul n'alla à
terre parce que le commandant ne le voulait pas, bien qu'il n'y
eût personne sur la grève. Il descendit seulement en notre compagnie sur un grand îlot de la baie, très dégagé à marée basse, mais
entouré d'eau de toutes parts, de sorte que nul ne peut l'atteindre qu'en bateau ou à la nage. Le commandant s'y reposa ainsi
que nous tous durant une bonne heure et demie ; des matelots
se mirent à pêcher en traînant un filet et prirent du petit poisson
en faible quantité. Et nous rejoignîmes les nefs alors que la nuit
était déjà bien avancée.

Dimanche 26 avril

« Le matin du dimanche de Quasimodo le commandant décida
d'aller entendre la messe et l'homélie sur cet îlot ; il ordonna donc
aux capitaines de se préparer à l'accompagner dans les chaloupes
et ainsi fut fait. Il fit tendre sur l'îlot un dais, et au-dessous monter un autel fort bien disposé ; c'est là qu'en présence de nous tous
il fit dire la messe par le moine Frei Henrique, lequel commença
à célébrer une messe chantée que reprirent sur le même ton les
autres moines et prêtres qui étaient tous présents. Cette messe à
ce qu'il me sembla fut entendue par tous avec grand plaisir et dévotion. Auprès du commandant se tenait la bannière de l'ordre du
Christ avec laquelle il avait quitté Belém et qui demeura tout le
temps dressée du côté de l'Évangile. Après la messe, le moine ôta
ses ornements, se jucha sur une haute chaise devant nous tous assis
sur le sable et prononça un sermon solennel et édifiant sur le récit
de l'Évangile ; à la fin, il traita de notre arrivée et de la découverte de cette terre, se référant au signe de la croix auquel nous
avions obéi en venant, ce qui était fort à propos et nous incita à
une grande dévotion.

« Pendant que nous assistions à la messe et à l'homélie il y avait
sur le rivage à peu près autant de gens que la veille, avec leurs
arcs et leurs flèches ; ils étaient là sans rien faire à nous regarder
et ils s'assirent ; une fois la messe achevée alors que nous étions
installés pour le sermon, beaucoup parmi eux se levèrent, sonnè-
rent de la corne ou de la trompe et commencèrent à sauter et à

danser un moment ; quelques-uns entraient dans des pirogues, deux ou trois qu'ils avaient là, et qui ne sont pas faites comme celles que j'ai déjà vues : ce sont seulement trois pièces de bois liées ensemble ; ils y montaient à quatre ou cinq ou tous ceux qui le voulaient, n'osant guère s'éloigner du rivage plus loin que là où ils avaient pied.

« Le sermon terminé, le commandant se dirigea suivi de tous les autres vers les chaloupes : notre bannière dressée, nous embarquâmes et partîmes tous vers la terre pour longer l'endroit où ces gens se trouvaient ; Bartolomeu Dias sur son canot allait en avant par ordre du commandant, tenant le mât d'une pirogue que la mer leur avait emportée, afin de le leur rendre, et nous tous étions à un jet de pierre en arrière ; dès qu'ils virent le canot de Bartolomeu Dias ils se jetèrent tous à l'eau, avançant tant qu'ils avaient pied ; on leur fit signe de déposer leurs arcs et leurs flèches, et beaucoup d'entre eux allaient aussitôt les poser à terre, d'autres n'en avaient cure ; il y en avait un qui parlait d'abondance, recommandant aux autres de s'éloigner, mais pour ma part il ne me sembla pas qu'il leur inspirât déférence ou crainte. Cet homme qui voulait les écarter portait son arc et ses flèches et il était peint d'une teinture rouge sur la poitrine, le dos, les hanches, les cuisses et les jambes jusqu'en bas, mais les flancs, le ventre et l'estomac avaient leur couleur naturelle ; et cette teinture rouge était telle que l'eau ne l'attaquait ni ne l'effaçait : au contraire il était plus rouge au sortir de l'eau.

Un homme descendit du canot de Bartolomeu Dias ; il allait au milieu d'eux sans que ces gens aient l'air de vouloir lui faire le moindre mal, au contraire, ils lui donnaient des calebasses d'eau et ils faisaient signe à ceux du canot de venir à terre ; là-dessus Bartolomeu Dias retourna vers le commandant, et nous regagnâmes les nefs pour manger, en sonnant de la trompette et de la cornemuse, sans les importuner plus longtemps ; eux revinrent s'asseoir sur la plage et pour lors demeurèrent ainsi.

« (Dans cet îlot où nous avions entendu la messe et l'homélie, l'eau est très étale et découvre une large bande de sable et de galets : pendant que nous y étions, quelques-uns allèrent chercher des coquillages et n'en trouvèrent pas, mais ils trouvèrent quelques grosses crevettes de forme ramassée, et parmi elles une si grande et si grosse que je n'en avais jamais vu de pareille ; ils trouvèrent aussi des restes de coques et de palourdes, mais ne découvrirent aucun animal entier.)

« Dès que nous eûmes mangé, tous les capitaines se rendirent aussitôt sur notre nef par ordre du commandant ; il les prit à part et moi avec eux, et nous demanda à tous s'il nous semblait bon de vous envoyer, Sire, la nouvelle de la découverte de cette terre par le bateau des vivres afin que Votre Altesse pût ordonner une reconnaissance plus complète et en savoir plus que ce que nous pouvions apprendre pour l'heure puisque nous devions poursuivre notre voyage ; sur tout ce qui fut dit à ce sujet, la conclusion de tous ou de la plupart fut que cela serait fort bon. Et dès que la décision fut prise, le commandant demanda encore s'il serait bon de s'emparer par force de deux de ces hommes pour les envoyer à Votre Altesse, en laissant ici en échange deux des proscrits qui étaient avec nous. L'on convint qu'il n'était pas nécessaire de s'emparer d'hommes par violence, car généralement ceux que l'on emmène ainsi de force quelque part déclarent qu'il y a chez eux tout ce qu'on leur demande ; on aurait donc une meilleure, une bien meilleure information si on laissait sur place deux de ces proscrits que si on emmenait des naturels car c'est un peuple que personne ne comprend, et ils n'apprendront pas de sitôt à parler assez bien pour conter ce que nos proscrits diront beaucoup mieux lorsque Votre Altesse en donnera l'ordre ; il fallait donc se garder de prendre quelqu'un de force et de faire du scandale, de manière à les apprivoiser tout à fait et à les rassurer ; il suffirait de laisser ici les deux proscrits au moment de notre départ ; comme c'était là ce qui semblait préférable à tous, c'est ce qui fut résolu.

« Le conseil terminé, le commandant nous dit d'aller à terre dans les chaloupes afin de bien voir comment était le petit fleuve et aussi pour nous distraire. Nous partîmes donc tous, armés, en emportant notre bannière. Les naturels étaient sur le rivage avant même que nous fussions arrivés à l'embouchure du fleuve vers lequel nous nous dirigions. Instruits par les fois précédentes, ils avaient tous déposé leurs arcs, et nous faisaient signe de descendre, et dès que la proue des chaloupes toucha terre, tous passèrent aussitôt de l'autre côté du fleuve, lequel n'est pas plus large qu'un jeu de palet ; dès que nous eûmes débarqué, quelques-uns des nôtres passèrent aussitôt le fleuve et les rejoignirent. Les uns attendaient et les autres s'éloignaient, mais de telle sorte qu'ils étaient tous mêlés. Les naturels donnaient quelques-uns de leurs arcs ainsi que des flèches en échange de chapeaux et de bonnets de lin ou de quoi que ce fût qu'on leur offrît. Il y en eut tant des nôtres à franchir le fleuve et à se mêler à eux qu'on ne les voyait plus, car ils s'éloignaient et remontaient au-delà des premiers pour en rejoindre d'autres : alors le commandant se fit porter par deux hommes, passa le fleuve et les fit tous retourner. Les gens qui se trouvaient là ne devaient pas être plus nombreux que les autres fois. Dès que le commandant eut rappelé tout le monde, quelques-uns d'entre eux vinrent à lui, non qu'ils reconnussent son autorité, car il me semble qu'ils ne comprennent pas cela et que l'idée ne leur en venait pas à l'esprit, mais parce que nos gens passaient de ce côté-ci du fleuve.

« Or ils parlaient et apportaient beaucoup d'arcs et de petites perles que j'ai déjà mentionnées et ils les troquaient contre n'importe quoi, de sorte qu'on rapporta sur les nefs force arcs, flèches et perles ; alors le commandant repassa le fleuve et beaucoup d'indigènes accoururent aussitôt sur les berges ; vous auriez vu là, Sire, des élégants peints en noir et en rouge, le corps et les jambes couverts de carrés bicolores, qui avaient vraiment belle allure. Il y avait aussi avec eux quatre ou cinq femmes, jeunes, nues également, qui n'étaient point laides ; l'une d'elles avait une cuisse du genou à la hanche y compris toute la fesse peinte de cette teinture noire, mais tout le reste du corps de sa couleur naturelle ; une autre avait l'arrondi des deux genoux peint de même, tout comme le dessus des pieds, et leurs parties honteuses étaient si nettes et si innocemment découvertes qu'il n'y avait nulle honte à cela. Une autre jeune femme était là aussi qui portait un enfant, garçon ou fille, entre ses bras, attaché contre sa poitrine dans une pièce de je ne sais quel tissu qui n'en laissait voir que les petites jambes. Mais les jambes et le corps de la mère n'étaient revêtus d'aucun tissu.

« Ensuite le commandant se dirigea vers l'amont du fleuve, dont tout le cours longe la grève, et là il attendit un vieillard qui tenait à la main une pagaie. L'homme parla tandis que le commandant était avec lui devant nous tous sans que nul ne le comprît jamais, et sans que lui-même comprît toutes les questions qu'on lui posait à propos de l'or, car nous désirions savoir s'il y en avait dans le pays. Ce vieillard avait la lèvre percée d'un trou si large qu'un gros pouce y serait entré, et il y portait enfoncée une pierre verte sans valeur qui le fermait extérieurement ; le commandant la lui fit ôter et lui, je ne sais quel diable de discours il tenait tandis qu'il la présentait au commandant comme pour la lui mettre dans la bouche. Nous restâmes un instant à rire du manège, alors le commandant en eut assez et quitta le vieillard ; l'un des nôtres lui donna un vieux chapeau en échange de la pierre, non qu'elle valût quelque chose, mais pour avoir un souvenir ; par la suite, elle fut remise au commandant, je crois, pour être envoyée avec les autres objets à Votre Altesse. Nous parcourûmes les lieux examinant cette rivière qui a une eau très abondante et très bonne ; tout au long des berges se trouvent de nombreux palmiers pas très hauts dont les cœurs sont excellents ; nous en cueillîmes et nous en mangeâmes beaucoup. Alors le commandant s'en retourna vers l'embouchure où nous avions débarqué ; sur l'autre rive beaucoup d'indigènes étaient en train de danser et de se divertir les uns en face des autres sans se prendre par la main et ils faisaient cela à merveille. Diogo Dias, l'ancien intendant de Sacavém, qui est un plaisant boute-en-train, traversa alors le fleuve, emmenant avec lui un de nos cornemuseux avec son instrument, et il se mit à danser avec eux en les prenant par la main et eux s'amusaient et riaient et le suivaient fort bien au son de la cornemuse.

Quand ils eurent dansé, il exécuta devant eux à même le sol force entrechats et un saut périlleux, ce dont ils s'étonnaient, riaient et s'amusaient fort ; et bien que ce faisant il les eût grandement rassurés et amadoués, ils s'effarouchaient bien vite comme encore sauvages et ils s'en furent vers l'amont. Alors le commandant traversa le fleuve avec nous tous et nous suivîmes le rivage tandis que les chaloupes en même temps longeaient la côte ; nous atteignîmes ainsi une grande lagune d'eau douce qui se trouve au bord de la grève car toute la partie de ce rivage qui domine la mer n'est qu'un marécage et les sources y sont nombreuses ; et lorsque nous eûmes traversé le fleuve, quelque sept ou huit indigènes allèrent se mêler aux matelots qui regagnaient les chaloupes et ils ramenèrent un requin que Bartolomeu Dias tua et leur donna, le lançant sur la plage. Bref, jusqu'alors, encore qu'ils se fussent quelque peu apprivoisés, tout à coup d'un instant à l'autre ils se sauvaient comme des moineaux devant un gluau ; on n'ose donc pas leur parler trop fort de peur qu'ils se sauvent et tout se passe à leur gré car nous voulons qu'ils soient bien apprivoisés. Le vieillard à qui le commandant avait parlé avait reçu de lui un bonnet rouge et malgré tous les propos échangés et le bonnet qu'on lui avait donné, il ne nous eut pas plutôt quittés qu'il se mit en devoir de passer le fleuve ; il se tint dès lors sur la réserve, et ne voulut plus rejoindre la rive où nous étions. Les deux autres que le commandant avait accueillis à son bord et à qui il avait donné ce qui a été dit, jamais plus ne se montrèrent ; j'en déduis qu'ils sont frustes et ignorants, c'est pourquoi ils sont aussi farouches. Mais néanmoins ils sont très soignés et très propres, en quoi il me semble plus encore qu'ils sont pareils aux oiseaux ou aux animaux sauvages à qui le grand air donne de plus belles plumes et un plus beau poil qu'aux animaux domestiques ; leurs corps sont en effet aussi nets, aussi forts et aussi beaux que possible, ce qui me fait supposer qu'ils n'ont ni maison ni logis où se retirer et que c'est l'air libre où ils vivent qui les rend ainsi. D'ailleurs jusqu'à présent nous n'avons encore vu aucune maison ni rien qui y ressemblât. Le commandant ordonna à ce proscrit, Afonso Ribeiro, de repartir avec eux, ce qu'il fit, et il demeura là-bas un bon moment mais le soir il revint car ils l'avaient fait partir sans vouloir l'admettre chez eux, après lui avoir donné des arcs et des flèches et sans rien accepter qui fût à lui. Au contraire il déclara que l'un d'eux lui ayant pris de petites perles jaunes qu'il portait et s'enfuyant avec, il s'en était plaint et les autres avaient aussitôt rattrapé le voleur à qui ils les avaient reprises pour les lui rendre, et alors ils l'avaient renvoyé. Il dit que là-bas parmi eux il n'avait vu que de petites cabanes faites de branchages et de grandes fougères comme il y en a entre Douro et Minho, et là-dessus, la nuit étant presque tombée, nous regagnâmes les nefs pour dormir.

Lundi 27 avril

« Le lundi après avoir mangé nous allâmes tous à terre faire de l'eau. Alors de nombreux indigènes apparurent, mais pas autant que les autres fois et ils avaient désormais des arcs en très petit nombre ; ils restèrent d'abord un peu éloignés de nous, ensuite peu à peu ils nous rejoignirent, et ils nous serraient dans leurs bras,

manifestant leur joie, mais certains se dérobaient aussitôt. Puis ils
échangeaient des arcs contre des feuilles de papier ou contre quelque vieux bonnet usé ou contre n'importe quoi ; et les choses se
passèrent de telle sorte que vingt ou trente des nôtres au moins partirent avec eux jusqu'à un endroit où beaucoup d'autres étaient en
compagnie de jeunes filles et de femmes, et ils en rapportèrent quantité d'arcs et de toques de plumes, des vertes et des jaunes, dont
le commandant doit, je crois, envoyer quelques exemplaires à Votre
Altesse ; et d'après ce que disaient les hommes qui y étaient allés,
les indigènes se réjouissaient de les voir. Ce jour-là nous les vîmes
de plus près et plus à notre aise car nous étions presque tous mêlés
les uns aux autres ; là quelques-uns d'entre eux étaient teints des
couleurs dont j'ai parlé, certains à la façon d'un écu écartelé, d'autres
par moitiés, d'autres étaient aussi bariolés que des tapisseries ; tous
avaient les lèvres percées, les uns y avaient passé un os, les autres
non. Certains tenaient des bogues vertes qui, à leur couleur, semblaient provenir de châtaigniers, sauf que celles-ci étaient bien plus
petites et qu'elles étaient pleines de petits grains rouges qui,
lorsqu'on les écrasait entre les doigts, donnaient une teinture très
rouge, celle dont ils étaient enduits, et plus ils se mouillaient plus
ils devenaient rouges. Tous sont rasés jusqu'au-dessus des oreilles,
sourcils et cils compris. Ils ont tous le front teint en noir d'une tempe
à l'autre comme s'ils portaient un ruban noir de deux doigts de
large. Le commandant ordonna au proscrit Afonso Ribeiro, à deux
autres proscrits et à Diogo Dias d'aller se mêler à eux, à Diogo Dias
à cause de son tempérament joyeux qui les réjouissait ; et il com-
manda aux proscrits de rester sur place cette nuit-là.

    « Tous s'en allèrent et se mêlèrent aux indigènes, et d'après ce
qu'ils contèrent ils marchèrent une bonne lieue et demie jusqu'à
un groupe de maisons au nombre de neuf ou dix, dont chacune,
disaient-ils, était aussi longue que notre nef capitane ; elles étaient
d'une bonne hauteur, en bois, les côtés en planches et la couver-
ture en paille, et toutes avaient une seule pièce, sans aucune divi-
sion ; il y avait à l'intérieur des rangées de pieux, et entre deux
pieux des filets attachés par les extrémités tout en haut ; c'est là
qu'ils dormaient et en dessous pour se chauffer ils allumaient leurs
feux ; chaque maison avait deux petites portes, une à chaque bout ;
les nôtres racontaient que dans chacune d'elles s'abritaient trente
ou quarante personnes, en entrant ils les y trouvaient et ces gens

leur offraient à manger de leur propre nourriture, c'est-à-dire beaucoup d'ignames et d'autres graines qui poussent là et qu'ils mangent ; et quand il se fit tard les indigènes les renvoyèrent tous aussitôt et ne voulurent pas qu'un seul restât en ce lieu, et même, selon ce que disaient les nôtres, ils voulaient les accompagner. Nos gens leur achetèrent en échange de grelots et autres menus objets de peu de valeur qu'ils possédaient des perroquets rouges très grands et très beaux, ainsi que deux verts très petits, des bonnets de plumes vertes et une étoffe de plumes multicolores comme un tissu fort beau, toutes choses que vous pourrez voir, Sire, car le commandant doit les envoyer à Votre Altesse, à ce qu'il a dit ; après quoi nos hommes revinrent, et nous regagnâmes les nefs.

Mardi 28 avril

« Le mardi après le repas nous allâmes à terre pour protéger ceux qui faisaient du bois et laver du linge. Il y avait sur le rivage quand nous abordâmes soixante ou soixante-dix hommes environ sans arcs et sans rien. Dès que nous arrivâmes ils vinrent à nous aussitôt sans se sauver. Et puis beaucoup d'autres accoururent, ils devaient bien être deux cents, tous sans arcs. Et ils se mêlèrent à nous tant et si bien que certains nous aidaient à charrier du bois et à le mettre dans les chaloupes, ils rivalisaient avec nos gens et y prenaient beaucoup de plaisir. Et tandis que nous faisions du bois, deux charpentiers fabriquaient une grande croix avec un tronc qu'on avait coupé hier à cet effet. De nombreux indigènes s'approchaient et demeuraient auprès des charpentiers et à mon avis ce n'était pas tant pour voir la croix que les outils de fer qui servaient à la fabriquer car ils ne possèdent aucun objet en fer et ils coupent leur bois et les troncs d'arbre avec des pierres taillées comme des coins, enfoncées dans un bâton entre deux éclisses, si bien attachées qu'elles sont très solides selon ce que disaient les hommes qui en ont vu hier chez eux. Leur familiarité avec nous était si grande désormais qu'ils nous gênaient presque dans ce que nous avions à faire. Le commandant ordonna à deux proscrits et à Diogo Dias d'aller jusqu'au village, et dans d'autres s'ils en entendaient parler, et de toute façon de ne pas revenir dormir sur les nefs même si on les renvoyait ; ils s'en furent donc.

« Tandis que nous étions dans cette forêt en train de couper du bois, des perroquets passaient dans les arbres, certains verts et d'autres gris, des grands et des petits, de sorte qu'il me semble qu'il doit y en avoir beaucoup dans cette contrée, mais moi je n'en vis guère plus de neuf ou dix peut-être ; comme autres oiseaux nous ne vîmes ce jour-là que quelques pigeons sauvages, et ils me parurent bien plus gros que ceux du Portugal ; quelques-uns dirent qu'ils avaient vu des tourterelles, pour moi je n'en vis point mais comme les arbres sont très nombreux et très grands et d'une infinité d'espèces, je ne doute pas qu'à l'intérieur des terres il y ait quantité d'oiseaux. La nuit approchant, nous regagnâmes les nefs avec notre bois.

« Je crois, Sire, que je ne vous ai pas encore rendu compte ici de la forme de leurs arcs et de leurs flèches. Les arcs sont noirs et longs et les longues flèches ont des pointes faites de roseaux taillés, comme vous le verrez sur celles que le commandant doit, je pense, envoyer à Votre Altesse.

Mercredi 29 avril

« Le mercredi nous n'allâmes pas à terre car le commandant passa toute la journée sur le bateau des vivres pour le décharger et faire répartir sur les nefs ce que chacune pouvait porter. Les indigènes accoururent sur le rivage en grand nombre comme nous le vîmes depuis les nefs ; ils étaient environ trois cents selon Sancho de Tovar qui se rendit là-bas. Diogo Dias et Afonso Ribeiro, le proscrit, à qui le commandant avait ordonné hier de dormir à terre quoi qu'il arrivât étaient revenus à la nuit tombée car les indigènes n'avaient pas voulu les laisser dormir sur place ; ils rapportèrent des perroquets verts et d'autres oiseaux noirs presque pareils à des pies sauf qu'ils avaient le bec blanc et la queue courte ; quand Sancho de Tovar regagna sa nef, certains voulaient venir avec lui mais il n'accepta que deux jeunes gens bien faits et qui se distinguaient des autres. Il ordonna ce soir-là de fort bien les soigner et les traiter, et ils mangèrent tous les aliments qu'on leur présenta ; il leur fit dresser un lit avec des draps selon ce qu'il raconta et ils dormirent tout à leur aise cette nuit-là, et il ne se passa donc ce jour rien d'autre qui vaille d'être écrit.

Jeudi 30 avril

« Le jeudi, dernier jour d'avril, nous prîmes notre repas très tôt le matin et nous partîmes à terre chercher encore du bois et de l'eau ; au moment où le commandant allait quitter notre nef, Sancho de Tovar arriva avec ses deux hôtes, et comme il n'avait pas encore mangé, on lui dressa une table, on lui apporta des mets et il mangea. Ses hôtes, on les installa chacun sur une chaise et tout ce qu'on leur donna ils le mangèrent fort bien, surtout du jambon cuit froid et du riz ; on ne leur offrit pas de vin parce que Sancho de Tovar dit qu'ils ne l'aimaient pas. Le repas terminé, nous embarquâmes tous dans la chaloupe et eux avec nous. Un mousse donna à l'un d'eux une grande défense de sanglier bien recourbée et dès qu'il la prit il se l'enfonça aussitôt dans la lèvre, mais comme elle ne voulait pas tenir, on lui donna un peu de cire rouge qu'il arrangea derrière sa parure pour l'empêcher de tomber, après quoi il se l'enfonça dans la lèvre, la pointe tournée vers le haut, et il était aussi content que s'il avait eu un joyau de grand prix. Dès que nous touchâmes terre il partit aussitôt avec sa défense et ne se montra plus.

Il y avait sur le rivage quand nous débarquâmes environ huit ou dix hommes, mais bientôt d'autres commencèrent à arriver et je crois qu'il en vint ce jour-là sur la grève de quatre cents à quatre cent cinquante. Quelques-uns portaient des arcs et des flèches qu'ils échangèrent tous contre des bonnets ou quoi que ce fût qu'on leur donnât. Ils mangeaient avec nous de ce que nous leur offrions, certains buvaient du vin mais d'autres ne pouvaient pas le boire, il me semble pourtant que si on les y habitue, ils en boiront de bon cœur. Ils étaient tous si bien faits, si bien tournés et si élégants avec leurs peintures qu'ils avaient belle allure. Ils charriaient tout le bois qu'ils pouvaient avec beaucoup de bonne volonté, ils le portaient sur les chaloupes et ils se montraient déjà moins farouches et plus rassurés au milieu de nous que nous au milieu d'eux. Le commandant accompagné de quelques-uns d'entre nous s'engagea assez loin à travers bois jusqu'à une grande rivière à l'eau très abondante qui, à notre avis, était la même que celle qui débouche sur le rivage où nous fîmes de l'eau. Nous restâmes couchés là un moment, buvant et nous reposant au bord de l'eau au milieu de ces arbres qui sont si nombreux, si grands, si touffus et d'une telle variété qu'on ne peut les compter ; il y a parmi eux force palmiers où nous cueillîmes beaucoup de cœurs excellents.

« Quand nous sortîmes de la chaloupe, le commandant dit qu'il serait bon d'aller d'abord à la croix (qui était appuyée contre un arbre tout près du fleuve car nous devions la dresser demain vendredi), de nous mettre tous à genoux et de la baiser afin que ces gens voient le respect que nous avions pour elle ; nous fîmes donc ainsi. Et ces dix ou douze qui étaient là firent signe aux autres de faire comme nous et tous allèrent aussitôt baiser la croix.

« Ils me paraissent gens d'une telle innocence que si on pouvait les comprendre et qu'ils nous comprissent, ils seraient bientôt chrétiens car ils n'ont pas de croyance et n'en connaissent aucune, à ce qu'il semble. Et par conséquent si les proscrits qui doivent demeurer ici apprennent bien leur langage et les comprennent, je ne doute pas que, selon les intentions de Votre Altesse, ils se fassent chrétiens et embrassent notre sainte foi : qu'il plaise à Notre-Seigneur de les y amener. Car il est certain que ces gens sont d'une bonté et d'une simplicité entière et tout sceau dont on voudra les marquer s'imprimera bien vite en eux ; et si Notre-Seigneur leur a donné de beaux corps et de beaux visages comme à des hommes accomplis, et s'il nous a conduits ici, je crois que ce n'était pas sans raison ; c'est pourquoi, puisque Votre Altesse a un tel désir de répandre la sainte foi catholique, elle doit s'occuper de leur salut et s'il plaît à Dieu, cela se fera sans trop de peine. Ils ne cultivent pas le sol et n'élèvent pas de bêtes, et il n'y a ici ni bœuf ni vache ni chèvre ni brebis ni poule ni autre animal qui ait l'habitude de vivre auprès des hommes, et ils ne mangent que de ces ignames qui sont ici en quantité et de ces graines et de ces fruits que la terre et les arbres produisent d'eux-mêmes ; et grâce à cela ils sont si parfaits, si forts et si bien en chair, que nous ne le sommes pas autant, avec tout le blé et les légumes que nous mangeons.

« Tant qu'ils furent avec nous ce jour-là, au son d'un tambourin, ils ne cessèrent de sauter et danser avec les nôtres. Ils sont ainsi beaucoup plus nos amis que nous les leurs. Si on leur demandait par gestes s'ils voulaient venir sur les nefs, ils s'y montraient prêts sur-le-champ, à tel point que si on avait voulu les inviter tous, ils seraient tous venus. Mais nous ne fîmes monter à bord cette nuit-là que quatre ou cinq hommes : le commandant en prit deux, Simão de Miranda un qui d'ores et déjà lui servait de page, et

Aires Gomes un autre également comme page. Parmi ceux que le commandant emmena, l'un avait fait partie des hôtes qu'on avait conduits chez lui le premier soir où nous étions arrivés ; il vint ici aujourd'hui vêtu de sa chemise, et accompagné d'un de ses frères ; l'un et l'autre ce soir-là furent entourés de soins pour le manger comme pour le dormir, on garnit leur lit de matelas et de draps pour mieux les amadouer.

Vendredi 1ᵉʳ mai

« Et aujourd'hui vendredi 1ᵉʳ mai de bon matin nous gagnâmes le rivage avec notre bannière ; nous allâmes débarquer vers le sud, en amont du fleuve, à l'endroit où, nous semblait-il, la croix que nous allions planter serait le plus visible, et c'est le commandant qui indiqua où creuser pour la planter ; et tandis que quelques-uns restaient à faire le trou, lui-même et tous les autres, nous allâmes chercher la croix en aval du fleuve où elle se trouvait. Nous la rapportâmes, les religieux et les prêtres en tête, chantant comme lors d'une procession. Il y avait déjà quelques indigènes, soixante-dix ou quatre-vingts environ, et lorsqu'ils nous virent venir de la sorte, certains allèrent se glisser sous la croix pour nous aider. Nous traversâmes le fleuve en longeant le rivage et nous allâmes la placer à l'endroit où elle allait s'élever, qui doit se trouver à environ deux portées d'arbalète du fleuve. Comme nous étions ainsi occupés, au moins cent cinquante hommes ou plus arrivèrent. Lorsque la croix fut plantée, avec les armes et la devise de Votre Altesse clouées dessus, on dressa un autel tout contre elle. C'est là que le moine Frei Henrique dit la messe, laquelle fut chantée et célébrée par les religieux dont j'ai parlé. Quelque cinquante ou soixante indigènes y assistèrent en notre compagnie, tous à genoux comme nous, et au moment de l'Évangile, lorsque nous nous mîmes tous debout les bras levés, ils se dressèrent avec nous et élevèrent les mains, demeurant ainsi jusqu'au bout ; alors ils se rassirent comme nous ; et au moment de l'élévation, quand nous nous mîmes à genoux, ils prirent la même posture que nous, les mains levées et si recueillis que j'assure Votre Altesse que cela nous remplit de dévotion. Ils demeurèrent ainsi avec nous jusqu'à ce que la communion fût terminée ; après la communion, les religieux et les prêtres communièrent, ainsi que le commandant et quelques-uns d'entre nous. Certains indigènes, comme le soleil était déjà haut pendant que nous recevions la communion, se levèrent alors que d'autres restèrent sans bouger. L'un d'eux, un homme de cinquante à cinquante-cinq ans, demeura avec ces derniers. Cet homme, tandis que nous étions ainsi occupés, rassembla ceux qui étaient là et il en appelait même d'autres. Passant au milieu d'eux en parlant, il désigna du doigt l'autel et puis leva le doigt vers le ciel comme s'il leur disait quelque chose d'édifiant : nous le comprîmes ainsi. La messe terminée, le célébrant ôta sa chasuble et son étole et vêtu seulement de l'aube il monta, auprès de l'autel, sur une chaise ; là il prêcha, nous parlant de l'Évangile et des apôtres dont c'est la fête aujourd'hui, évoquant à la fin du sermon les desseins qui sont les vôtres, si saints et si vertueux que cela nous incita plus encore à la dévotion. Ces hommes qui étaient restés pendant tout le sermon se tenaient comme nous, regardant le prêtre. Et celui dont j'ai parlé en appelait d'autres pour les faire approcher. Quelques-uns venaient et certains s'en allaient : après le sermon, comme Nicolau Coelho avait de nombreux crucifix en étain qui lui étaient restés de l'autre voyage, on jugea bon de leur en mettre un à chacun autour du cou. Pour ce faire, le moine Frei Henrique s'assit au pied de la croix et il leur passait à chacun à tour de rôle un crucifix au cou, attaché à un cordon, après le leur avoir fait baiser et leur avoir fait lever les mains. Beaucoup venaient le recevoir et on les leur distribua tous, c'est-à-dire environ quarante ou cinquante.

« Cela fait, il était bien déjà une heure après-midi ; nous retournâmes aux nefs pour manger, et le commandant emmena avec lui l'homme qui avait fait aux autres des gestes désignant l'autel et le ciel, ainsi que l'un de ses frères ; il lui fit grand honneur et lui donna une chemise mauresque, et à l'autre une chemise ordinaire. Et à ce qu'il nous sembla, à mes compagnons et à moi-même, il ne manque rien d'autre à ces gens pour être tout à fait chrétiens que de nous comprendre. Car ils imitaient tout ce qu'ils nous voyaient faire, ce qui nous fit penser à tous qu'ils n'idolâtrent ni n'adorent quoi que ce soit. Et je suis persuadé, Sire, que si vous envoyez ici quelqu'un qui demeure plus longuement parmi eux, ils seront tous façonnés selon les désirs de Votre Altesse. C'est pourquoi si quelqu'un doit venir, qu'il ne manque pas d'amener un prêtre pour les baptiser car à ce moment-là ils auront déjà une plus grande connaissance de notre foi grâce aux deux proscrits qui restent ici avec eux, lesquels aujourd'hui ont communié aussi tous les deux. Parmi tous ceux qui se présentèrent aujourd'hui il ne vint qu'une jeune femme qui assista à toute la messe ; on lui donna une étoffe pour se couvrir et on la lui mit autour du corps ; mais quand elle s'asseyait, elle ne songeait guère à la tirer pour se couvrir. Vraiment, Sire, l'innocence de ces gens est telle que celle d'Adam ne pouvait être plus grande pour ce qui est de la pudeur. Que Votre Altesse juge donc si les êtres qui vivent dans une telle innocence, pour peu qu'on leur enseigne ce qui convient à leur salut, se convertiront ou non. Cela dit, nous allâmes donc baiser la croix devant eux, nous prîmes congé et nous revînmes manger.

« Je crois, Sire, qu'avec ces deux proscrits qui demeurent ici vont rester aussi deux mousses qui cette nuit ont quitté notre nef avec le canot pour fuir à terre. Ils ne sont pas revenus et nous croyons qu'ils resteront car au matin, s'il plaît à Dieu, nous prendrons le départ.

« Cette terre, Sire, de l'extrémité la plus au sud que nous avons vue jusqu'à l'autre extrémité vers le nord que nous pûmes voir depuis ce port semble être si vaste qu'à mon avis il y a bien 20 ou 25 lieues de côte. Elle présente le long de la mer en quelques endroits de grandes lignes, les unes rouges et les autres blanches, et la terre au-dessus est toute plate et couverte de grandes forêts. D'un bout à l'autre ce n'est qu'une grève plane comme la paume de la main et très belle. À l'intérieur, depuis la mer, elle nous a semblé très grande, car à perte de vue nous ne pouvions apercevoir que terre et forêts et le pays nous paraissait fort étendu. Jusqu'à présent nous n'avons pu savoir s'il y a de l'or ou de l'argent ni aucun objet de métal ou de fer, et nous n'en avons pas vu. Mais la terre elle-même jouit d'un air excellent, aussi frais et tempéré que celui d'entre Douro et Minho, car en la présente saison, nous le trouvions pareil à celui de cette province ; il y a de l'eau en abondance, à profusion. Et cette terre est si plaisante que si l'on veut en tirer profit tout pourra y être cultivé grâce à la quantité d'eau qu'elle possède. Mais le meilleur fruit que l'on puisse en tirer, à mon avis, ce sera de faire le salut de ces gens et telle doit être la première graine que Votre Altesse doit semer. Et quand bien même il n'y aurait ici que cette possibilité d'étape pour la traversée vers Calicut, cela serait suffisant : à plus forte raison si l'on peut y accomplir et y réaliser ce que Votre Altesse désire tant, à savoir la propagation de notre sainte foi.

« Et voilà comment, Sire, je rends compte à Votre Altesse de ce que j'ai vu dans cette contrée qui est vôtre, et si j'ai été un peu long, veuillez me pardonner. Car le désir que j'avais de ne rien omettre m'a fait donner ainsi tous ces détails. Et puisqu'il est certain que dans la charge qui m'est confiée de même qu'en toute autre chose qui puisse relever de votre service, je serai toujours le très fidèle serviteur de Votre Altesse, je vous prie, Sire, de m'accorder la grâce insigne de faire revenir de l'île de São Tomé, Jorge Osório mon gendre ; je recevrai cela comme une immense faveur. Je baise la main de Votre Altesse.

« À Porto Seguro, en votre île de la Vraie-Croix, aujourd'hui vendredi 1er mai 1500. »

Pêro Vaz de Caminha

Présentation et traduction de Jacqueline Penjon et Anne-Marie Quint

Le troisième monde austral

Jean-Paul Duviols

Pendant les découvertes, la Terra incognita *se réduit comme une peau de chagrin. C'est le continent austral, plus tard l'Antarctique, qui va recueillir tout l'imaginaire que la réalité bat en brèche. Et nourrir jusqu'au XIXe siècle la fantaisie des cartographes et des voyageurs.*

Terre inconnue, ignorée, espérée, la terre australe (ou continent austral) est restée longtemps une terre de rêves. Sa résistance à la connaissance humaine est mise en évidence par le tracé fantaisiste ou approximatif de sa représentation sur les cartes géographiques, ces graphismes intermédiaires entre l'abstraction géométrique et la projection imagée des impossibles aventures. Précieux guides scientifiques jalousement protégés, témoins des progrès de la connaissance du globe terrestre, les cartes reflètent aussi les hypothèses, les extrapolations, voire même les utopies... Il y a toujours un contour, vague certes, pour délimiter les terres inconnues.

Malgré les découvertes des Portugais et malgré l'universel traumatisme de la découverte du Nouveau Monde, la géographie de la Renaissance, qui disposait de l'extraordinaire moyen de diffusion de l'imprimerie, est demeurée une science en grande partie conjecturale et incertaine. Au XVe siècle, le « continent austral » était en marge, en attente d'exploration. Il était pressenti depuis l'Antiquité, comme l'avaient été — à tort ou à raison — les îles merveilleuses d'Ogigia (dans l'*Odyssée),* les îles Fortunées, l'île de Saint-Brandan, l'île Brésil, l'île des Sept-Cités et autres lieux lointains et paradisiaques.

Inaccessibles à cause d'un océan hostile et de conditions climatiques insupportables, les régions polaires ont toujours rempli les conditions requises pour la formation et pour le développement des légendes. Hérodote supposait qu'il existait des êtres humains au pôle Nord (les Hyperboréens) et aussi au pôle Sud : « S'il y a des *Hyperboréens,* il doit y avoir aussi des *Hypernotes.* » Au IIe siècle avant J.-C., d'après le grammairien Cratès de Mallos, la masse continentale de l'*Antichthone* apparaissait comme indispensable pour faire contrepoids aux terres septentrionales appelées *Œcumène.* Cette *Terra Australis* imaginée pour empêcher le globe terrestre de basculer figure déjà dans le disquaire de Pomponius Mela. Mela mentionne les *Antichthones* qui peuplent la zone tempérée du Sud et invoque l'hypothèse d'une terre méridionale pour expliquer les crues du Nil. Cette présence probable de l'*Antichthone,* défendue au Moyen Âge par Albert le Grand, apportait une réponse satisfaisante à une exigence de symétrie et d'harmonie, mais elle heurtait l'esprit théologique de l'époque dont la référence obligatoire était la Bible où il n'était question que de l'« Ancien Monde ».

Les Portugais, qui furent les grands découvreurs du XVe siècle, ne semblent pas s'être préoccupés du continent austral d'un point de vue spéculatif. Pour eux, l'existence de terres dans les régions méridionales du globe était une éventualité que l'expérience confirmerait ou infirmerait. Ils observaient plus qu'ils ne rêvaient. En effet, les expéditions portugaises du XVe siècle démontrèrent l'inanité des préjugés qui s'opposaient à l'exploration de l'hémisphère austral : préjugé sur l'impossibilité de naviguer sur l'Atlantique au-delà des Canaries et préjugé sur la zone torride considérée comme inhabitable (sur une mappemonde de la Bibliothèque vaticane datée de 1448, signée du bénédictin André Walsperger, on trouve encore les légendes : *Mare oceanum innavigabile ; mare oceanum meridionale inabitabile).* Or, Bartolomeu Dias ouvrait le chemin de l'Inde par l'Atlantique, Pêro de Covilhã partait d'Aden sur un navire arabe et atteignait les ports de l'Inde occidentale, puis Madagascar. Enfin Vasco de Gama devait relier les deux découvertes et trouver le passage méridional qui conduisait à l'Inde. On pouvait donc naviguer vers le sud et les voyageurs portugais apportèrent aussi la preuve que les territoires étaient fertiles, verdoyants et habités. La lecture des chroniques de João de Barros *(Da Asia)* et de Gomes Eanes de Zurara *(Crónica do descobrimento e conquista da Guiné)* est à

Cosmographie de Sébastien Münster, Bâle, 1550.

cet égard éclairante. En 1443, à la baie d'Arguin, les Portugais firent des prisonniers et ramenèrent à Lisbonne des esclaves nègres. Diogo Gomes, explorateur des côtes de Guinée, pouvait écrire :

> « Sans doute le très illustre Ptolémée nous a transmis beaucoup de bons enseignements sur la géographie, mais là où il supposait une région équinoxiale inhabitable par l'excès de chaleur, les navigateurs portugais ont trouvé une région extrêmement peuplée, riche en arbres et en productions végétales. »

Mais cette rigueur scientifique n'était pas universelle. Les cartographes européens étaient divisés. Certains s'en tenaient aux préjugés (Andrea Bianco, 1436 ; G. Leardo, 1448 ; planisphère Borgia, 1452), d'autres se préoccupaient des découvertes de leur temps. Ainsi Jean Germain, évêque de Châlons, mentionnait dans sa mappemonde spirituelle (1449) les populations noires d'Afrique récemment révélées par les Portugais. Les Portugais de ce temps étaient des marins et non des théoriciens. Ils avaient découvert l'*Antichthone* africaine. La carte de Cantino — acquise à Lisbonne pour le compte du duc de Ferrare en 1502 — montre qu'à la fin du XVe siècle les Portugais estimaient qu'une distance énorme séparait les Indes occidentales récemment découvertes par Colomb des Indes orientales et des îles aux Épices (Moluques) qu'ils atteignirent en 1511 (Francisco Serrão). On ne voit sur ce document aucune représentation de ce qui est inconnu. Après la découverte de la Terre de Feu par Magellan, l'hypothèse d'un continent austral réapparaît. La carte de Jean Rozt (1542) montre une ébauche de péninsule dans le prolongement de la Terre de Feu et un véritable continent au sud de Java. Cette carte, établie en France ainsi que d'autres connues sous le nom de cartes de Dieppe, dessinées entre 1530 et 1566, provenaient sans doute d'originaux portugais perdus lors du tremblement de terre de Lisbonne. À la fin de la première moitié du XVIe siècle, on peut raisonnablement supposer que les Portugais connaissaient les côtes australiennes mais qu'ils en ont jalousement caché l'existence à leurs rivaux espagnols.

Au cours du XVIe siècle, le continent austral s'étale démesurément. Les « cosmographes » français, qui n'ont guère navigué, baptisent la *Terra Australis* du nom plus pittoresque de *Grande Jave*.

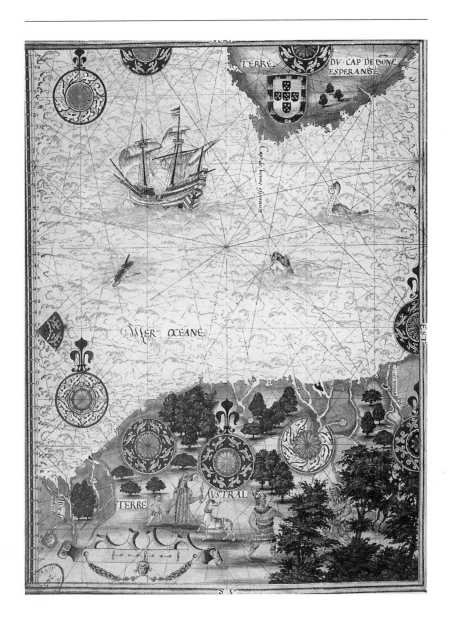

Cosmographie universelle, Guillaume Le Testu, 1556, Archives du ministère des armées, Paris.

Elle prend beaucoup de place dans le somptueux portulan de Guillaume Le Testu (1555) qui est un bel exemple de cette hésitation entre la géographie positive et la géographie fantaisiste. Le capitaine Jean Alfonse de Saintonge, malgré un ton d'autorité, reste dans le vague traditionnel de l'*Antichthone* :

> « La Grande Jave est une terre qui va jusque dessous le pôle antarctique, et en Occident tient à la terre australe et du côté de l'Orient à la terre du détroit de Magellan. Aucuns disent que ce sont îles mais si celle que l'on appelle Jave minor est une île, la Grande Jave est terre ferme. »

Guillaume Postel, quant à lui, va jusqu'à parler d'une cinquième partie du monde, mais il faut lire La Popelinière et André Thevet pour voir comment s'élabore, en toute bonne foi, une image mythique. Dans son curieux ouvrage de littérature géographique *(Les Trois Mondes),* La Popelinière disserte sur les terres australes, s'inspirant des voyages de Francis Drake, des récits du pilote portugais Bartolomeu Velho et du cosmographe d'origine italienne Andrea d'Albaigne :

> « C'est une terre tirant au sud, à trente degrés de l'équateur, de beaucoup plus étendue que toute l'Amérique. Vu la situation et l'étendue de ce troisième monde, il est impossible qu'il n'y ait des choses merveilleuses en plaisirs, richesses et autres commodités de la vie. »

Pour Thevet, ce troisième monde ou *Grande Jave* est une nouvelle terre promise, un paradis terrestre enfin localisé. Le cordelier, incorrigible affabulateur, confond de toute évidence le continent austral avec les îles de l'Océanie. Il attribue aux Javiens ou Hypernotes des caractères et des mœurs qui semblent être une synthèse des brèves notes rapportées par les voyageurs sur les habitants des Moluques :

> « La plus grande partie du peuple y est idolâtre. [...] Cette île est estimée la plus grasse et fertile de tout l'univers, en laquelle croît force poivre, cannelle, gingembre et casse. Le paysage y est beau. [...] Les Javiens sont petits de stature, ayant le corps gros, le visage large, allant la plupart d'entre eux tout nus. [...] Toutes ces deux îles (Jave la petite et Gatigara) sont situées vers le dernier confin du monde. »

Cependant, les découvertes géographiques progressaient. À la fois poussés par les intérêts économiques et bercés par des rêves fantastiques, les Espagnols étaient excités par la légende des îles Salomon qui auraient été visitées par l'Inca Tupac Yupanqui. Alvaro de Mendana et Pedro Sarmiento de Gamboa revinrent déçus car ils ne trouvèrent « ni épices, ni or, ni aucune source de profit, et les indigènes étaient tous des sauvages qui vivaient tout nus ». L'esprit théologique dominant avait, en effet, assimilé les îles Salomon aux fabuleuses Terres d'Ophir dont il est parlé dans la Bible et qui sont décrites comme un Éden caché abondant en or, en pierres précieuses, en arbres aux essences rares et, bien sûr, en épices.

En 1595, Mendana fut donc chargé par le roi Philippe II d'aller coloniser les îles Salomon. Le Portugais Pedro Fernandes de Quiros, chef pilote de la flotte, fonda la colonie australe de Espirito Santo (aux Nouvelles-Hébrides), prenant possession de toutes les îles qu'il avait vues ou verrait « jusqu'au pôle sud ». Les Portugais continuaient leurs découvertes mais le mythe n'était pas entamé. La carte d'Ortelius (1570) devait rester jusqu'à la fin du siècle la référence « incontournable ». Elle sera recopiée par La Popelinière et Belleforest. La partie méridionale du globe y apparaît envahie par une gigantesque masse continentale appelée *Terra australis nondum cognita*.

En 1577, le premier circumnavigateur anglais Francis Drake pénétra dans le détroit de Magellan, puis fut poussé par des vents vers le sud-ouest, ce qui lui permit de vérifier que la Terre de Feu n'était pas le début d'un continent mais bien une île. Il est curieux de constater que les géographes ignorèrent volontairement ce renseignement de première main et persistèrent dans la représentation mythique de la Terre australe s'étendant de la Terre de Feu à la Nouvelle-Guinée.

De leur côté, les navigateurs hollandais, à l'instigation de la Compagnie des Indes orientales, firent considérablement avancer les découvertes dans les mers du Sud. Cependant, avec la carte de Plancius (1594), la représentation australe (Magellanica et Terra Australis) n'a jamais été aussi optimiste.

Il faudra attendre le XVIIe siècle pour que l'utopie géographique s'estompe progressivement (carte de Pelsaert, 1664). Mais les découvertes se succèdent (Linschoten, Le Maire, Tasman, Dampier) et l'Europe du XVIIIe siècle tourne ses regards vers l'hémisphère sud où Des Brosses voit trois régions à découvrir : Magellanica, Australasia et Polynesia. L'Anglais John Callander, dans son ouvrage *Terra*

Australis Incognita pense que ces découvertes reviennent à son pays :

> « Ces vastes pays de Terra Australis, jusqu'à présent inviolés, nous ouvrent des perspectives dignes de notre attention à tous égards. »

Et de fait, le premier découvreur de l'Antarctique fut le capitaine Cook (1770). La connaissance géographique de l'Australie, de la Polynésie et de l'Antarctique allait dès lors modifier le « rêve austral » sans pour autant le faire disparaître. Cet autre monde continue à représenter un territoire accueillant pour toutes les spéculations et pour toutes les fantaisies.

Monde de l'utopie, il inspira d'abord un Anglais, et ce dès le début du XVIIIᵉ siècle. Sous le nom de Guillaume Knight parut en 1607 un ouvrage *(Mundus alter et idem sive terra australis semper incognita)* où son véritable auteur, évêque d'Exeter, stigmatise diverses nations. Cette œuvre inspira probablement les *Voyages de Gulliver* de Jonathan Swift. Il y eut aussi un *Viaggi di Enrico Watton alle terre incognite delle scimie* (1756).

À peine entrevue, d'accès difficile, la terre australe était un lieu idéal pour le voyage initiatique et imaginaire. Il n'est donc pas surprenant que le « mont inaccessible » de la *Découverte australe* de Restif de la Bretonne soit un sommet vierge où tout semble possible. Il a le charme des antipodes. La même région sert de cadre au voyage fantastique de Jacques Sadeur. Mais la Terre australe lui apparaît merveilleusement plate et égale :

> « Ce qui surprend dans la Terre australe, c'est qu'on n'y voit pas une seule montagne, les Australiens les ayant toutes aplanies. Il faut ajouter à ce prodige l'uniformité admirable des langages, des coutumes, des bâtiments et des autres choses qui se rencontrent en ce grand pays. [...] C'est une terre qui renferme des délices qui ne se rencontrent point en aucune autre part et qui exempte de toutes les incommodités qui se trouvent partout ailleurs » Gabriel de Foigny, *Les Aventures de Jacques Sadeur dans la découverte et le voyage de la Terre australe*, 1705).

Dans cette géographie de l'étrange s'est développée une société idéale que les Européens sont invités à imiter. Les Hypernotes de l'Antiquité s'y appellent Mégapatagons (Restif), Sévarambes (Vairasse d'Allais, *Histoire des Sévarambes, peuples qui habitent une partie du troisième continent, communément appelé la Terre aus-*

trale... 1726), ou tout simplement Australiens. Ils ont tous un point commun : ils sont heureux.

> « Tous les Australiens ont les deux sexes. [...] Ils s'aiment tous d'un amour cordial et ils n'aiment personne l'une plus que l'autre. Ils ne savent pas ce que c'est que le mien et le tien, et tout est commun entre eux, avec une bonne foi et un désintéressement qui me charmaient d'autant plus que je n'avais rien vu de semblable en Europe. » *(Aventures de Jacques Sadeur...)*

Îles mythiques, terres inconnues, paradis à trouver, les mythes de l'Antiquité ont longtemps résisté aux découvertes. L'Atlantide a momentanément disparu avec la révélation du Nouveau Monde, mais en fait, la terre des merveilles s'est déplacée vers le sud. L'Antichthone a imposé sa masse équilibrante jusqu'au XVIIᵉ siècle, puis il a offert ses horizons infinis et lointains aux utopies australes. Dans la longue histoire de ce rêve géographique, il est à signaler que les navigateurs portugais ont eu une attitude un peu « terre à terre » peut-être, en tout cas plus scientifique que celle de leurs rivaux européens. L'observation directe l'a emporté sur les spéculations mythiques et les utopies littéraires.

Générateur de mythes et d'utopies, il est à souhaiter que le continent austral — bien connu de nos jours — reste éloigné des entreprises humaines autres que le rêve et l'écriture.

Jean-Paul Duviols

4. Conquérir

L'ouverture de la route des Indes par Vasco de Gama posa aux Portugais d'autres problèmes qu'en Afrique ou dans le Nouveau Monde. Se retrouvant face à des peuples souvent hautement civilisés, ils durent combattre pour imposer leur puissance maritime et commerciale. Leur supériorité de feu allait leur offrir la richesse des épices pendant presque un siècle, mais ils ne purent par la suite prolonger durablement leur monopole devant la concurrence des autres nations européennes.

Grandeur et décadence de l'Inde portugaise

Guillaume-Thomas Raynal

Au siècle des Lumières un ouvrage de l'abbé Raynal « Histoire philosophique et politique des établissements et du commerce des Européens dans les Deux-Indes » fait pour la première fois l'histoire et le procès du colonialisme européen. Nous présentons ici les passages qui retracent la conquête de l'Orient par les Portugais.

Le XVIIIe siècle publia deux histoires synthétiques des découvertes portugaises : l'*Histoire des découvertes & conquêtes des Portugais dans le Nouveau Monde* (Paris, 1733) de Joseph François Lafitau, fidèlement écrite d'après la somme des récits et des histoires précédemment publiés, et une œuvre d'un caractère tout différent : l'*Histoire philosophique et politique des établissements et du commerce des Européens dans les Deux-Indes* de l'abbé Guillaume-Thomas Raynal, à laquelle collabora Diderot. Le livre fut mis à l'index en 1774 et interdit en 1779, mais son succès ne décrut pas jusqu'au milieu du XIXe siècle ; Napoléon en fit même à un certain moment son livre de chevet.

Dans cet ouvrage, publié la première fois en 1770 à Amsterdam, l'histoire des découvertes portugaises et leurs conséquences tiennent une large place. On y découvre une fresque exceptionnelle de l'histoire de l'expansion européenne, c'est-à-dire un passionnant fourre-tout où l'on trouve de véritables reportages, des anecdotes, une histoire naturelle détaillée des épices, des digressions morales et philosophiques, des considérations économiques, géographiques et ethnographiques, etc. Raynal n'a jamais voyagé : l'*Histoire philosophique* est une gigantesque œuvre de compilation et de pillage, mais le travail de réécriture est surprenant. Et surtout c'est le propos qui est nouveau : il témoigne de l'état d'esprit du siècle des Lumières et développe une méditation sur l'humanité et le droit des peuples qui aboutit à la condamnation de l'esclavage et du colonialisme. Ce dernier est souvent analysé de manière comparative, et on peut lire par exemple cette réflexion — qui connaîtra un certain bonheur — sur l'attitude des Européens envers les indigènes : « L'Espagnol en fait les compagnons de son indolence ; les Portugais, les instruments de leurs débauches ; les Hollandais, les victimes de leur avarice. Aux yeux de l'Anglais, ce sont des êtres purement physiques, qu'il ne faut pas user ou détruire sans nécessité », et si les Français leur accordent quelque moralité, ce n'est que pour mieux profiter de ces malheureux qui semblent alors oublier « qu'un maître impatient de faire fortune, outre presque toujours la mesure de leurs travaux et les laisse manquer souvent de subsistances ».

Raynal a pour la première fois dans ce genre d'ouvrage, l'esprit et l'éclectisme nécessaires pour faire de ce livre une des premières histoires modernes. La diversité de ses sources est étonnante. En plus de ses lectures, il n'hésite pas à solliciter des témoignages inédits, par exemple auprès des grandes compagnies maritimes avec lesquelles il s'est lié, et si l'exactitude historique n'est pas toujours son fort, le brio de la compréhension générale des événements est à chaque fois remarquable, comme en témoignent les pages présentées ici, qui retracent la conquête de l'Orient par les Portugais.

La ville de Goa à la fin du XVIᵉ siècle, in : Voyages *de Jean Huygen de Linschoten, Amsterdam, 1638.*

Suez

L'Égypte était malheureuse, & par le commerce que faisaient les Portugais, & par celui que leurs violences l'empêchaient de faire.

On l'aurait pu rétablir dans son premier état avec une flotte ; mais la mer Rouge n'offrait rien de ce qu'il fallait pour la construire. Les Vénitiens levèrent cet obstacle. Ils envoyèrent à Alexandrie des bois, & d'autres matériaux. On les conduisit par le Nil au Caire, d'où ils furent portés sur des chameaux à Suez. C'est de ce port célèbre qu'on fit partir pour l'Inde en 1508 quatre grands vaisseaux, un galion, deux galères & trois galiotes.

Les Portugais avaient prévu cet orage. Pour le prévenir, ils avaient songé dès l'année précédente à se rendre maîtres de la navigation de la mer Rouge, bien assurés qu'avec cet avantage ils n'auraient plus à craindre ni la concurrence, ni les forces de l'Égypte & de l'Arabie. Dans cette vue, ils avaient formé le dessein de s'emparer de l'île de Socotora, fort connue dans l'Antiquité sous le nom de Dioscoride, pour l'abondance & la perfection de son aloès. Elle est située dans le golfe de la mer Rouge, à cent quatre-vingts lieues du détroit de Babelmandel formé du côté de l'Afrique par le cap de Guardafui, & du côté de l'Arabie par celui de Fartaque.

Tristan d'Acunha, parti du Portugal avec un armement considérable, attaqua cette île. Il fut combattu à sa descente par Ibrahim, fils du roi des Fartaques, souverain d'une partie de l'Arabie & de Socotora. Ce jeune prince fut tué dans l'action. Les Portugais assiégèrent, & bientôt emportèrent d'assaut la seule place qui était dans l'île. Elle fut défendue jusqu'à la dernière extrémité par une garnison plus nombreuse que la petite armée portugaise. Les soldats de cette garnison ne voulurent point survivre au fils de leur souverain, refusèrent de capituler, & se firent tuer jusqu'au dernier. L'intrépidité des troupes de d'Acunha était encore au-dessus de ce courage.

Le succès de cette entreprise ne produisit pas les avantages qu'on en espérait. Il se trouva que l'île était stérile, qu'elle n'avait point de port, & que les navigateurs qui sortaient de la mer Rouge ne la reconnaissaient jamais, quoiqu'elle dût être nécessairement reconnue par ceux qui voulaient y entrer. Aussi la flotte égyptienne pénétra-t-elle sans danger dans l'océan Indien. Elle se joignit à celle de Cambaie. Ces deux forces réunies combattirent avec avantage

les Portugais affaiblis par le trop grand nombre de vaisseaux chargés de marchandises qu'ils avaient expédiés pour l'Europe. Le triomphe fut court. Les vaincus reçurent des renforts & reprirent la supériorité pour ne la plus perdre. Les armements qui continuèrent à
partir d'Égypte furent toujours battus & dissipés par les petites esca-
dres portugaises qui croisaient à l'entrée du golfe.

La mer Rouge qui doit son nom aux coraux, aux madrépores,
aux plantes marines qui tapissent presque partout son fond, & qui
lui donnent en apparence cette couleur, a d'un côté l'Arabie, de
l'autre la haute Éthiopie & l'Égypte. On lui donne six cent quatre-
vingts lieues depuis l'île de Socotora jusqu'à l'isthme fameux qui
joint l'Afrique à l'Asie. Comme elle est fort longue, très étroite,
& qu'elle ne reçoit aucun fleuve dont la force puisse s'opposer à
celle du flux, elle participe d'une manière plus sensible aux mouvements de l'océan, que les autres mers méditerranées situées à peu
près sous la même latitude. Elle est peu sujette aux orages, & ne
connaît presque point d'autres vents que ceux du nord & du sud,
qui sont périodiques comme la mousson dans l'Inde, & qui fixent
invariablement le temps de l'entrée & de la sortie. On peut la partager en trois bandes. Celle du milieu est nette, navigable jour &
nuit sur une profondeur de vingt-cinq à soixante brasses d'eau. Les
deux qui bordent les côtes, quoique pleines d'écueils, sont préfé-
rées par les gens du pays qui, obligés de se tenir au voisinage des
terres à cause de la petitesse de leurs bâtiments, ne gagnent le grand
canal que lorsqu'ils craignent quelque coup de vent. L'attention
qu'ont leurs pilotes de mouiller ordinairement avant le coucher du
soleil, rend les accidents fort rares. La difficulté, pour ne pas dire
l'impossibilité d'aborder les ports répandus sur la côte fait que cette
navigation est très périlleuse pour les grands vaisseaux qui ne trouvent d'ailleurs sur leur route qu'un nombre considérable d'îles désertes, arides & sans eau.

Albuquerque malgré ses talents, son expérience & sa fermeté,
ne réussit pas à surmonter tant d'obstacles. Après s'être enfoncé
bien avant dans la mer Rouge, il fut obligé de revenir sur ses pas
avec la flotte, qui avait souffert de continuelles incommodités et
couru de fort grands dangers. Une politique inquiète & cruelle lui
fit imaginer depuis des moyens pour arriver à ses fins, qui lui paraissaient plus sûrs. Il voulait que l'empereur d'Éthiopie qui briguait
la protection du Portugal, détournât le cours du Nil en lui ouvrant

un passage pour se jeter dans la mer Rouge. L'Égypte serait alors
devenue en grande partie inhabitable, peu propre du moins au commerce. Lui-même il se proposait de jeter dans l'Arabie par le golfe
Persique trois ou quatre cents chevaux qu'il croyait suffisants pour
aller piller Médine et La Mecque. Il pensait qu'une expédition de
cet éclat remplirait de terreur les mahométans, & arrêterait ce prodigieux concours de pèlerins, le plus solide appui du commerce dont
il cherchait à extirper les racines.

Des entreprises plus sûres, qui paraissaient pour le moment plus
importantes, le portèrent à différer la ruine d'une puissance dont
il suffisait d'arrêter alors la rivalité. La conquête de l'Égypte par
les Turcs quelques années après, rendit nécessaires de plus grandes
précautions. Les hommes privilégiés à qui il fut donné de saisir la
chaîne des événements qui avaient précédé & suivi le passage du
cap de Bonne-Espérance, de porter des conjectures profondes sur
ceux que la découverte de ce chemin prévenait, ne purent s'empêcher de le regarder comme la grande époque de l'histoire du monde.

L'Europe commençait à peine à respirer & à secouer le joug
de la servitude qui avait avili ses habitants depuis les conquêtes
des Romains & l'établissement des lois féodales. Les tyrans sans nombre qui opprimaient des multitudes d'esclaves avaient été ruinés
par le délire des croisades. [...]

Sans la découverte de Vasco de Gama, le flambeau de la liberté
s'éteignait de nouveau, & peut-être pour toujours. Les Turcs allaient
remplacer ces nations féroces, qui des extrémités de la terre étaient
venues remplacer les Romains, pour en opprimer la surface ; & à
nos barbares institutions aurait succédé un joug plus pesant encore.
Cet événement était inévitable, si les farouches vainqueurs de
l'Égypte n'eussent été repoussés par les Portugais dans les différentes expéditions qu'ils tentèrent dans l'Inde. [...]

Sous le joug d'une religion qui consacre la tyrannie, en fondant le trône sur l'autel, qui semble imposer silence à l'ambition
en permettant la volupté, qui favorise la paresse naturelle en interdisant les opérations de l'esprit, il n'y a point d'espérance pour
les grandes révolutions. Aussi les Turcs qui égorgent si souvent leur
maître n'ont-ils jamais pensé à changer leur gouvernement. Cette
idée est au-dessus de leurs âmes énervées & corrompues. C'en était
donc fait de la liberté du monde entier, elle était perdue, si le
peuple le plus superstitieux, & peut-être le plus esclave de la chré-

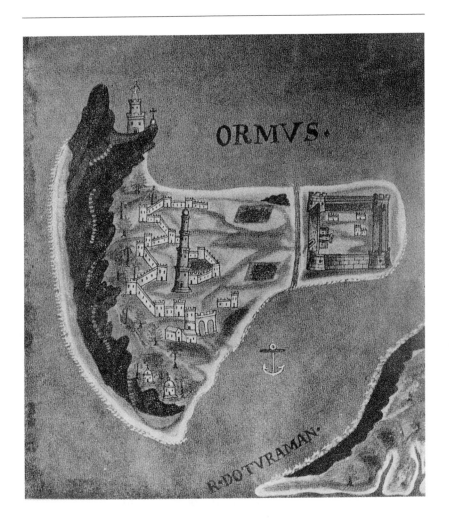

Ormuz selon Pedro Barreto de Resende, in : Livro do estado da India oriental, *1646.*

tienté, n'eût arrêté les progrès du fanatisme des musulmans, & brisé
le cours impétueux de leurs conquêtes, en leur coupant le nerf des
richesses. Albuquerque fit plus. Après avoir pris des mesures effi-
caces pour qu'aucun vaisseau ne pût passer de la mer d'Arabie dans
les mers des Indes, il chercha à se donner l'empire du golfe
Persique.

Ormuz

Au débouché du détroit de Mollandour, qui conduit dans ce
bras de mer, est située l'île de Gerun. C'est sur ce rocher stérile
qu'un conquérant arabe bâtit dans le onzième siècle la ville
d'Ormuz, devenue avec le temps la capitale d'un royaume qui d'un
côté s'étendait assez avant dans l'Arabie, & de l'autre dans la Perse.
Ormuz avait deux bons ports : il était grand, peuplé, fortifié. Il
ne devait ses richesses & sa puissance qu'à sa situation : il servait
d'entrepôt au commerce de la Perse avec les Indes ; & avant les
découvertes des Portugais, le commerce de Perse était plus grand
qu'il ne l'a été depuis, parce que les Persans faisaient passer les
marchandises de l'Inde en Europe par les ports de Syrie ou par
Caffa. Dans les saisons qui permettaient l'arrivée des marchands
étrangers, Ormuz était la ville la plus brillante & la plus agréable
de l'Orient. On y voyait des hommes de presque toutes les parties
de la terre faire un échange de leurs denrées, & traiter leurs affaires avec une politesse & des égards peu connus dans les autres places
de commerce.

Ce ton était donné par les marchands du port, qui communi-
quaient aux étrangers une partie de leur affabilité. Leurs manières, le bon ordre qu'ils entretenaient dans leur ville, les commodi-
tés, les plaisirs de toute espèce qu'ils y rassemblaient : tout concou-
rait avec les intérêts du commerce à y attirer les négociants. Le pavé
des rues était couvert de nattes très propres, & en quelques endroits
de tapis. Des toiles qui s'avançaient du haut des maisons rendaient
les ardeurs du soleil supportables : on voyait des cabinets des Indes
ornés de vases dorés ou de porcelaine, dans lesquels étaient des
arbrisseaux & des herbes de senteur. On trouvait dans les places
des chameaux chargés d'eau. On prodiguait les vins de Perse, ainsi
que les parfums & les aliments les plus exquis. On entendait la

meilleure musique de l'Orient. Ormuz était rempli de belles filles de différentes contrées de l'Asie, instruites dès l'enfance dans tous les arts qui varient & augmentent la volupté. On y goûtait enfin toutes les délices que peuvent attirer & réunir l'abord des richesses, un commerce immense, un luxe ingénieux, un peuple poli & des femmes galantes.

À son arrivée dans les Indes, Albuquerque commença par ravager les côtes, par piller les villes indépendantes d'Ormuz. Ces dévastations qui sont plus d'un brigand que d'un conquérant n'étaient pas en général de son goût ; mais il se les permettait dans l'espérance d'engager à se présenter d'elle-même au joug une puissance qu'il n'était pas en état de réduire par la force. Lorsqu'il crut avoir inspiré une terreur convenable à ses desseins, il se présenta devant la capitale, dont il somma le roi de se rendre tributaire du Portugal, comme il l'était de la Perse. Cette proposition fut reçue ainsi qu'elle devait l'être. Une flotte composée de vaisseaux ormuziens, arabes & persans, vint combattre l'escadre d'Albuquerque, qui détruisit toutes ces forces avec cinq navires. L'Indien découragé consentit que le vainqueur construisît une citadelle qui devait également dominer la ville & ses deux ports.

Albuquerque qui connaissait le prix du temps ne perdit pas un moment pour hâter cette construction. Il travaillait comme le dernier des siens. Cette activité n'empêcha pas qu'on ne remarquât le peu de monde qu'il avait. Atar qui, par des révolutions communes en Orient, était parvenu de l'esclavage au ministère rougit d'avoir sacrifié l'État à une poignée d'étrangers. Plus habile à manier les ressorts de la politique que ceux de la guerre, il résolut de réparer par des artifices le mal qu'il avait fait par sa lâcheté. Il sut gagner, corrompre, désunir & brouiller si bien les Portugais entre eux & avec leur chef, qu'ils furent cent fois sur le point d'en venir aux mains. Cette animosité qui fit un grand éclat, & qui augmentait toujours, les détermina à se rembarquer au moment qu'on les avertit qu'il y avait un complot pour les égorger. Albuquerque qui s'affermissait dans ses idées par les contretemps & par les murmures, prit le parti d'affamer la place & de fermer le passage à tous les secours. Sa proie ne pouvait lui échapper, lorsque trois de ses capitaines l'abandonnèrent honteusement avec leurs vaisseaux. Pour justifier leur désertion, ils ajoutaient à la noirceur de leur infidélité celle de charger leur général des plus atroces calomnies.

Cette trahison força Albuquerque à renvoyer l'exécution de son projet au temps, qu'il savait n'être pas éloigné, où il aurait à sa disposition toutes les forces de la nation. Dès qu'il fut devenu vice-roi, il reparut devant Ormuz avec un appareil auquel une cour corrompue, un peuple amolli, ne se crurent pas en état de résister. On se soumit. Le souverain de Perse envoya demander un tribut au vainqueur. Albuquerque fit apporter devant les ambassadeurs des boulets, des grenades et des sabres. « Voilà, leur dit-il, la monnoye des tributs que paye le Roi du Portugal. »

Après cette expédition, la puissance portugaise se trouva assez solidement établie dans les golfes d'Arabie & de Perse, sur la côte de Malabar pour qu'on pût songer à l'étendre dans l'orient de l'Asie.

Malacca

Le pays dont cette ville était la capitale est une langue de terre fort étroite qui peut avoir cent lieues de long. Il ne tient au continent que par la côte du nord, où il confine à l'État de Siam, ou plutôt du royaume de Johor, qui en a été démembré. Tout le reste est baigné par la mer, qui le sépare de l'île de Sumatra par un canal connu sous le nom du détroit de Malacca.

La nature avait pourvu au bonheur des Malais, un climat doux, sain & rafraîchi par les vents & les eaux sous le ciel de la zone torride : une terre prodigue de fruits délicieux, qui pourraient suffire à l'homme sauvage, ouverte à la culture de toutes les productions nécessaires à la société : des bois d'une verdure éternelle, des fleurs qui naissent à côté des fleurs mourantes : un air parfumé des odeurs vives & suaves qui, s'exhalant de tous les végétaux d'une terre aromatique, allument le feu de la volupté dans les êtres qui respirent la vie. La nature avait tout fait pour les Malais, mais la société avait tout fait contre eux.

Le gouvernement le plus dur avait formé le peuple le plus atroce dans le plus heureux pays du monde. Les lois féodales nées parmi les rochers & les chênes du nord avaient poussé des racines jusque sous l'équateur, au milieu des forêts & des campagnes amoureuses, où tout invitait à jouir en paix d'une vie qui ne devait s'abréger & se perdre que dans les délices propres à la transmettre. C'est là qu'un peuple esclave obéissait à un tyran sous l'anarchie de plusieurs. Le despotisme d'un sultan semblait s'être appesanti sur la multitude, en se divisant entre les mains des grands vassaux.

Cet état de guerre & d'oppression avait mis la férocité dans tous les cœurs. Les bienfaits de la terre & du ciel versés à Malacca n'y avaient fait que des ingrats & des malheureux. Des maîtres vendaient leur service, c'est-à-dire celui de leurs esclaves, à qui pouvait l'acheter. Ils arrachaient leurs serfs à l'agriculture, pour les mener à un brigandage sur mer & sur terre qui leur convenait mieux que le travail. Ce peuple avait conquis un archipel immense célèbre dans tout l'orient sous le nom d'îles malaises. Il avait porté dans ses nombreuses colonies ses lois, ses mœurs, ses usages, & ce qu'il y avait de singulier, la langue la plus douce de toute l'Asie.

Cependant Malacca était devenu par sa situation le plus considérable marché de l'Inde. Son port était toujours rempli de vaisseaux. Les uns y arrivaient du Japon, de Chine, des Philippines, des Moluques, des côtes orientales moins éloignées. Les autres s'y rendaient de Bengale, de Coromandel, de Malabar, de Perse, d'Arabie & d'Afrique. Tous ces navigateurs y traitaient entre eux & avec les habitants dans la plus grande sécurité. L'attrait des Malais pour le brigandage avait cédé à un intérêt plus sûr que les succès toujours vagues, toujours douteux de la piraterie.

Les Portugais voulurent prendre part à ce commerce de toute l'Asie. Ils se montrèrent d'abord à Malacca comme simples négociants. Leurs usurpations dans l'Inde avaient rendu leur pavillon si suspect, & les Arabes leurs ennemis se donnèrent tant de mouvements pour les rendre odieux, qu'on s'occupa du soin de les détruire. On leur tendit des pièges où ils tombèrent. Plusieurs d'entr'eux furent massacrés, d'autres mis aux fers : ceux qui purent échapper regagnèrent les vaisseaux qui se sauvèrent au Malabar.

Albuquerque n'avait pas attendu cette violence pour songer à s'emparer de Malacca. On peut penser cependant qu'elle lui fut agréable, parce qu'elle donnait à son entreprise un air de justice propre à diminuer la haine qu'elle devait naturellement attirer au nom portugais. Le temps aurait affaibli une impression qu'il croyait lui être avantageuse, & il ne différa pas d'un instant sa vengeance. Cette activité avait été prévue, & il trouva en arrivant devant la place, au commencement de 1511, des dispositions faites pour le recevoir.

Un obstacle, plus grand que cet appareil formidable, enchaîna pendant quelques jours la valeur du général chrétien. Son ami Araújo était au nombre des prisonniers de la première expédition. On menaçait de le faire périr au moment où commencerait le siège. Albuquerque était sensible, & il était arrêté par le danger de son ami, lorsqu'il reçut ce billet : « Ne pensez qu'à la gloire & à l'avantage du Portugal ; si je ne puis être un instrument de votre victoire, que je ne sois pas au moins un obstacle. » La place fut attaquée & prise après bien des combats douteux, sanglants & opiniâtres. On y trouva une artillerie nombreuse, des trésors immenses, de grands magasins, tout ce qui pouvait rendre la vie délicieuse, & il y fut construit une citadelle pour garantir la stabilité de la conquête.

Tandis que les lieutenants d'Albuquerque enrichissaient leur patrie des productions uniques des îles Moluques, ce général achevait de soumettre le Malabar, qui avait voulu profiter de son absence pour recouvrer quelque liberté. Tranquille après ses nouveaux succès dans le centre de ses conquêtes, il réprima la licence des Portugais, il rétablit l'ordre dans toutes les colonies ; il affermit la discipline militaire, & parut toujours actif, prévoyant, sage, juste, désintéressé, humain. L'idée de ses vertus avait fait une impression si profonde sur l'esprit des Indiens que, long-temps après sa mort, ils allaient à son tombeau pour lui demander justice des vexations de ses successeurs. Il mourut à Goa en 1515, sans richesses, & dans la disgrâce d'Emmanuel [Manuel Ier] auquel on l'avait rendu suspect.

Si l'on doit être étonné du nombre de ses victoires & de la rapidité de ses conquêtes, quel droit n'ont pas à notre admiration les hommes intrépides auxquels il avait l'honneur de commander ? Avait-on vu jusqu'alors une nation avec aussi peu de puissance faire de si grandes choses ? Il n'y avait pas quarante mille Portugais sous les armes, & ils faisaient trembler l'Empire du Maroc, tous les barbares d'Afrique, les mameluks, célèbre milice du Soudan d'Égypte, les Arabes & tout l'Orient, depuis l'île d'Ormuz jusqu'à la Chine. Ils n'étaient pas un contre cent, & ils attaquaient des troupes qui souvent avec des armes égales disputaient leurs biens & leur vie jusqu'à l'extrémité. Quels hommes devaient donc bien être alors les Portugais, & quels ressorts extraordinaires en avaient fait un peuple de héros ?

Il y avait près d'un siècle qu'ils combattaient contre les Maures, lorsque le comte Henri de la maison de Bourgogne débarqua en Portugal avec plusieurs chevaliers français, dans le dessein d'aller faire la guerre en Castille sous le célèbre Cid dont la réputation les avait attirés. Les Portugais les invitèrent à les seconder contre les infidèles, les chevaliers y consentirent, & la plupart même s'établirent en Portugal. L'institution de la chevalerie, une de celles qui ont le plus élevé la nature humaine ; cet amour de la gloire substitué à celle de la patrie ; cet esprit épuré de la lie des siècles barbares, né des vices mêmes du gouvernement féodal, pour en réparer ou tempérer les maux : la chevalerie reparut alors sur les bords du Tage avec tout l'éclat qu'elle avait eu dans sa naissance en France & en Angleterre. Les rois cherchèrent à la conserver, à l'étendre par l'établissement de plusieurs ordres formés sur le modèle des anciens, & dont l'esprit était le même, c'est-à-dire, un mélange d'héroïsme, de galanterie & de dévotion.

Les rois élevaient encore l'esprit de la nation par la sorte d'égalité avec laquelle ils traitaient la noblesse, & par les limites qu'ils donnèrent eux-mêmes à leur autorité. Ils assemblaient souvent les états généraux. Ce fut d'eux qu'Alphonse reçut le sceptre après la prise de Lisbonne. Ce fut avec eux que ses successeurs donnèrent longtemps des lois. Plusieurs de ces lois étaient propres à inspirer l'amour des grandes choses. La noblesse était accordée à des services de distinction, à celui qui avait tué ou pris un général ennemi, ou son écuyer ; à celui qui, prisonnier chez les Maures, avait refusé de racheter sa liberté par le sacrifice de sa religion. On l'ôtait à quiconque insultait une femme, rendait un faux témoignage, manquait de fidélité, ou déguisait la vérité au roi.

Les guerres que les Portugais avaient soutenues pour défendre leurs biens & leur liberté, étaient en même temps des guerres de religion. Ils étaient remplis de ce fanatisme féroce, mais brillant, que les papes avaient répandu dans le temps des croisades. Les Portugais étaient donc des chevaliers armés pour leurs biens, leurs femmes, leurs enfants & leurs rois, chevaliers comme eux. C'étaient des croisés qui combattaient pour leur patrie. Ajoutez encore qu'ils étaient une petite nation, une puissance faible, & ce n'est que dans les petits États souvent en danger qu'on sent pour la patrie un enthousiasme que n'ont jamais connu les grands peuples qui jouissent de plus de sécurité. [...]

Dès qu'il fut question de tenter des conquêtes en Afrique &
dans l'Inde, une passion nouvelle s'unit à tous les ressorts dont
nous venons de parler, pour ajouter encore de la force au génie
des Portugais. Cette passion qui devait d'abord exalter toutes les
autres, mais anéantir bientôt leur principe généreux, fut la cupidité. Ils partirent en foule pour aller s'enrichir, servir l'État et faire
des conversions. Ils parurent dans l'Inde plus que des hommes
jusqu'à la mort d'Albuquerque. Alors les richesses qui étaient l'objet
& le fruit de leurs conquêtes corrompirent tout. Les passions nobles
disparurent avec le luxe & les jouissances, qui ne manquent jamais
d'énerver les forces du corps & les vertus de l'âme. La faiblesse
des successeurs du grand Emmanuel, les hommes médiocres qu'il
choisit lui-même pour vice-rois des Indes, firent dégénérer peu-à-
peu les Portugais.

Leur cupidité devait être satisfaite, ainsi que leur ambition. Ils
étaient les maîtres des côtes de Guinée, de la Perse, & des deux
presqu'îles de l'Inde. Ils régnaient aux Moluques, à Ceylan, dans
les îles de la Sonde, & leur établissement à Macao leur assurait le
commerce de la Chine & du Japon. Les Romains dans leur plus
grande prospérité n'avaient pas eu un empire beaucoup plus étendu.
Au milieu de tant de gloire, de trésors & de conquêtes, les Portugais n'avaient pas négligé cette partie de l'Afrique située entre le
cap de Bonne-Espérance & la mer Rouge, qui avait été renommée
dans tous les temps par la richesse de ses productions. Plusieurs
raisons les avaient portés à s'en occuper. Les Arabes s'y étaient établis
& fort multipliés depuis plusieurs siècles. Ils y avaient formé sur
la côte de Zanzibar plusieurs petites souverainetés indépendantes
dont quelques-unes avaient de l'éclat, presque toutes de l'aisance.
Ces établissements devaient leur prospérité aux mines qui étaient
dans les terres. Elles fournissaient l'or & l'argent qui servaient à
l'achat des marchandises de l'Inde. Dans leurs principes, les Portugais devaient chercher à s'emparer de ces richesses & à les ôter
à leurs concurrents. Ces marchands arabes furent aisément subju-
gués vers l'an 1508. Sur leurs ruines s'éleva un empire, qui s'étendait depuis Sofala jusqu'à Mélinde, & auquel on donna pour centre l'île de Mozambique. Elle n'est séparée du continent que par
un petit canal, & n'a pas deux lieues de tour. Son port qui est
excellent, & auquel il ne manque qu'un air plus pur, devint un
lieu de relâche & un entrepôt pour tous les vaisseaux du vainqueur.

C'est là qu'ils attendaient ces vents réglés, qui dans certains temps de l'année soufflent régulièrement des côtes de l'Afrique à celles de l'Inde, comme dans d'autres temps des vents opposés soufflent des côtes de l'Inde à celles de l'Afrique.

Tant d'avantages pouvaient former une masse de puissance inébranlable ; mais les vices & l'ineptie de quelques commandants, l'abus des richesses, celui de la puissance, l'ivresse des succès, l'éloignement de leur patrie avaient changé les Portugais. Le fanatisme de la religion qui avait donné plus de force & d'activité à leur courage ne leur donnait plus que de l'atrocité. Ils ne se faisaient aucun scrupule de piller, de tromper, d'asservir des idolâtres. Ils pensaient que le pape, en donnant aux rois de Portugal les royaumes d'Asie, n'avait pas refusé à leurs sujets les biens des particuliers. Tyrans des mers de l'Orient, ils y rançonnaient les vaisseaux de toutes les nations. Ils ravageaient les côtes, ils insultaient les princes, & ils devinrent dans peu l'horreur & le fléau des peuples.

Le roi de Tidor fut enlevé dans son palais, & massacré avec ses enfants qu'il avait confiés aux Portugais.

À Ceylan, les peuples ne cultivaient plus la terre que pour leurs nouveaux maîtres qui les traitaient avec barbarie.

Ils avaient établi l'inquisition à Goa, & quiconque était riche devenait la proie des ministres de cet infâme tribunal.

Faria envoyé contre des corsaires malais, chinois & autres, alla piller les tombeaux des empereurs de la Chine dans l'île de Calampui.

Sousa faisait renverser toutes les pagodes sur les côtes de Malabar, & on égorgeait inhumainement les malheureux Indiens qui allaient pleurer sur les ruines de leurs temples.

Correa terminait une guerre vive avec le roi de Pegu, & les deux partis devaient jurer l'observation du traité sur les livres de leurs religions. Correa jura sur un recueil de chansons, & crut éluder un engagement par ce vil stratagème.

Nunes d'Acunha voulut se rendre maître de l'île de Daman sur la côte de Cambaie : les habitants offrirent de la lui abandonner, s'il voulait leur permettre d'emporter leurs richesses. Cette permission fut réfutée, & Nunes les fit tous passer au fil de l'épée.

Diogo de Silveira croisait dans la mer Rouge. Un vaisseau richement chargé le salua. Le capitaine vint à son bord, & lui présenta de la part d'un général portugais une lettre qui devait lui servir de passeport. Cette lettre ne contenait que ces mots : « Je supplie les capitaines des vaisseaux du roi du Portugal de s'emparer du navire de ce Maure comme de bonne prise. » Silveira s'empara du navire.

Bientôt les Portugais n'eurent pas les uns pour les autres plus d'humanité & de bonne foi qu'ils n'en avaient pour les naturels du pays. Presque tous les États où ils commandaient étaient divisés en factions.

Il régnait partout dans leurs mœurs un mélange d'avarice, de débauche, de cruauté & de dévotion. Ils avaient la plupart sept ou huit concubines qu'ils faisaient travailler avec la dernière rigueur, & auxquelles ils arrachaient l'argent qu'elles avaient gagné par leur travail. Il y a loin de cette manière de traiter les femmes aux mœurs de la chevalerie.

Les commandants, les principaux officiers admettaient à leur table une foule de ces chanteuses & de ces danseuses dont l'Inde est remplie. La mollesse s'était introduite dans les maisons & dans les armées. C'était en palanquin que les officiers marchaient à l'ennemi. On ne leur trouvait plus ce courage brillant qui avait soumis tant de peuples. Il était devenu difficile de faire combattre les Portugais lorsqu'il n'y avait pas l'apparence d'un riche butin. Bientôt le roi de Portugal ne toucha plus le produit des tributs que lui payaient plus de cent cinquante princes de l'Orient. Cet argent se perdait en passant d'eux jusqu'à lui. Il régnait un tel brigandage dans les finances que les tributs des souverains, le produit des douanes qui devait être immense, les impôts qu'on levait en or, en argent, en épiceries sur les peuples du continent & des îles, ne suffisaient pas pour l'entretien de quelques citadelles, & l'équipement des vaisseaux nécessaires.

Il est triste d'arrêter ses yeux sur les moments du déclin des nations. Hâtons-nous de parler de l'administration de dom João de Castro, qui rendit aux Portugais une partie de leur vertu.

Dom João de Castro

Castro était fort instruit pour son siècle. Il avait l'âme noble & élevée ; & la lecture des Anciens y avait entretenu cet amour de la gloire & de la patrie, si commun chez les Grecs & les Romains.

Dès les premiers temps de sa sage & brillante administration, Cojè-Sophar, ministre de Mahmoud, roi de Cambaie, sut inspirer à son maître le dessein d'attaquer les Portugais. Cet homme né, à ce qu'on assure, d'un père italien & d'une mère grecque, était parvenu de l'esclavage au ministère & au commandement des armées. Il s'était fait musulman, il n'avait aucune religion, mais il savait faire usage de la haine que le mépris des Portugais pour les religions du pays inspirait au peuple. Il attira auprès de lui des officiers expérimentés, des soldats aguerris, de bons ingénieurs, des fondeurs même qu'il fit venir de Constantinople. Ses préparatifs parurent destinés contre le Mogol ou contre les Patanes ; & lorsque les Portugais s'y attendaient le moins, il attaqua Diu, s'en rendit maître, & fit le siège de la Citadelle.

Cette place située dans une petite île sur les côtes de Gujarat, avait toujours été regardée comme la clef des Indes dans les temps que les navigateurs ne s'écartaient pas des côtes, & que Surate était le plus grand entrepôt de l'Orient. Depuis l'arivée de Gama, elle avait été constamment l'objet de l'ambition des Portugais, & elle était enfin tombée sous leur domination du temps de d'Acunha. Mascarenhas qui en était gouverneur au temps dont nous parlons, devait avoir neuf cents hommes, & n'en avait que trois cents. Le reste de sa garnison par un abus dès-lors fort commun, faisait le commerce dans les villes de la côte. Il allait succomber, s'il n'eût reçu de prompt secours. Castro lui en fit passer sous la conduite de son fils, qui fut tué. Cojè-Sophar le fut aussi, & sa mort ne ralentit pas le siège.

Castro établit des jeux funéraires à l'honneur de ceux qui étaient morts en combattant pour la patrie. Il fit faire des compliments à leurs parents de la part du gouvernement. Il en reçut lui-même pour la mort de son fils aîné. Le second de ses fils présidait aux jeux funéraires, & partit aussitôt pour Diu, comme pour aller mériter les honneurs qu'il venait de rendre à son frère. La garnison repoussait tous les assauts, se signalait chaque jour par des actions extraordinaires. Aux yeux des Indiens, les Portugais étaient au-dessus de l'homme. « Heureusement, disait-on, la providence avait voulu qu'il y en eût peu comme des tigres & des lions, afin qu'ils ne détruisissent pas l'espèce humaine. »

Castro amena lui-même un plus grand secours que ceux qu'il avait envoyés. Il entra dans la citadelle avec des vivres & plus de quatre mille hommes. Il fut délibéré si on livrerait bataille. Le pour & le contre furent discutés. Garcia de Sá, vieil officier imposa silence, & dit : « J'ai écouté, il faut combattre. » C'était l'avis de Castro. Les Portugais marchèrent aux retranchements, & remportèrent une grande victoire. Après avoir délivré la citadelle, il fallait la réparer ; les fonds manquaient, & Castro les emprunta en son nom.

Il voulut à son retour dans Goa donner à son armée les honneurs du triomphe, à la manière des Anciens. Il pensait que ces honneurs serviraient à ranimer le génie belliqueux des Portugais, & que le faste de cette cérémonie imposerait à l'imagination des peuples. Les portes à son entrée furent ornées d'arcs triomphaux ; les rues étaient tapissées ; les femmes parées magnifiquement étaient aux fenêtres, & jetaient des fleurs & des parfums sur les vainqueurs. Le peuple dansait au son des instruments. On portait l'étendard royal à la tête des soldats qui marchaient en ordre. Le vice-roi couronné de branches de palmier était monté sur un char superbe ; les généraux ennemis suivaient son char, les soldats prisonniers marchaient après eux. On portait les drapeaux qu'on leur avait enlevés ; ils étaient renversés & traînants sur la poussière, on faisait suivre l'artillerie & les bagages pris sur les vaincus. Des représentations de la citadelle délivrée & de la bataille gagnée relevaient la pompe de cet appareil. Vers, chansons, harangues, feux de joie, rien ne fut oublié pour rendre cette fête magnifique, agréable, imposante.

La relation de ce triomphe fut répandue en Europe. Les petits esprits le trouvèrent ridicule, & les bigots le trouvèrent profane. La reine du Portugal dit à cette occasion que « Castro avait vaincu en héros chrétien, & qu'il avait triomphé en héros payen ».

La vigueur des Portugais que Castro avait ranimée ne se soutint pas long-temps, & la corruption augmentait de jour en jour dans toutes les classes des citoyens. Un vice-roi imagina d'établir dans les villes principales des troncs où tous les particuliers pouvaient jeter des mémoires & lui donner des avis. Un semblable établissement pourrait être fort utile, & réformer les abus chez une nation éclairée, où il y aurait encore des mœurs ; mais chez une nation superstitieuse & corrompue, quel bien pouvait-il faire ?

Il ne restait plus aucun des premiers conquérants de l'Inde, & leur patrie épuisée par un trop grand nombre d'entreprises & de colonies, ne pouvait les remplacer. Les défenseurs des établissements portugais étaient nés en Asie. L'abondance, la douceur du climat, le genre de vie, peut-être les aliments avaient fort altéré en eux l'intrépidité de leurs pères. Ils ne conservèrent pas assez de courage pour se faire craindre, en se livrant à tous les excès qui font haïr. Ils étaient des monstres : le poison, les incendies, les assassinats, tous les crimes leur étaient devenus familiers. Ce n'était pas seulement des particuliers qui s'en rendaient coupables : les hommes en place leur en donnaient l'exemple. Ils égorgeaient les naturels du pays ; ils se déchiraient entre eux. Le gouverneur qui arrivait mettait aux fers son prédécesseur pour le dépouiller. L'éloignement des lieux, les faux témoignages, l'or versé à pleines mains assuraient l'impunité à tous les crimes.

L'île d'Amboine fut le premier pays qui se fit justice. Dans une fête publique, un Portugais se saisit d'une très-belle femme, & sans aucun égard pour les bienséances, il lui fit tous les outrages possibles. Un des insulaires nommé Génulio arma ses concitoyens : il assembla ensuite les Portugais, & il leur dit :

« Pour venger des affronts aussi cruels que ceux que nous avons reçus de vous, il faudrait des effets & non des paroles. Cependant, écoutez, vous nous prêchez un Dieu qui se plaît, dites-vous, dans les actions généreuses des hommes, & le vol, le meurtre, l'impudicité, l'ivrognerie sont vos habitudes : tous les vices inondent vos cœurs. Nos mœurs & les vôtres ne peuvent s'accorder : la nature l'avait prévu, en nous séparant par des mers immenses, & vous avez franchi ces barrières. Cette audace dont vous osez vous enorgueillir, est une preuve de la corruption de vos cœurs. Croyez-moi, laissez en paix des peuples qui vous ressemblent si peu ; allez habiter chez des nations aussi féroces que vous : votre commerce nous serait plus fatal que tous les fléaux dont votre Dieu pourrait nous accabler. Nous renonçons pour toujours à votre alliance : vos armes sont meilleures que les nôtres : mais nous sommes plus justes que vous, & nous ne vous craignons pas. Les Itons sont aujourd'hui vos ennemis ; fuyez leur pays, & gardez-vous d'y reparaître. »

Ce discours qui trente ans auparavant aurait entraîné la ruine d'Amboine fut écouté avec une patience qui montrait le changement des Portugais. Également détestés par-tout, ils virent se former une confédération pour les chasser de l'Orient. Toutes les grandes puissances de l'Inde entrèrent dans la ligue, & pendant trois ou quatre ans firent en secret des préparatifs. La cour de Lisbonne

Le roi de Cochin et ses Naires, in : Voyages de Linschoten, Amsterdam, 1638.

Habitants du royaume de Pegu (Birmanie), in : Voyages *de Linschoten, Amsterdam,*
1638.

en fut informée. Le roi Sébastien qui, sans son fanatisme, aurait été un grand roi, fit partir pour l'Inde Ataïde & tous les Portugais qui s'étaient distingués dans les guerres de l'Europe.

*

À leur arrivée, l'opinion générale était qu'il fallait abandonner les possessions éloignées, & rassembler ses forces dans le Malabar & aux environs de Goa. Quoique Ataïde pensât qu'on avait formé un trop grand nombre d'établissements, il ne voulut pas avoir l'air de les sacrifier. « Compagnons, dit-il, je veux tout conserver, & tant que je vivrai, les ennemis ne gagneront pas un pouce de terrain. » Aussitôt il expédia des secours pour toutes les places menacées, & fit les dispositions nécessaires à la défense de Goa.

Le Samorin attaqua Mangalor, Cochin, Cananor. Le roi de Cambaie attaqua Chaul, Daman, Bachaïm. Le roi d'Achem fit le siège de Malacca. Le roi de Ternate fit la guerre dans les Moluques. Agalachem, tributaire du Mogol, arrêta les Portugais qui négociaient à Surate. La reine de Garcopa tenta de les chasser d'Onor.

Ataïde, au milieu des soins & des embarras du siège de la capitale, envoya cinq vaisseaux à Surate. Ils firent relâcher les Portugais détenus par Agalachem. Treize vaisseaux partirent pour Malacca : le roi d'Achem & ses alliés enlevèrent le siège. Ataïde voulut même faire appareiller les vaisseaux qui portaient tous les ans à Lisbonne quelques tributs ou des marchandises. On lui représenta qu'au lieu de se priver du secours des hommes qui monteraient cette flotte, il fallait les garder pour la défense de l'Inde. « Nous suffirons, dit Ataïde, l'État a besoin, & il ne faut pas tromper son espérance. » Cette réponse étonna, & la flotte partit dans le temps que la place était le plus vivement pressée par Idalcan. Ataïde envoya des troupes au secours de Cochin, & des vaisseaux à Ceylan. L'archevêque dont l'autorité était sans borne voulut s'y opposer. « Monsieur, lui dit Ataïde, vous n'entendez rien à nos affaires, bornez-vous à les recommander à Dieu. » Les Portugais arrivés d'Europe firent à ce siège des prodiges de valeur. Ataïde eut souvent de la peine à les empêcher de prodiguer inutilement leur vie. Plusieurs malgré ses défenses sortaient en secret la nuit pour aller attaquer les assiégeants dans leurs lignes.

Le vice-roi ne comptait pas si absolument sur la force de ses armes, qu'il ne crut devoir employer la politique. Il fut instruit qu'Idalcan était gouverné par une de ses maîtresses, & qu'elle était au camp. Les femmes qui se dévouent aux plaisirs des princes ne sont communément que les esclaves de l'ambition, & ne connaissent pas les vertus que peut inspirer l'amour. La maîtresse d'Idalcan se laissa corrompre, & vendit à Ataïde les secrets de son amant. Idalcan s'aperçut de la trahison, mais il ne put découvrir le traître. Enfin, après dix mois de combats & de travaux, ce prince qui voyait ses tentes ruinées, ses troupes diminuées, ses éléphants tués, sa cavalerie hors d'état de servir, vaincu par le génie d'Ataïde, leva le siège, & se retira la honte & le désespoir dans le cœur.

Ataïde vola sur-le-champ au secours de Chaul, assiégé par Nizamaluc, roi de Cambaie, qui avait plus de cent mille hommes. La défense de Chaul avait été aussi intrépide que celle de Goa. Elle fut suivie d'une grande victoire qu'Ataïde à la tête d'une poignée de Portugais remporta sur une armée nombreuse, & aguerrie par un long siège. Ataïde marcha ensuite contre le Samorin, le battit & fit avec lui un traité par lequel ce prince s'engageait à ne plus avoir de vaisseaux de guerre.

Les Portugais redevenaient dans tout l'Orient ce qu'ils étaient auprès d'Ataïde. Un seul vaisseau commandé par Lopes Carasco se battit pendant trois jours contre la flotte entière du roi d'Achem. Au milieu du combat, on vint dire au fils de Lopes que son père avait été tué. « C'est, dit-il, un brave homme de moins, il faut vaincre, ou mériter de mourir comme lui. » Il prit le commandement du vaisseau, & traversant en vainqueur la flotte ennemie, se rendit devant Malacca.

On retrouvait alors dans les Portugais d'autres vertus que leur courage, tant est puissant sur les nations même les plus corrompues l'ascendant d'un grand homme. Thomas de Sousa venait de faire esclave une belle femme, promise depuis peu à un jeune homme qui l'aimait. Celui-ci instruit du malheur de sa maîtresse, alla se jeter à ses pieds & partager ses fers. Sousa fut témoin de leur entrevue : ils s'embrassaient, ils fondaient en larmes. « Je vous affranchis, leur dit le général portugais, allez vivre heureux ailleurs. »

Ataïde mit de la réforme dans la régie des deniers publics, & réprima l'abus le plus nuisible aux États, l'abus le plus difficile à réprimer. Mais ce bon ordre, cet héroïsme renaissant, ce beau moment n'eurent de durée que celle de son administration.

À la mort du roi Sébastien, le Portugal tomba dans une espèce d'anarchie, & fut soumis peu-à-peu à Philippe II. Alors les Portugais de l'Inde cessèrent de croire à une patrie. Quelques-uns se rendirent indépendants, d'autres se firent corsaires, & ne respectèrent aucun pavillon. Plusieurs se mirent au service des princes du pays, & ceux-là devinrent presque tous ministres ou généraux, tant leur nation avait encore d'avantages sur celles de l'Inde. Chaque Portugais ne travaillait plus qu'à sa fortune : ils agissaient sans zèle & sans concert pour l'intérêt commun. Les Indes étaient partagées en trois gouvernements, qui ne se prêtaient aucun secours, & dont les projets & les intérêts devinrent différents. Les soldats & les officiers étaient sans discipline, sans subordination, sans amour de la gloire. Les vaisseaux de guerre ne sortaient plus des ports, ou n'en sortaient que mal armés. Les mœurs se dépravèrent plus que jamais. Aucun chef ne pouvait réprimer les vices, & la plupart de ces chefs étaient des hommes corrompus. Les Portugais perdirent enfin leur grandeur, lorsqu'une nation libre, éclairée & tolérante se montra dans l'Inde, & leur en disputa l'empire.

Il paraît que dans le temps des découvertes des Portugais, les principes politiques sur le commerce, sur la puissance réelle des États, sur les avantages des conquêtes, sur la manière d'établir & de conserver des colonies, & sur l'utilité qu'en peut tirer la métropole, n'étaient point encore connus.

Le projet de trouver un chemin autour de l'Afrique, pour se rendre aux Indes, & en rapporter des marchandises était sage. Les bénéfices que faisaient les Vénitiens par des voies plus détournées devaient exciter l'émulation des Portugais ; mais leur ambition devait avoir des bornes.

Cette petite nation se trouvant tout-à-coup maîtresse du commerce le plus riche & le plus étendu de la terre ne fut bientôt composée que de marchands, de facteurs & de matelots que détruisaient les longues navigations. Elle perdit ainsi le fondement de toute puissance réelle, l'agriculture, l'industrie nationale & la population. Il n'y eut pas de proportion entre son commerce & les moyens de le continuer.

Elle fit plus mal encore : elle voulut être conquérante, & embrassa une étendue de terrain qu'aucune nation de l'Europe ne pourrait conserver sans s'affaiblir.

Ce petit pays, médiocrement peuplé, s'épuisait sans cesse en soldats, en matelots, en colons.

Son intolérance ne lui permit pas d'admettre au rang de ses citoyens les peuples de l'Orient & de l'Afrique, & il lui fallait partout & à tout moment combattre ses nouveaux sujets.

Comme le gouvernement changea bientôt ses projets de commerce en projets de conquêtes, la nation qui n'avait jamais eu l'esprit de commerce, prit celui de brigandage.

L'horlogerie, les armes à feu, les fins draps, & quelques autres marchandises qu'on a apportées depuis aux Indes, n'étant pas à ce degré de perfection où elles sont parvenues, les Portugais ne pouvaient porter que de l'argent. Bientôt ils s'en lassèrent, & ils ravirent de force aux Indiens ce qu'ils avaient commencé par acheter d'eux.

C'est alors qu'on vit au Portugal à côté de la plus excessive richesse la plus excessive pauvreté. Il n'y eut de riches que ceux qui avaient possédé quelques emplois dans les Indes, & le laboureur qui ne trouvait pas des bras pour l'aider dans son travail, les artisans qui manquaient d'ouvriers, abandonnant bientôt leurs métiers, furent réduits à la plus extrême misère.

Quand le Portugal n'aurait pas été soumis à l'Espagne, il n'aurait conservé ni sa richesse réelle, ni sa puissance. On en a vu les raisons principales. Il y en a d'autres que la conduite mesurée & réfléchie des Hollandais va rendre extrêmement sensibles.

Choix et présentation de Michel Chandeigne

Guillaume-Thomas Raynal

Plan de la ville de Goa en 1595, in : Voyages de Linschoten, Amsterdam, 1638.

Le vent, le fer et la muraille

João Rocha Pinto

Les modifications des concepts d'espace, de temps et de pouvoir apparaissent dans une révolution de la pensée politico-stratégique : jamais le monde n'a été aussi vaste, les distances aussi grandes, le pouvoir autant morcelé...

Dans le tourbillon bigarré de la Renaissance, c'est un petit peuple comptant en 1500 environ un million d'habitants sur un territoire national souverain très étroit (90 000 km²) qui osera établir la liaison entre le monde économique européen et l'océan Indien, immense réseau enchevêtré de routes et de drains commerciaux.

Un pays rural et médiéval qui se fit mettre en tête l'idée de la mer par une cour et ses conseillers — qui coordonnaient à distance leurs actions au rythme de l'aller et retour des vaisseaux (en moyenne un an et demi !) — était prédestiné à être le protagoniste des péripéties guerrières qui accompagnèrent les fastes de l'Inde. Une chose était de prévoir et planifier des stratégies politico-religieuses, basées sur le prosélytisme et le vieux mythe des croisades, dans les palais de Sintra ou des bords du Tage à Lisbonne ; une autre de faire face aux impératifs et aux priorités tactiques de ces mêmes stratégies. Le simple fait de prétendre gérer un si vaste empire par la promulgation d'ordonnances donne à penser. Alexandre et César eux aussi ont construit des empires, mais... ils voyagèrent. Manuel Ier et ses conseillers n'eurent la perception des espaces géographiques que par les relations de voyages écrites ou orales ;

ils voyagèrent dans la peau des soldats et des marchands qui révélaient de nouveaux horizons au Portugal et à toute l'Europe, ils
n'eurent pas la vision immédiate du réel.

La stratégie envisagée d'un point de vue strictement abstrait se
pose en fonction de coordonnées d'espace et de temps : les problèmes dépendent fondamentalement de la capacité plus ou moins
grande des hommes à domestiquer ces paramètres et à les modifier. Si le rapport entre l'espace et le temps est universel et vrai
pour toutes les époques et tous les lieux, il convient dès à présent
de montrer qu'il prit, à la fin du XVe siècle sous le règne de
Manuel Ier « Le Fortuné », un sens particulier et profondément
nouveau.

Depuis l'introduction de la perspective en peinture en passant
par la découverte de tout un orbe terrestre, avec pour conséquence
la mutation de la terre plane en globe, jusqu'à l'invention de l'universel et la stupéfiante révélation de nouvelles faunes et flores, quel
changement radical dans les façons de voir et mesurer ! Comme
le dira plus tard Pedro Nunes :

> « Les Portugais osèrent braver la Grande Mer Océane. Ils y pénétrè-
> rent sans aucune crainte. Ils découvrirent de nouvelles terres, de nou-
> velles mers, de nouveaux peuples, et plus encore : un nouveau ciel
> et de nouvelles étoiles. »

Jamais le globe ne fut aussi grand qu'au XVIe siècle, jamais il
ne le redeviendra : entre Séville et Manille, le voyage d'aller et
retour durait entre cinq et six ans.

À cette époque, les chefs militaires n'avaient plus seulement
à contenir la troupe ennemie postée dans la plaine, à scruter une
butte frontalière surmontée du château qu'ils assiègent, ou à diriger de visu une bataille navale près des côtes. Ils étaient confrontés à d'autres problèmes beaucoup plus complexes.

L'établissement d'un empire asiatique impliqua tout d'abord un
dédoublement des degrés hiérarchiques : le roi et son conseil à Lisbonne ; le vice-roi ou le gouverneur des Indes devant prévoir « sur
place » quelle forteresse ou quel comptoir devait être secouru ou
renforcé en fonction de l'évaluation des menaces et des attaques,
et surtout gérer le manque chronique d'hommes et de matériel qui
mina dès le début, et de façon endémique, les établissements portugais en Inde comme en témoignent les plaintes constantes des gou-

verneurs. Même si quelques centaines, et parfois des milliers d'hommes passaient en Inde chaque année, ils ne cessaient d'être décimés par les naufrages, les maladies, la guerre et surtout, échappant au contrôle des officiers, ils s'installaient à leur compte parmi les communautés indigènes. Un auteur anonyme, édité en 1577 par le frère António Feire, s'en plaignait et critiquait l'hémorragie d'individus :

> « Si on observe bien la façon dont nous vivons ici, nous avons l'air d'hommes déportés et de vagabonds qui allons de par le monde chercher quelqu'un pour nous héberger ou nous laisser vivre sur ses terres. »

L'absence de cartes marines et terrestres au Moyen Âge obligea les militaires à recourir à des expédients pour se représenter la configuration et la topographie des possibles lieux des prochains combats. Pour cela, ils utilisèrent surtout les informations orales qu'ils tenaient des religieux en transit, des marchands, des renégats du camp adverse et de nombreux espions. On peut se faire aujourd'hui une idée de la difficulté de l'analyse de telles données, quand on sait les déformations inhérentes aux informations colportées, surtout en ces temps où la réalité ne se démêlait pas des incohérences et du fantastique (on peut dire qu'une appréhension fiable du réel ne sera atteinte qu'aux XVIIIe et XIXe siècles où l'on quittera le monde de l'à-peu-près).

En lisant les textes originaux, nous nous rendons compte que l'homme de cette époque possédait une connaissance affective qui le poussait à voir essentiellement ce que ses structures cognitives et ses cadres logiques lui dictaient a priori et non ce qui se présentait à lui. La perception du réel, sa traduction et sa transmission dans le récit souffraient de toute la charge fantasmatique et symbolique de l'observateur.

Bien que ces remarques soient aussi pertinentes pour l'homme portugais des découvertes, et qu'il soit également vrai que la conception médiévale du monde n'ait pas disparu d'un seul coup, il faut reconnaître que, dans son cas, la longue et méthodique exploration de la côte africaine, ainsi que le développement progressif de l'art de la cartographie, lui auront permis de manipuler au mieux les données spatio-temporelles. (Le relevé prendra une importance stratégique si grande que le roi Manuel Ier décrètera le 13 novembre 1504 l'interdiction — sous peine de graves sanctions — de dessi-

ner et de confectionner des cartes nautiques et des sphères qui repré-
senteraient les mers, les côtes et les territoires de l'hémisphère méridional au-delà du 7ᵉ degré de latitude sud.

Les conceptions du temps furent donc elles aussi saisies par la
tornade de la Renaissance. Ce n'est déjà plus le temps privilégié
de l'Église et des prières qui rythment le quotidien ; ce n'est pas
non plus le temps long, épais et monotone des besognes rurales
qui scandent le rythme de la vie. D'autres temps vinrent s'ajouter
et parfois se superposer à ceux-ci : le temps saccadé du marchand
attentif au carillon et le temps paisible du découvreur de terres
inconnues... Il est amusant de lire ce qu'Afonso d'Albuquerque
écrivait le 4 décembre 1513 : « Je fis à la voile la route de l'entrée
du détroit, et comme c'était une route d'un jour et d'une nuit,
je mis deux jours pour conserver les coutumes du découvreur... »
L'attention, l'adresse, la prudence, en résumé le « temps lent » de
l'explorateur, opposé au « temps rapide » du négociant.

La nécessité d'une exactitude chaque fois plus grande dans la
mesure du temps augmente, de façon aussi subtile qu'opiniâtre,
et se manifeste dans la liste des objets qui furent perfectionnés ou
créés à cet effet : cadran solaire, sablier, clepsydre, horloge méca-
nique avec ou sans échappement, etc. Dans le cas du militaire dans
l'océan Indien, les « distances-temps » ne sont plus mesurées en journées de cheval ou en diètes [mesure romaine de dix lieues] mais
en lieues marines [5 920 m], en cinglages, en *gemas* [mesure utilisée en mer Rouge], en aller-retour de vaisseaux, en échanges d'ordre
et de contrordres, d'informations et de contre-informations, au gré
des vents entre Goa et Lisbonne ; nous voici devant le temps
suprême : le temps saisonnier et cyclique des moussons, le temps
favorable du départ des vaisseaux...

Cet « espace-temps » écrasant rythmait les impulsions vitales de
l'empire colonial portugais des Indes. C'était la flotte arrivant tous
les ans à Goa qui procédait au changement des vice-rois ou des
gouverneurs, qui apportait les renforts attendus anxieusement par
quelque forteresse assiégée, qui déchargeait les nouvelles armes et
munitions, les vivres et le matériel le plus divers ; c'était aussi la
flotte qui transportait le cuivre et l'argent à échanger contre les
épices, et qui remettait les consignes et ordonnances royales, faisant et défaisant les politiques et les stratégies... C'étaient ces vaisseaux de la ligne des Indes qui, s'en retournant sur les rives du

Tage à Lisbonne, rentraient les cales pleines à craquer d'épices, avec des hommes fatigués, désabusés et pauvres, mais au moins délivrés du cauchemar indien, de ce qui avait été un rêve entretenu puis était devenu un calvaire de luttes et de batailles permanentes — ardent désir transformé en « vaine convoitise ». Dans ces conditions, revenir vivant était bel et bien un miracle.

Les ordres du palais royal de Lisbonne pâtissaient de la distance. De cette façon, il ne restait que deux solutions au vice-roi ou au gouverneur qui s'apercevait du caractère erroné des directives : ou il consultait Lisbonne et attendait un ou deux ans la réponse autorisant la solution pertinente, ou il décidait de lui-même et à ses risques, comme le faisait Albuquerque, en acceptant les conséquences de l'initiative.

Albuquerque résolut tout de suite cette problématique. Tout en suivant les ordres du monarque, jamais il ne cessa de manifester son désaccord quant aux moyens de l'établissement de l'empire. Le « lion de Goa » adapta et transforma la stratégie royale. Il connaissait l'espace et pouvait concevoir le temps en fonction de celui-ci. Il était donc maître du mouvement et de la vitesse, d'autant plus qu'il connaissait exactement les moyens humains et matériels dont il disposait, ainsi que le cadre politique et diplomatique de la région. Il sut également avoir le mérite d'incorporer la stratégie militaire aux stratégies économique et diplomatique, en laissant dans l'ombre, par pur sens de l'opportunité, la question religieuse. Mais intégrer les stratégies n'était pas suffisant, il fallait aussi garder l'initiative.

Contrairement à la guerre terrestre médiévale où la capacité de résistance temporelle à la guerre d'usure conduisait généralement à la victoire, la consolidation du vice-royaume des Indes fut le résultat d'actions offensives où prédominaient la rapidité, la mobilité et l'initiative. L'audace et les risques calculés, la rapidité et la concentration de la puissance de feu — incomparablement supérieure à celle des ennemis — furent la clef d'un siècle de domination portugaise. Ce qui fut fait alors aux Indes, en termes stratégiques, fut l'illustration pure et simple de ce que Clausewitz sera amené à théoriser au XIXᵉ siècle : « La loi la plus forte et la plus simple de la stratégie consiste à concentrer ses forces » — et à réaliser des actions éclairs, pourrions-nous ajouter.

Ainsi, l'arrivée des caravelles et des autres vaisseaux armés d'artil-

lerie lourde causa en Orient une grande stupéfaction qui détermina
la suite des opérations menées dans l'océan Indien : attaques navales
surprises, suivies de coups de main exécutés avec rapidité et détermination, en somme des opérations amphibies qui représentaient
une grande innovation.

Manuel Ier monta sur le trône en 1495, et dès l'année suivante,
réunit le Conseil à Montemor-o-Novo, pour débattre la question
de l'empire oriental. João de Barros en parle : « Il y eut des votes
nombreux et divers, mais les plus nombreux furent contre la découverte de l'Inde, parce que, outre le fait qu'elle entraînerait beaucoup d'obligations, elle affaiblirait tant les forces du royaume que
même celles nécessaires à son maintien viendraient à manquer. »
Le roi et la faction expansionniste eurent le dernier mot et, en 1497,
Vasco partit « à la découverte » avec « quatre navires qui allaient
aux épices ». Malgré les intentions pacifiques, les voyages des découvertes finirent par être une succession de conflits et de malenten-
dus, comme nous en informe, de nouveau, João de Barros :

> « ...Le roi tint aussitôt conseil sur la marche à suivre dans cette conquête
> parce que, comme le négoce paraissait compromis de par les choses
> qu'avait subies Vasco de Gama, il semblait que mieux valait agir sur
> ces populations par la crainte des armes qu'avec l'amour des bonnes
> œuvres. Finalement, le roi décida que tant que le négoce ne donnait
> pas de lui-même d'autres conseils, le plus sûr était d'aller jusqu'où
> le pouvaient les navires et les hommes parce que, dans cette première
> approche que sa flotte donnait à ces lieux, (...) il convenait d'avoir
> l'air très puissant de par les armes et les brillantes armures portées
> par ses sujets — ce qui permettrait aux habitants de ces contrées d'en
> déduire deux choses : que le royaume du Portugal était assez puis-
> sant pour poursuivre cette entreprise et, au vu de sa richesse, com-
> bien utile leur serait son amitié. »

Mais la réalité s'imposa peu à peu, au fur et à mesure que les
dirigeants nationaux abandonnaient leur naïveté et que les options
militaires se profilaient comme l'unique alternative possible. Les
Décades de l'Asie, de l'incomparable chroniqueur João de Barros
en sont un fidèle miroir. Avec le retour de la deuxième flotte des
Indes en 1501, la polémique se ralluma à cause des combats et
des difficultés rencontrés par les forces de Pedro Álvares Cabral.
Le chroniqueur nota les réunions continues du conseil royal avec
Manuel Ier :

« ... parce qu'avec ces premiers voyages, le négoce ne révéla pas autant
de lui-même que lors de la venue de ceux-ci [les hommes de Cabral],
bien que leur information fût très confuse par rapport à ce que les
flottes suivantes livrèrent de la grandeur de cette conquête. Cependant, seulement avec les faits rapportés par Cabral, ils pouvaient déjà
faire la différence : c'était une chose de traiter s'il était bien de découvrir une terre inconnue qui leur paraissait être habitée de païens aussi
pacifiques et soumis que ceux de Guinée ou de toute l'Éthiopie, et
avec lesquels nous avions des relations qui, sans armes ni aucune sorte
d'armement, par échange de choses de peu de valeur, nous rapportaient beaucoup d'or, des épices et d'autres marchandises d'égale
valeur ; c'était autre chose de décider s'il serait avantageux pour le
royaume, à cause du commerce de l'Inde, d'entreprendre des luttes
et de posséder par les armes le commerce de l'Inde. »

En 1505, dom Francisco de Almeida est envoyé comme vice-roi
des Indes, avec une puissante flotte de vingt-deux navires et mille
cinq cents hommes d'armes (sans compter les équipages des navires), porteur d'un règlement long et minutieux, à la fois trop ambi-
tieux et révélateur de certains doutes quant à la réalité indienne.
Le fameux règlement supposait qu'il était suffisant de dominer le
triangle constitué par le Malabar (Cochin, l'île fortifiée d'Angediva,
source d'épices), la côte orientale de l'Afrique (Mozambique et Sofala,
escale obligatoire car l'or du Monomotapa était déjà convoité), et
les portes du détroit d'Aden (fermant la mer Rouge aux Mameluks
et aux Vénitiens — projet aussi obsessionnel qu'irréalisable, comme
l'a démontré Braudel). Le règlement conseillait à Almeida de découvrir, ou de faire explorer, Ceylan, Malacca ou « tout autre lieu de
ces parages ».

Dom Francisco de Almeida exécute les ordres, vainc le Samorim de Calicut et Mir Hocem au cours de batailles décisives, forti-
fie l'île d'Angediva et fonde trois autres forteresses. Il réussit vers
1509 à envoyer à Lisbonne 25 000 quintaux d'épices — niveau rarement dépassé —, c'est-à-dire à faire en sorte que la route du Cap
recueille entre les deux tiers et les trois quarts du commerce oriental des épices. Nous voyons comment la politique impériale fut inter-
prétée par Almeida lui-même, qui s'explique dans une lettre au
roi Manuel :

« ...À propos des fortifications de Coulão, plus vous aurez de forteresses, plus fragile sera votre pouvoir ; que toute notre force soit dans

la mer, parce que si nous n'y sommes pas puissants, alors tout sera contre nous ; et si le roi de Cochin voulait être déloyal, il serait aussitôt anéanti, parce que si les guerres passées se faisaient contre des arbalètes, maintenant nous les faisons contre des Vénitiens et les Turcs du Sultan (...) Il est sûr que tant qu'en mer vous serez puissant, vous aurez l'Inde pour vous, et que si vous ne l'êtes pas, peu vous servira une forteresse sur terre... »

Seul le grand Afonso de Albuquerque parviendra à mieux comprendre la géographie indienne, et s'il a bien interprété les instructions royales en conquérant Malacca en 1511, il n'en est pas moins vrai que c'est lui qui a saisi l'importance d'Ormuz et qui a découvert le site privilégié pour le siège de l'État des Indes : l'île de Goa, merveilleusement implantée et imprenable (cela dura jusqu'en 1961). Albuquerque défendit ainsi son choix :

« Les choses de Goa sont si importantes, elles concernent tant la sécurité de l'Inde et ce qui nous importe et que vous désirez (...) qu'il me semble que sans elles vous ne pourriez soutenir l'Inde, parce que les calfats et les charpentiers, avec les femmes de ces pays et le travail en pleine chaleur, au bout d'un an ne sont plus des hommes ; et Votre Altesse peut se dispenser des hommes des autres royaumes, parce qu'à Goa il y en a plus et des meilleurs. En outre, ce bien de Goa possède autre chose qui pourrait porter préjudice à la sécurité de l'Inde : de nombreux vaisseaux et galères ; et ils peuvent en faire autant qu'ils le désirent. »

Les bases qui soutinrent l'État de l'Inde étaient établies : Goa, Ormuz et Malacca. La « mare clausum » indienne passa des musulmans aux Portugais pour un siècle.

Traduction de Nicole Siganos

João Rocha Pinto

À la recherche du Cathay

Raffaella d'Intino

Les premiers Portugais en Chine : histoire d'un malentendu et d'une tragédie. Le Cathay, royaume catholique de l'Extrême-Orient, fut l'un des grands mythes des XVIe et XVIIe siècles, mais l'Empire du Milieu sut garder ses secrets...

L'image de l'Orient qui s'imposa dans toute l'Europe médiévale semble se conformer aux descriptions fantastiques contenues dans la fameuse « Lettre d'Alexandre à Aristote ». En effet, ce court texte, qui est sans aucun doute la partie la plus célèbre du *Roman d'Alexandre*, frappa pendant des siècles l'imagination des Occidentaux, cristallisant leur imaginaire sur les merveilles de l'Asie.

L'Orient est non seulement le domaine de monstres, de merveilles et de créatures mythiques et fantastiques, mais aussi le lieu géographique choisi par le monde chrétien pour y projeter ses rêves et réaliser ses désirs : dans ses contrées, quelque part, se trouve le paradis terrestre, et le très puissant royaume chrétien du Prêtre Jean, le merveilleux Cathay...

En effet, jusqu'au XVe siècle, la plupart des cartes de géographie situent le paradis terrestre à l'orient, dans un Orient qui en vérité, avec la multiplication des voyages de découverte, s'éloigne de plus en plus, jusqu'à lentement disparaître. Le royaume du Prêtre Jean, en revanche, représente un paradis de bonheur qui appartient à cette terre, peut être pensé en termes humains, et qui est accessible. Les nouvelles du pays chrétien le plus puissant du monde sont diffusées par une littérature apocryphe, écrite par le Prêtre Jean lui-même, *rex et sacerdos*, adressée aux principaux souverains d'Europe. Ce texte, outre qu'il réunit les *topoi* des merveilles et des richesses d'Orient, présente l'allié idéal dont le monde chrétien avait toujours rêvé dans sa lutte contre l'islam : « Nous, Prêtre Jean, promettons et jurons de bonne foi de conquérir le sépulcre de Notre Seigneur et toute la Terre Promise. »

L'Europe d'alors ne parvient pas à poursuivre avec succès ses croisades et, en même temps, est menacée sur ses frontières orientales par les hordes tartares du terrible Gengis Khan (son successeur Ogidai arrivera aux portes de Vienne en 1240) ; elle voit donc dans la possibilité d'une alliance avec d'autres peuples chrétiens la seule espérance d'exorciser cet inconnu qui les effraie. Les sujets du Prêtre Jean et diverses populations de l'Inde converties par l'apôtre saint Thomas étaient, au-delà de toute hérésie, considérés comme chrétiens. L'imaginaire européen associe à eux les « mites Seres » de la tradition classique, les peuples heureux et pieux qui, croyait-on, vivaient aux limites orientales du globe terrestre, dans le mythique Cathay. Nous verrons comment ces vagues informations sur ces peuples chrétiens alternent et se confondent avec leur prédisposition supposée au christianisme. Une telle conviction restera une constante dans la mentalité de tous les voyageurs européens qui établirent les premiers contacts avec l'Orient. Dans le cas du Portugal, la recherche de ces peuples chrétiens constituera un des motifs principaux de la genèse des voyages de découverte qui — en s'adaptant aux fluctuations des situations historiques — se perpétuera durant des siècles.

C'est donc dans l'espoir de rencontrer ces peuples chrétiens que sont entreprises les premières missions *ad Tartaros* : avec Giovanni Pian del Carpine (1245-1247) on parle du Cathay (Kythay) pour la première fois en Europe et, avec Willelm de Rubruck (1253-1255), le Cathay est assimilé au règne des anciens « Seres » de réminiscence plinienne. Mais il s'agit d'informations vagues et les premières véritables descriptions de ce pays, qui allaient révéler toute sa richesse et sa magnificence, seront l'œuvre de Marco Polo. Toutefois, malgré la très grande importance et l'extraordinaire diffusion du *Million*, c'est le livre des *Voyages* de Jean de Mandeville qui assurera la consécration de l'image mythique du Cathay. L'auteur voulant plaire le plus possible au public représente la mirobolante réalité orientale telle que la désiraient ses lecteurs. Ainsi, dans ces pages, toutes les légendes et croyances médiévales sur le Cathay sont confirmées et même amplifiées :

> « Tout ce que nous rencontrions était plus grand, plus considérable, plus fantastique que ce qu'on en avait dit. (...) Je suis sûr que personne ne croirait sans la voir à la magnificence, à la somptuosité, à la multitude des gens qui vivent en cette cour » (chap XXIII).

Le royaume du Cathay est le plus grand qui existe au monde et son empereur est le plus grand souverain sous le firmament. Le Cathay concrétise les rêves d'abondance matérielle, — il semble représenter alors le « monde à l'envers » de la tradition populaire, une espèce de Pays de Cocagne — et en même temps fait converger vers lui les aspirations à un monde meilleur en offrant un grand exemple de tolérance : « Les chrétiens vivent ici tranquillement, et les gens qui le désirent peuvent se convertir au christianisme, parce que le Grand Khan n'interdit à personne de choisir la religion qu'il préfère. »

Cette image médiévale du Cathay se transmettra d'un auteur à l'autre, avec d'infimes variations, jusqu'au XVe siècle, c'est-à-dire jusqu'à ce que les Portugais aient atteint les côtes méridionales de la Chine, et commencé à diffuser les premières nouvelles en provenance de ce pays. En effet, la politique xénophobe de la dynastie Ming (1368-1466) en provoquant l'interruption de tous les contacts que marchands et religieux avaient établis avec l'Extrême-Orient, permit au halo mythique qui entourait le Cathay de se perpétuer au cours des siècles à venir, influençant jusqu'aux voyageurs de la Renaissance.

Mais revenons à la genèse des voyages de découverte portugais. On raconte qu'à la fin du XVe siècle dom Pedro du Portugal revint de ses pérégrinations européennes avec un exemplaire du *Million* de Marco Polo ; la tradition veut, en outre, que les récits d'Orient contenus dans ce livre splendide aient sensiblement accru le désir d'accomplir des voyages transocéaniques ; la description, surtout, du royaume du Prêtre Jean, dont le siège n'était que très vaguement localisé, dut alimenter chez ce peuple de navigateurs le désir d'atteindre l'Inde et le Cathay.

Lorsque, des années plus tard, la flotte de Vasco de Gama atteignit Calicut (1498) les Portugais entendirent les indigènes parler d'« autres peuples blancs » qui avaient autrefois l'habitude de commercer sur les côtes du Malabar. Cependant, les premières expéditions à la « découverte » de la Chine ne furent possibles qu'après la conquête définitive de Malacca ; c'est à cette époque que remontent les expéditions de Jorge Alvares (1513) et Petrestrelo (1515) qui donnèrent les premières informations sur les excellentes affaires à réaliser dans ces parages. En 1517, la première ambassade portugaise en Chine — la flotte de Fernão de Andrade — part de Malacca avec pour mission de remettre à l'empereur une lettre du roi Manuel Ier. L'histoire de cette ambassade, dans ses multiples phases et complications, est celle d'équivoques et de mésententes dues à l'abîme qui sépare les conceptions portugaises et chinoises de « l'ambassade » ; tout un enchevêtrement de règles diplomatiques compliquées sont constamment enfreintes, constituant ainsi le premier exemple dramatique de « l'incompréhension » entre la culture orientale et la culture occidentale.

L'ambassade guidée par Tomé Pires (apothicaire du roi choisi pour cette délicate mission) débarque à Tongmen (une île de la baie de Canton) en août 1517 et, s'étant fait connaître aux autorités chinoises, attend l'autorisation de remonter la Rivière des Perles. L'attente est longue et Pires décide de poursuivre vers Canton dans une petite embarcation (octobre 1517). À Canton, il reçoit l'autorisation de se rendre à Pékin (nous sommes en janvier 1520 !). Mais à la cour, bien avant que l'ambassade soit reçue par l'empereur, les circonstances défavorables se multiplient, laissant déjà prévoir les terribles difficultés que Pires et sa suite devront affronter plus tard. En effet, la lettre envoyée de Canton à l'empereur fut falsifiée par les interprètes sous prétexte qu'elle n'était pas conforme au protocole : « Lorsque Fernão Peres arriva au port de Chine, il demanda aux interprètes de leur rédiger des lettres ; comme il était capitaine-général et qu'il amenait avec lui un ambassadeur pour le roi de Chine, les interprètes les rédigèrent ainsi, selon les usages de leur pays : le capitaine et l'ambassadeur viennent en terre de Chine sur ordre du roi des « Francs » (Franguis) avec de l'argent pour payer le sceau (timbre) au maître du monde et fils de Dieu en signe d'obéissance. »

Lorsque ensuite, arrivée enfin à Pékin la lettre du roi du Portugal, est ouverte :

Chinois (anonyme, milieu du XVIe siècle) ; man. 1883, Biblioteca Casanatense, Rome.

« On y trouva le contraire de ce que les interprètes avaient écrit, tout le monde avait l'impression que nous étions entrés traîtreusement en Chine pour observer le pays ».

Ces brefs extraits de la lettre de Cristovão Vieira (1524) — un des rares survivants de la suite de Pires — sont extrêmement révélateurs des deux manières radicalement opposées de concevoir l'ambassade. Les Chinois pensaient être le seul peuple civilisé du monde, et, en conséquence, considéraient tous les étrangers indifféremment comme des « barbares » qui, par l'envoi d'une ambassade, ne pouvaient qu'aspirer à devenir tributaires du grand « Empire du Milieu ». Les Portugais, de leur côté, avaient toujours imposé par la violence leurs propres conditions pour les échanges commerciaux dans tous les pays d'Orient, quels qu'ils fussent, et, dans la plupart des cas, ces populations indigènes devenaient tributaires du roi du Portugal. De ce point de vue, les protestations des mandarins de Canton contre les abus commis par Simão Alvares à Tongmen sont significatives :

« Les Francs ne voulaient par payer leurs droits (...) ils volaient ceux des Siamois, capturaient ces derniers, confisquaient leurs jonques, les enchaînaient, ne les laisaient ni se livrer à leur commerce, ni payer leurs droits ; ils avaient une forteresse en pierre recouverte de tuiles, remplie d'armes et très protégée ; ils enlevaient les jeunes gens, les mangeaient après les avoir rôtis, puis venaient à Canton en force (...) ; ils avaient des bombardes dans leurs embarcations quand ils remontaient reconnaître les fleuves (...) et tiraient sur les villes et autres places fortes. »

Description qui correspondait d'ailleurs à la seule forme de comportement des Portugais sur toutes les mers d'Orient. Il est curieux de constater que les glorieux descendants de Lusus étaient considérés comme « barbares » et même « cannibales », par les habitants très civilisés du « Royaume du Ciel ».

Pendant que ces événements se déroulaient à Canton, le fils du roi de Malacca en fuite arriva à Pékin en se plaignant auprès de l'empereur des injustices subies par la faute des conquérants portugais et, entre autres :

« Les Malais disaient que l'ambassadeur du roi du Portugal en Chine était venu dans ce pays sous un faux prétexte, pour les tromper ; que nous passions notre temps à observer les terres, que dès que nous arrivions quelque part, nous posions une pierre, construisions une maison et prenions possession du territoire ; que nous avions agi ainsi à Malacca et ailleurs, et que nous étions des voleurs. »

À partir de ce moment, l'ambassade de Tomé Pires (qui avec ses hommes avait donné de grandes preuves de patience, essayant de se conformer le plus possible à l'étiquette chinoise) est considérée comme une imposture, elle est donc irrémédiablement compromise avant même d'être reçue à la cour. Entre temps, l'empereur (WuZong) meurt et, selon les usages locaux, la mission étrangère est invitée à se rendre à Canton pour assister à l'investiture du nouvel empereur. Pires et ses compagnons se mettent en route vers Canton (septembre 1521) accompagnés d'une escorte et pratiquement traités comme des prisonniers. Pendant ce temps, les Portugais qui, toujours sans nouvelles de leur ambassade, ne pouvaient soupçonner la situation désagréable de leurs compatriotes, continuaient à faire leur commerce dans les îles de la baie de Canton. Soudain arrive de Pékin l'ordre de suspendre tout échange commercial avec des étrangers sous peine de mort, et de nombreux marchands portugais, qui ne veulent pas renoncer à leurs activités très lucratives sur ces côtes, sont faits prisonniers. Par ironie du sort, c'est dans ce climat d'hostilité croissante que l'ambassade arrive à Canton. Là, Pires et les membres de sa suite sont pris en otages pour forcer les Portugais à quitter Malacca :

« (…) ils firent appeler Tomé Pires et toute la compagnie ; l'*almeace* (commissaire judiciaire) (…) dit que le Roi ordonnait que notre Roi rende aux Malais la terre de Malacca ; Tomé Pires répondit qu'il ne venait pas pour cela, que ce n'était pas à lui d'en parler, que la lettre qu'il apportait lui donnerait raison, et qu'il ne savait rien d'autre. »

Et, à partir de ce moment, leur détention devient de plus en plus dure :

« Le 14 août 1522, le *pochaci* (gouverneur civil de la province) mit des menottes à Tomé Pires, les autres membres de la compagnie eurent les pieds et les mains liés ; ils prirent tous les vêtements que nous avions, nous passèrent des chaînes autour du cou et nous emmenèrent à travers la ville jusqu'à la maison de l'*anchuci* (gouverneur de la préfecture de Canton) ; là ils brisèrent nos chaînes pour les remplacer par d'autres plus solides, mais mirent des fers aux pieds, des chaînes et des entraves au cou, puis nous envoyèrent dans cette prison. »

Une autre flotte portugaise, avec à sa tête Afonso Melo Coutinho est envoyée à Tongmen dans l'intention de rétablir la paix avec les Chinois : vu la situation explosive, un nouvel affrontement militaire, l'emprisonnement des rescapés et leur très cruelle exécution exemplaire semblent désormais inévitables :

« Ces vingt-trois personnes, tuées à coups d'arbalète, furent coupées en morceaux : les têtes, les jambes, les bras, les organes génitaux dans les bouches, les troncs enroulés autour des ventres furent jetés dans les rues de Canton, dans la ville et hors les murs, pour que tous puissent voir, ceux de Canton comme ceux des environs, que l'on ne ménageait pas les Portugais. »

Un autre *exemplum* encore plus cruel est donné à la population de Canton par l'exécution de nouveaux prisonniers :

« Les têtes et les organes génitaux furent chargés sur les épaules des Portugais qui les apportèrent aux mandarins de Canton, puis exposés dans les rues et jetés aux ordures ; on décida dès lors de ne plus accepter sur le territoire de Portugais ni d'étrangers. »

Les seuls qui furent graciés et échappèrent à cette exécution générale furent Tomé Pires, Vasco Calvo et Cristovão Vieira. L'infortuné ambassadeur mourut quelques années plus tard (probablement en 1524), les deux autres réussirent à écrire depuis leur prison de très intéressantes lettres qui, outre le fait qu'elles nous apportent un témoignage précieux pour la reconstitution de ces événements, constituent les premières descriptions directes de l'organisation politique et administrative de la Chine, de la géographie des provinces, des villes, du commerce, etc.

L'ambassade de Tomé Pires se conclut par un échec total : non seulement les Portugais n'ont réussi à établir aucun contact diplomatique avec la cour de Pékin, mais, provoquant la colère et l'indignation des Chinois, a conduit ceux-ci à interrompre toute activité commerciale avec les étrangers durant environ trente ans (1522-1552). Mais ces échanges commerciaux présentaient un très grand intérêt, tant pour les populations locales que pour les Portugais qui, en l'absence d'intermédiaires en tiraient d'énormes profits. Ainsi, grâce à la connivence de quelques mandarins, la contrebande réussit à prospérer pendant ces années de prohibition, principalement dans les bases provisoires des Portugais à Chincheo (QuanZhou) et Liampo (QuenHai). Or la situation est toujours très instable et la vie des marchands est constamment en danger ; des flottilles armées sont souvent envoyées pour mettre fin à cette activité illégale (l'histoire du vice-roi Zhuhuam qui détruisit de très nombreuses nefs et rentra dans son pays avec de nombreux prisonniers resta tristement célèbre). Il est curieux de constater que pendant plus de cinquante ans, c'est-à-dire jusqu'à la fin du XVIᵉ siècle, la seule forme de contact entre l'Europe et la Chine sera constituée par ces nombreux prisonniers portugais, qui au travers de leurs péripéties et au cours de nombreux transferts eurent l'occasion d'observer de multiples aspects de la vie chinoise ; leurs écrits — diffusés en plusieurs langues parce qu'ils étaient cités dans les lettres et documents des jésuites — seront les seuls témoignages de valeur connus en Occident sur la Chine du XVIᵉ siècle.

Paradoxalement, tous ces récits de marchands qui passèrent de longues années dans les très dures prisons chinoises (C. Vieira, V. Calvo, A. Ramiro, G. Pereira, M. de Brito, A. Pereira, etc.), ne nous donnent pas une image négative de ce pays, mais au contraire décrivent une société que, par beaucoup de ses aspects, nous pourrions définir comme utopique. En effet, dans leurs *Enformacões das cousas da China* sont décrits, et « mis en situation » tous ces principes sociaux — organisation, justice, efficacité, charité, tolérance, etc. — qui, dans l'imaginaire européen du XVIᵉ siècle constituaient les prémices de la « société heureuse ». La Chine apparaît en somme aux yeux des Portugais comme la réalisation concrète et tangible des rêves d'une alternative à la société portugaise ou européenne de l'époque.

Leur admiration pour la richesse et la magnificence de ce règne est immense. Mais cette merveilleuse richesse est tout à fait différente de l'idéal d'abondance matérielle imaginé à l'époque médiévale ; en fait, ces marchands écrivains veulent nous montrer comment en Chine la prospérité est le résultat de l'« organisation » et de l'« efficacité », principes qui, en pleine Renaissance, étaient considérés comme la base d'une société modèle :

> « Cette terre est très peuplée et par conséquent très exploitée ; on ne laisse pas un pouce de terre vierge » (G. Pereira). « Les personnes âgées et oisives sont un poids pour les autres » (Frei Gaspar da Cruz). « On ne laisse personne désœuvré ; on trouve à chacun une activité mécanique, un emploi dans la justice ; même les aveugles travaillent dans les moulins, pour ne pas être tentés par la mendicité » (Mestre Belchior).

L'absence de pauvres en Chine constitue le premier élément évident d'« altérité » : en effet, cette société, au contraire de la société
portugaise, a le souci de créer des institutions pour assister les plus
nécessiteux :

> « Jamais nous n'avons vu, pendant toute la durée de notre séjour,
> un pauvre mendier aux portes ; je me suis renseigné et l'on m'a dit
> qu'il y avait dans chaque ville un enclos comprenant une quantité
> de maisonnettes pour les pauvres (...), les aveugles, les paralysés ou
> les personnes trop âgées pour travailler et sans ressources pour survi-
> vre » (G. Pereira).

Malgré tout, c'est à partir de leurs observations sur la justice
et de l'enthousiasme qu'elles suscitent que la société chinoise va
commencer à exercer une grande séduction sur l'Occident. Tous ces
prisonniers en décrivent abondamment l'organisation admirable en
nous expliquant dans les détails la fonction et la hiérarchie de ses
nombreux fonctionnaires. Les juges sont sans cesse transférés d'une
ville à l'autre de manière à ce qu'ils n'aient « jamais le temps de
commettre une action frauduleuse » et ne soient sensibles à aucune
forme de corruption : « Les bons mandarins de Chine avaient l'habitude de ne jamais accepter de pots-de-vin, surtout de la part des
étrangers ; ces mandarins ne sont pas du pays (...), c'est pourquoi
ils sont très cruels et rendent la justice sans complaisance. »

Fondamentalement, la justice chinoise nous est présentée comme
l'opposé de la justice portugaise. Fernão Mendes Pinto, lui aussi
fait prisonnier en Chine, raconte dans sa *Pérégrination* comment
les Portugais scandalisèrent les fonctionnaires chinois lorsqu'ils pro-
posèrent de les corrompre et qu'ils reçurent là une grande « leçon »
sur ce que doit être la « vraie » justice :

> « Mais il n'est pas juste que vous nous priez de parler au juge en
> des termes tels que, par égard pour nous, il ne fasse pas ce que lui
> commande sa charge, car ce serait lui donner une occasion de pécher
> contre la divinité (...) et si vous m'alléguez là-dessus que la justice
> est de votre côté et qu'il faut en tenir compte, cela se verra à votre
> procès, quand on viendra à le juger et non dans les choses que d'autres
> en pourraient dire (...). Quant aux vérifications, elles consistent en
> preuves évidentes, en témoignages conformes aux lois divines, sur les-
> quels le juge se fonde. »

Tous les prisonniers portugais subissent un procès qui, dans ses différentes phases, et dans sa constante application de la justice, suscite toujours leur grand « émerveillement » :

« Nous vîmes combien ces hommes rendaient la justice avec droiture, lorsque, prisonniers des plus grands gouverneurs de ce grand royaume de Chine, nous constatâmes qu'ils refusaient systématiquement nos pots-de-vin et nos petits cadeaux, et qu'ils tenaient à rendre la justice de façon impartiale. Ce qui nous sembla très miraculeux, mais qui n'est rien d'extraordinaire dans le grand gouvernement qui est celui du roi de Chine en son royaume » (A.Ramiro, 1555).

D'autant plus qu'une telle justice s'exerçait sur des étrangers n'ayant aucun droit dans ce pays :

« Quant à la justice que l'on exerce chez ces peuples païens, on ne peut qu'en faire l'éloge et je prendrai pour seule preuve de cette affirmation le jugement que l'on nous réserva, à nous, captifs et étrangers. En terre de chrétiens, je ne sais quel martyr on aurait fait subir à des prisonniers inconnus, comme nous, ayant contre eux des chefs d'accusation ; tandis que nous, sur cette terre de païens, qui avions contre nous deux des hommes les plus puissants du pays (...), voyez donc comme ils rendent la justice. »

Nous pourrions fournir beaucoup d'autres citations de ce genre, qu'il est facile de puiser dans ces *Enformaçōes* de l'époque. Leur vision de la Chine semble cependant s'uniformiser en une image figée : mêmes idées, mêmes descriptions, et mêmes souvenirs narratifs qui se répètent d'un auteur à l'autre, même lorsque ces écrits n'ont apparemment aucun lien entre eux. Toute cette littérature, à laquelle nous avons fait référence, démontre que la Chine est le seul pays où semblent se réaliser toutes les aspirations sociales de l'époque.

Il semble presque que les *merveilles* du mythique Cathay médiéval se transforment, en pleine Renaissance, en ces « merveilles sociales » que les voyageurs admirent en Chine. Le Cathay et la Chine n'ont pas été encore identifiés l'un à l'autre (il faudra attendre encore quelques années les observations de Matteo Ricci et Bento de Goís) mais il existe entre eux un lien très fort, l'un et l'autre représentent, à des époques différentes, une projection des rêves et des désirs européens.

Au Moyen Âge, l'abondance matérielle et la diffusion de la richesse constituent l'envers des misères quotidiennes ; à la Renaissance, à une modification des conditions de vie correspondent des aspirations et préoccupations nouvelles : « l'homme nouveau » veut régénérer « l'ancien monde » et à cette fin, il utilise les modèles provenant d'autres pays. Si la découverte de l'Amérique pouvait offrir l'enthousiasme du « recommencement absolu », de la création d'un « monde sans mal » d'où proviendraient de nouvelles forces pour le renouveau de l'Occident, cette image portugaise de la Chine, concrétisant en elle toutes les valeurs souhaitées par l'homme du XVIᵉ siècle, dessine la mythique société heureuse que l'Europe de l'époque idéalisait comme un modèle vers lequel s'acheminer. En effet la Chine, dans tous les aspects de sa société, est un exemple de bon gouvernement, à tel point qu'elle est considérée comme la meilleure monarchie de l'époque :

> « Et ainsi tout fonctionne si bien, que l'on peut dire sans mentir que c'est la terre la mieux gouvernée du monde entier » (G. Pereira). « Les Chinois surpassent tout le monde en nombre d'habitants, en étendue de royaume, en excellence de civilisation et de gouvernement, en abondance de possessions et de richesses » (Frei Gaspar da Cruz). « On trouve chez ces peuples païens toutes les qualités dont on loue les Grecs et les Latins. » (João de Barros, 1563).

De tous les peuples orientaux avec qui les Portugais sont entrés en contact au XVIᵉ siècle, le peuple chinois est le seul qui soit qualifié de *policé* (civilisé), et ce n'est pas un hasard que ce soit un peuple connu seulement superficiellement. On peut penser que ce sont les Chinois eux-mêmes qui, par leurs choix politico-économiques ont construit leur propre mythe : en effet, ils n'ont toléré que des échanges commerciaux restreints et ils ont limité la présence des voyageurs étrangers sur leur territoire à quelques missionnaires ou membres d'une ambassade. C'est de ces contacts sporadiques que proviennent les *Enformações* déjà citées, par lesquelles les Européens purent jeter un premier regard sur cette fascinante monarchie : cependant, il s'agit d'un regard si rapide qu'au lieu d'augmenter les connaissances sur cette contrée, il perpétue la légende du Cathay en l'adaptant — comme nous l'avons vu — à la mentalité de la Renaissance.

À partir des quelques citations que nous avons reportées ici, nous pouvons facilement imaginer l'expectative que ces descriptions de l'Empire Céleste ont créée chez les Européens et l'enthousiasme que leur lecture a pu susciter auprès d'un public de plus en plus vaste et curieux. Toutefois, pour la société occidentale, le « modèle chinois » n'offrira pas une alternative suffisante, ce type de régénération que l'Europe entière semblait attendre. Les Chinois, en fait, ne correspondent pas à ces peuples chrétiens que la tradition disait être dispersés dans les coins les plus éloignés de l'Asie. Ils sont idolâtres. C'est pourquoi tout en continuant à exercer une forte fascination culturelle, ils provoquent par leurs croyances religieuses une profonde répulsion.

Les prisonniers eux-mêmes, qui étaient restés enchantés des « merveilles sociales » de ce royaume mythique qu'ils avaient observé, en révèlent soudain « l'envers » et livrent des récits terrifiants de rituels religieux, toujours interprétés comme des manifestations du démon. Brusquement, comme par enchantement, la *policia* des Chinois si exaltée et même souhaitée pour eux-mêmes, est assombrie par l'accusation de « barbarité ». Le contraste *barbaro/policia* apparaît toujours dans la vision portugaise de la Chine — et souvent, d'autres pays orientaux également, lorsqu'ils ont la fortune de ne pas être simplement considérés comme *barbaros* — constituant ainsi un véritable topos que l'on peut considérer comme symptomatique des problèmes suscités par la rencontre de l'Europe avec des civilisations autres. Le « différent », « l'autre » — dans ce cas le Chinois — ne vit pas d'une identité qui lui est propre mais reflète, alternativement, et de façon contradictoire, ce qui attire et repousse les civilisations occidentales. Ce qui signifie qu'il peut devenir dans le même temps et indifféremment, l'incarnation des mythes que l'Europe a toujours rêvés, ou la personnification du démon, qu'elle a toujours craint. G. Pereira raconte comment les Chinois sont

« idolâtres au plus haut point : ils adorent tous en général le ciel (...), certains adorent le soleil, d'autres la lune, chacun selon son bon vouloir (...). Dans leurs temples, le diable est beaucoup plus laid que celui que nous représentons chez nous ; les habitants qui le prient de leur accorder ses faveurs ou de jeter des sorts lui rendent de grandes dévotions, et disent de lui qu'il est mauvais et qu'il peut faire du mal ».

Et bien qu'ils soient convaincus que l'âme est immortelle, ils considèrent que

« lorsqu'un homme mourait, il devenait un diable s'il s'était bien comporté sur terre, sinon, le diable le transformait en buffle, en vache

ou en chien ou quelque chose de ce genre ; c'est pourquoi ils hono-
raient le diable et s'offraient à lui, pour être transformé en diable
et non en animal ».

Ainsi la Chine, de pays de l'utopie, se transforme en un
royaume de barbarie dont les habitants, de citoyens les plus justes
et les plus civilisés de ce monde sont rabaissés à des « sauvages »
dont la plus grande aspiration, à la fin de la vie terrestre est de
se transformer en diables. Les Chinois, d'ailleurs, nous sont toujours présentés comme en proie aux caprices du démon, sans cesse
préoccupés d'accomplir toutes ses volontés.

L'histoire de la « recherche du Cathay », comme celle des premiers Portugais en Chine serait incomplète si nous ne disions pas
un mot sur l'activité des jésuites et sur leurs écrits extrêmement
précieux. En effet, les pères et les frères de la Compagnie de Jésus
qui partaient pour de nouvelles missions avaient l'habitude d'envoyer
à leurs collègues de Goa et d'Europe des récits pleins de détails
sur les petits progrès de leur œuvre d'évangélisation et, surtout,
des nouvelles sur le pays et sur les gens dans le but de faciliter
les missions futures. Cependant, les efforts des jésuites restèrent sans
succès jusqu'à la fin du XVIᵉ siècle et, avant cela, ils durent limi-
ter leurs activités aux îles de la baie de Canton.

Saint François Xavier, l'« Apôtre des Indes », avait dans les dernières années de sa vie planifié l'invasion spirituelle du « Royaume
du Milieu », mais ceci resta un rêve car il mourut dans l'île de Zang-
Zhouen (Sanchoao, 1552) dans l'attente de l'autorisation de se rendre à Canton. Durant d'autres longues années, les autorités de Pékin
empêchèrent l'entrée des jésuites qui, depuis les îles qui bordaient
le grand empire, continuèrent à en imaginer la culture, la religion
et la société. De cette manière, se fondant eux aussi sur de rares
nouvelles rapportées par des marchands-aventuriers de passage ou
sur de brèves visites à Canton, les jésuites contribuèrent à la construction de la vision mythique de la Chine, se persuadant, entre
autres, de la facilité qu'il y aurait à convertir ces gens.

Au cours des années qui suivront, les pères jésuites auront une
approche de plus en plus réaliste vis-à-vis de cette terre et de ses
habitants et ils commenceront à se convaincre des dures difficultés
qu'il leur faudra affronter pour diffuser leur foi en Chine.

Le Cathay et ses peuples chrétiens dispersés — de réminiscence
médiévale — devient de plus en plus imprécis et lointain jusqu'à

disparaître tout à fait. Ont-ils jamais existé ? Et si ceci est la Chine, où est le Cathay ?

L'identification du Cathay avec la Chine — et de Cambaluc avec Pékin — se fera grâce à Matteo Ricci (jésuite italien de très grande importance pour la diffusion en Occident des connaissances sur la Chine où il vécut de 1582 à 1610). Cette « découverte » sera plus tard confirmée par le Portugais Bento de Goís avec son voyage par voie de terre de l'Inde jusqu'à la Grande Muraille (1602-1607). Il nous vient spontanément à l'esprit de mettre en doute la nécessité d'un voyage (et quel voyage !) pour confirmer ce qui, désormais, semblait universellement accepté. Mais en réalité, les croyances qui pendant des siècles ont préfiguré l'imaginaire d'un peuple ne disparaissent pas rapidement face à l'évidence de la réalité, et dans ce contexte, d'éventuelles confirmations de ce qui semble être déjà évident ne sont jamais superflues.

Des marchands et autres voyageurs de passage dans les missions jésuites de l'Inde du Nord (Empire mongol) persistaient à confirmer l'existence de communautés chrétiennes dispersées en Extrême-Orient, au-delà de l'Himalaya, dans des régions vaguement connues et identifiées sous le nom de Cathay. On racontait que ces gens avaient des églises (avec des images sacrées peintes et sculptées) et adoraient la Croix et la Vierge. Le pouvoir et l'immortalité du vieux mythe Cathay fit tant et si bien que les jésuites, stimulés par ces récits, continuèrent à admettre, bien qu'avec un léger doute, que le Cathay pouvait être un royaume proche de la Chine (ou d'une partie de la Chine qui lui avait donné ce nom), vu que l'on n'avait rencontré aucun chrétien dans toute la Chine jusqu'alors « découverte ».

Le projet d'un nouveau voyage pour déchiffrer le mystère Cathay-Chine fut encouragé par Philippe II lui-même (le Portugal étant alors annexé temporairement par l'Espagne) qui le considérait comme important, non seulement pour des motifs religieux, mais aussi pour faire concurrence aux Hollandais et aux Anglais qui depuis des années tentaient d'entrer en contact avec le Cathay par l'Europe du Nord — voyages de J.Cabot (1496-1498), S.Cabot (1512 et 1526), H.Willoughby (1553), etc., sans avoir toutefois obtenu aucun résultat.

Le père Bento de Goís fut choisi pour une telle mission, incroyable par son itinéraire et sa difficulté. Après presque quatre mille kilomètres de marche, il parvint jusqu'à la cité chinoise de Sucheu, proche de la Grande Muraille où il mourut dans un état de grande misère et d'épuisement (1607).

Cet extraordinaire voyage à pied fut accompli pour parvenir à la conclusion que « le Cathay se différenciait de la Chine seulement par le nom et que la cour que les Maures appellent Cambaluc était Pékin, chose que Bento Goís, avant même de quitter l'Inde savait que nous-mêmes nous l'entendions ainsi » (Matteo Ricci).

La publication à Lisbonne, des années plus tard, d'un curieux petit livre intitulé *Novo descobrimento do Gram Catayo, ou reinos do Tibet* (1626), qui consiste en la reproduction de la lettre du père jésuite António de Andrade sur son voyage au Tibet, nous paraît encore plus incroyable.

En effet, comment est-il possible, presque quarante ans après l'identification du Cathay avec la Chine, de parler encore d'une « nouvelle découverte » du Cathay, qui désigne cette fois le Tibet ? Ceci d'autant plus que dans une seconde lettre ce même père jésuite affirme que ce qu'on appelle Cathay n'est pas un royaume particulier, mais une grande ville, appelée Katay, capitale d'une certaine province tout près de la Chine.

En réalité, les Européens ne prenaient pas suffisamment en considération la distinction entre Tibet et Cathay, ni davantage entre ce dernier et la Chine. En outre, le nom de Cathay était bien mieux connu que celui du Tibet, et en le choisissant comme titre pour le récit du premier voyage d'un Européen dans l'Himalaya et dans la vallée du Sultei, il compte probablement exploiter le pouvoir d'évocation que présente ce nom. En plein XVIIᵉ siècle, la charge mythique du Cathay ne semble pas épuisée et peut encore servir à la publicité d'un livre : après des siècles de voyages en Orient, le Cathay demeure un nom magique qui, plus que la Chine ou le Tibet, parvient encore à faire rêver l'Europe.

Traduction de Françoise Liffran et d'Ariane Witkowski (citations en portugais)

Raffaella d'Intino

Le miroir asiatique

Geneviève Bouchon, Luís Filipe Thomaz et João Paulo Costa

Certains textes inédits jusqu'à ce jour d'Indiens musulmans et chrétiens, de Malais, de Chinois et de Japonais décrivent l'arrivée de leurs « découvreurs ».

Rencontre des Portugais et des chrétiens du Malabar

Retrouver leurs frères d'Asie avait été, depuis le VIᵉ siècle, l'une des grandes espérances des chrétiens d'Occident. Sa puissance était telle que lors de leur premier séjour à Calicut, Vasco de Gama et ses compagnons prirent les rites de l'hindouisme pour ceux d'un christianisme exotique. L'illusion ne se dissipa qu'au retour de Cabral (1501) : les chrétiens n'étaient au Malabar qu'une minorité respectée que ses traditions rattachaient à la prédication de l'apôtre Thomas et ses statuts à l'Église nestorienne.

Si la rencontre tant attendue fut exaltée par le roi Manuel Iᵉʳ dans ses missives au pape et aux souverains d'Europe, quelle fut la réaction des chrétiens de l'Inde à l'arrivée des Portugais ?

Un manuscrit syriaque, récemment retrouvé dans les archives vaticanes, contient une lettre adressée en 1504 par quatre prélats du Malabar à leur supérieur hiérarchique, le Catholicos d'Orient, qui résidait alors en Haute Mésopotamie. Ils relatent les dramatiques incidents qui marquèrent l'expédition d'Álvares Cabral à Calicut et l'établissement des Portugais à Cochin.

(Dans ce texte, comme dans tous ceux de l'époque, les hindous sont désignés sous le nom de « Gentils », par analogie avec les Grecs et les Romains de l'Écriture, c'est-à-dire les païens. Les Portugais, eux sont appelés les « Francs ». Ce mot, de l'arabe *Frangui*, désignait de fait tous les chrétiens d'Occident.)

« Et apprenez aussi, ô nos Pères, qu'un Roi envoya des chrétiens d'Occident, qui sont nos frères Francs, vers ces contrées de l'Inde de puissants navires ; et qu'ils passèrent une année en mer avant d'arriver. En premier ils vinrent à la région méridionale, au-delà de l'Abyssinie, et puis arrivèrent ensuite à cette terre de l'Inde... Et ils ouvrirent le chemin et nous l'apprirent bellement.

« Et de nouveau envoya ledit Roi — que Dieu préserve sa vie ! — six navires énormes et ils arrivèrent à la ville de Calicut en six mois... Mais en la ville de Calicut se trouvaient de nombreux Ismaélites ; et ils s'enragèrent, et de jalousie s'enflammèrent contre les chrétiens ; et ils s'en furent les calomnier devant le roi des Gentils, lui mentirent à leur sujet et lui dirent insidieusement : « Ces hommes sont venus de l'Occident et ils ont vu que tes cités et ton pays étaient beaux ; et ils repartiront auprès de leur roi et enverront de nombreuses forces et des navires contre toi, t'assiégeront et te prendront ton pays. » Et le roi des Gentils crut les paroles des Ismaélites et fit selon leur gré : comme pris de folie, il ordonna de tuer tous ceux desdits Francs qui étaient en sa ville, soixante-dix hommes et cinq prêtres qui étaient avec eux. Et le reste des hommes qui étaient restés à bord reprirent la mer avec grande tristesse, amertume et lamentation, et s'en furent auprès de nos chrétiens dans la ville qui s'appelle Cochin.

« Là aussi les Gentils avaient un roi ; et lorsqu'il les vit en si durs travaux et en si grande affliction, il ordonna qu'on les conduisît en sa présence, les conforta et leur jura : « Je ne vous abandonnerai pas, même dans la mort ! » Quand ceci fut rapporté au roi inique qui avait ordonné de tuer ces hommes, il s'enflamma d'une grande colère et rassembla de nombreuses forces et marcha sur eux. Et les Francs se réfugièrent, avec le roi dont ils étaient l'hôte, dans une forteresse en bord de mer, et restèrent là quelques jours. Alors le Christ prit pitié d'eux et survinrent de nombreux navires du pays de ces Francs, et ils livrèrent farouche bataille et dur combat au roi de Calicut, et ils lancèrent de lourdes pierres avec des catapultes et tuèrent beaucoup d'hommes dans le camp de ce roi inique ; et ils le mirent en fuite et le refoulèrent avec ses troupes loin de la côte.

« Puis les Francs vinrent à la ville de Cochin et bâtirent en elle une grande forteresse où ils placèrent trois cents hommes de guerre, certains aux engins, d'autres tireurs de flèches d'arbalète. Et ils mirent à l'intérieur une cinquantaine d'énormes catapultes et une centaine de petites, et des arcs de feu avec lesquels ils lançaient des flèches d'arbalète. Et ce roi leur ennemi — que périsse sa mémoire ! — vint de nouveau, fondit sur eux et livra un nouveau combat ; et il fut vaincu par le pouvoir du Christ...

« Et vint le capitaine desdits Francs à une autre ville qui s'appelle Cananor auprès d'un autre souverain des Gentils et il leur donna un lieu et une grande maison ; et il se réjouit fort avec eux. Et le capitaine chrétien lui donna des vêtements d'or, de pierres précieuses et d'écarlate. Et ils achetèrent de poivre quatorze *tagaras* [un tagara = 58 kg environ] qu'ils envoyèrent vers leurs pays et partirent. Et restèrent des leurs une vingtaine d'hommes dans la ville de Cananor.

« Et nous, quand nous vînmes à Cananor, nous fûmes jusqu'à eux et leur dîmes « nous sommes chrétiens » et leur fîmes savoir notre condition ; et beaucoup jubilèrent avec nous et nous donnèrent de beaux habits et vingt *dariques* d'or [monnaie de Darius ; ici, sans doute des cruzados], et ils firent beaucoup d'honneur à ce voyage entrepris au-delà de nos forces pour l'amour du Christ. Et nous restâmes auprès d'eux deux mois et demi.

« Et ils déterminèrent en un certain jour de célébrer ensemble les mystères, c'est-à-dire d'offrir ensemble l'oblation. Ils avaient choisi pour eux un beau lieu comme maison de prières. Et tous les jours leurs prêtres consacraient et offraient l'oblation ; telle est leur coutume. Et le dimanche de Nuzardel [le septième dimanche après la Pentecôte, soit le 14 juillet 1504] après que leurs prêtres eurent consacré, nous entrâmes nous aussi et consacrâmes ; et ce fut bien beau à leurs yeux. Et après cela, nous retournâmes auprès de nos chrétiens... Et les Francs n'étaient pas plus de quatre cents hommes ; et d'eux la crainte et la terreur se répandirent parmi tous les Gentils et les Ismaélites qui existent en ces contrées. Et leur terre s'appelle Portugal, un des pays des Francs. Et leur roi s'appelle Emmanuel — qu'Emmanuel pour toujours le préserve ! »

Carta que mandaram os padres da India, Codex Vaticanus Syriacus CCIV.

Les Portugais à Ceylan

Le *Rajavaliya*, chronique des rois de Ceylan, condense plusieurs récits anciens dont celui de l'arrivée des Portugais dans l'île. Il s'agit

sans doute ici d'impressions recueillies lors de la venue de la première délégation portugaise, conduite en décembre 1505 par dom
Lourenço de Almeida.

> « En ce temps-là, un bateau portugais entra dans la rade de Colombo.
> Les hommes qui surveillaient le port s'en allèrent informer le roi Parâk-
> rama Bahu :
> « Il y a dans notre port de Colombo une race de gens à peau claire
> et de mine avenante. Ils portent des vestes et des chapeaux de fer.
> Ils ne restent pas un instant à la même place, ils vont de-ci de-là...
> Ils mangent de gros morceaux de pierre et ils boivent du sang. » Le
> pain et le vin ainsi désignés ne suffisent pas à leur subsistance : « Ils
> donnent deux ou trois pièces d'or et d'argent pour un poisson et un
> citron. Le bruit de leur canon est plus fort que celui du tonnerre
> quand il éclate sur le rocher de Yugandhara. Leurs boulets volent et
> fracassent les forteresses de granit... »
>
> *Rajavaliya*, Colombo, 1980, p. 63.

La prise de Malacca
dans la tradition malaise

La puissance de feu des Portugais et leur habileté à édifier de
solides forteresses ont partout impressionné les populations asiati-
ques. Rédigé en malais au XVIIIᵉ siècle et de caractère plus littéraire qu'historique, ce récit inédit de la conquête de Malacca en
1511 se fait l'écho des souvenirs, des préjugés et des ressentiments
suscités par cent trente années de présence portugaise (1511-1641).

> « Voici une histoire des temps anciens, lorsque les Francs arrivèrent
> au pays de Malacca.
> « À cette époque-là régnait le sultan Ahmed Shah ; la ville de Malacca
> était alors très active dans le commerce, prospère et bien gouvernée.
> À quelque temps de là, les navires portugais arrivèrent à Malacca dont
> les fortifications étaient alors en troncs de palmier.
> « Le capitaine du navire débarqua pour commercer, avec plusieurs
> autres capitaines, apportant au roi, le sultan Ahmed Shah, un pré-
> sent d'or, de réales, d'étoffes et de chaînes de Manille ; et le sultan
> apprécia beaucoup ces capitaines portugais. Après cela, tous les désirs
> des capitaines étaient satisfaits par le sultan Ahmed Shah ; et un

Bendahara et un Temenggong [notables malais] lui firent observer respectueusement :

« — Que Votre Altesse ne soit pas naïve à l'égard de ces hommes blancs car dans l'opinion de vos vieux serviteurs, il n'est pas convenable que vous protégiez ces nouveaux arrivés.

« Alors le sultan Ahmed Shah parla ainsi :

« — O respectable Bendhara et noble Temenggong, qu'est-ce que vous en savez ? Comment ces hommes blancs pourraient-ils causer la perdition de ce pays ?

« Après cela, dans leurs cœurs le Bendhara et le Temenggong ne se sentaient pas bien ; et ils firent observer respectueusement au roi :

« — De ces hommes blancs ne viendra rien de bon pour Votre Altesse...

« Cependant, le Bendhara et le Temenggong ne purent obtenir rien de plus.

« Alors, les capitaines des navires offrirent plusieurs chaînes d'or de Manille aux notables du pays de Malacca ; et tous les notables du pays de Malacca furent satisfaits des capitaines des navires portugais. Seuls le Bendhara et le Temenggong n'étaient pas satisfaits.

« Les navires portugais demeurèrent à Malacca, faisant du commerce, pendant à peu près quarante jours. Et les Portugais débarquèrent de nouveau pour offrir à Son Altesse des cassettes pleines de reales, de l'or et de belles étoffes. Et le sultan fut content. Alors il parla ainsi aux capitaines portugais :

« — Que désirent encore de nous nos amis qui nous apportent un si grand présent ?

« Alors les capitaines des navires lui dirent :

« — Nous voudrions demander quelque chose à notre cher ami - ceci si vous désirez maintenir de bonnes relations avec nous autres, hommes blancs.

« Et le sultan Ahmed Shah parla :

« — Parlez, nous vous écoutons ; s'il s'agit d'une chose que nous possédons, sans doute nous satisferons les désirs de nos amis.

« Les capitaines des navires alors :

« — Nous voudrions demander une petite parcelle de terre, au plus de la grandeur d'une peau d'animal.

« Et le roi parla :

« — Que nos amis ne s'attristent pas ! Prenez la terre autant qu'il vous plaira ! Si telle est sa grandeur possédez-la !

« Et les capitaines portugais furent très satisfaits. Et les Portugais débarquèrent, apportant des bêches pour creuser, des briques et de la chaux. Ils allèrent chercher une peau d'animal, ils en firent une corde et se

mirent à mesurer avec elle un carré. Ils élevèrent un bâtiment considérable, aux murs épais, avec des ouvertures pour les canons. Alors
les gens de Malacca demandèrent :

« — Que sont ces ouvertures ?

« Et les Portugais répondaient :

« — Ce sont les ouvertures que les hommes blancs utilisent comme
fenêtres !

« Puis comme les gens se taisaient, à plusieurs reprises le Bendhara
et le Temenggong firent observer respectueusement au Roi :

« — Sire, qu'il ne soit pas permis aux hommes blancs d'élever un
grand bâtiment !

« Mais le Roi parla :

« — En aucune façon ces hommes blancs ne pourront causer la perte
de ce pays ; je vois que ces hommes blancs ne sont pas nombreux ;
et si leurs desseins sont mauvais, nous observerons leur comportement ;
et nous donnerons l'ordre de leur faire *amok*.

« Alors le Bendhara et le Temenggong ne furent pas satisfaits dans leur
cœur car ils étaient tous deux des gens avisés. Voici le comportement
des Portugais : pendant la nuit ils déchargèrent des canons de leurs navires
et des arquebuses contenues dans les coffres qu'ils disaient remplis de
tissus. C'est ainsi que les Portugais trompèrent les gens de Malacca.

« Puis, après un certain temps, le bâtiment de pierre fut terminé et
toutes ses armes prêtes. C'était environ minuit et tout le monde dor-
mait quand les Portugais se mirent à bombarder la cité de Malacca,
et toutes les maisons des habitants tombèrent en ruine ainsi que la
forteresse en bois de palmier.

« Après cela, sous les bombardements des Francs, au milieu de la nuit,
le roi Ahmed Shah et avec lui tout le peuple s'enfuirent sans savoir
où aller, ni avoir l'opportunité de résister. Et les Francs s'emparèrent
de Malacca... Telle est l'histoire des Francs qui arrachèrent jadis la
ville de Malacca des mains du sultan Ahmed Shah...

« Et le temps que les Portugais restèrent à Malacca la ville fut très
active et de très nombreux marchands venaient commercer dans son
port. Telle est l'histoire de Malacca au temps jadis. »

Londres, Royal Asiatic Society, *manuscrit Raffles Malay 32, trad. Luís Filipe Thómaz.*

L'image des Portugais
dans la tradition musulmane

À la faveur d'une conjoncture politique favorable, les communautés islamiques du Malabar tentèrent de s'assurer la maîtrise de

l'océan Indien à la fin du XVIᵉ siècle. La nécessité d'éliminer les
Portugais inspira l'appel à la guerre sainte. C'est dans ce contexte
qu'il convient d'apprécier le récit de Zaynuddin, un Arabe de Pon-
nani contemporain de ces événements. Ce texte est important, car
il fut largement diffusé et fixa pour plusieurs siècles une image infâ-
mante des Portugais dans les traditions locales.

« Les musulmans de Malabar vivaient dans le bien-être et la commodité grâce à l'affabilité des princes du pays, au respect de leurs traditions et aux faveurs liées à leur condition. Ils en oublièrent cependant le bienfait, péchèrent et se révoltèrent contre Dieu. Et pour cette
raison, Dieu leur envoya comme maîtres les Portugais, des Francs chrétiens — que Dieu les abandonne ! — qui les tyrannisèrent, les corrompirent et leur firent subir des actes ignobles et infâmes. On ne
comptait plus les violences, le mépris, les sarcasmes quand ils les obligeaient à travailler ; ils mettaient leurs embarcations à sec ; ils leur
lançaient de la fange au visage et sur le reste du corps, et leur cra-
chaient dessus ; ils les spoliaient de leur commerce, interdisaient leur
pèlerinage [à La Mecque], les volaient, brûlaient leurs villes et les mosquées, arraisonnaient leurs navires, maltraitaient le Coran et leurs livres
[de religion], les piétinaient et les brûlaient ; ils profanaient les encein-
tes sacrées des mosquées ; ils incitaient les musulmans à l'apostasie
[de leur foi] et à l'adoration de la croix, les subornant pour cela ;
ils paraient leurs femmes des bijoux et des riches vêtements arrachés
aux femmes musulmanes ; ils assassinaient les pèlerins, et les autres
musulmans avec toutes sortes de violences ; ils insultaient publique-
ment l'Apôtre de Dieu ; ils capturaient les musulmans, et attachaient
de lourdes chaînes aux captifs ; ils les traînaient sur les places des marchés pour les vendre comme esclaves, et les violentaient alors de
manière incroyable pour en obtenir un meilleur prix ; ils les entas-
saient dans un édifice lugubre, infect et sinistre ; ils leur donnaient
des coups de botte quand ils faisaient leurs ablutions ; ils les tortu-
raient avec le feu ; ils en vendaient quelques-uns, ils faisaient des
autres leurs esclaves ; sur d'autres encore ils commettaient des actes
cruels qui révélaient une absence de sentiments humains ; [enfin] ils
partaient bien armés en croisade sur les côtes de Gujarat, de Concan,
de Malabar et de l'Arabie, et ils faisaient planer la menace de prendre les navires, de s'emparer des biens et de faire de nombreux captifs. Que de femmes de haute distinction capturèrent-ils et violèrent-
ils jusqu'à obtenir d'elles des enfants chrétiens, ennemis de la foi de
Dieu et hostiles aux musulmans ! Que de seigneurs, d'hommes de
science et de princes ont-ils capturés et violentés jusqu'à la mort ! Que

de musulmans et de musulmanes ont-ils convertis au christianisme !
Et il y a tant d'actes semblables qu'ils ont commis, et si offensants
et ignobles que la langue se fatigue à les narrer, et répugne à les dire
ouvertement ; — puisse Dieu, glorieux et omnipotent, les punir ! De
fait, leur grand désir et préoccupation est d'arracher les jeunes comme
les vieux à la foi musulmane, et de les faire entrer dans l'Église chrétienne — Dieu nous délivre de telles choses ! — ; et si nous vivons
en paix avec eux, c'est la nécessité de vivre ensemble qui nous y força,
car la plus grande partie de la population des ports de mer est musulmane, et assurément les Francs qui arrivèrent du Portugal avec les premières moussons, voyant à Cochin la tolérance exercée envers les musulmans, — et continuée jusqu'à aujourd'hui — et l'absence d'obstacle, blâmèrent son capitaine parce qu'il ne les obligeait pas à se convertir, et voulurent ainsi éteindre par la calomnie la lumière de Dieu ;
mais Dieu ne pourra interdire à sa lumière de s'éteindre et il voudra
bien au contraire que les infidèles soient pourchassés. Et il est aussi
vrai que le capitaine des Francs dit au roi de Cochin : « Expulsez les
musulmans de Cochin, parce que les avantages que tu obtiens d'eux
sont minces en comparaison de ceux que tu obtiendras de nous, qui
seront doublés » ; mais il leur répondit : « Ils sont nos sujets depuis
les temps les plus anciens, et nous avons construit notre cité avec eux ;
il nous est impossible de les expulser. » L'inimitié des Francs ne
s'exerce donc bien qu'à l'égard des musulmans et de leur croyance
et non envers les Naires [nobles indiens] ou d'autres infidèles. »

Les Portugais au Japon

Les Portugais étaient arrivés en mer de Chine en 1513 ; pendant sept années ils maintinrent de bonnes relations avec les offi-
ciels de l'Empire du Milieu. Mais ensuite l'arrogance des *fidalgos*
et la xénophobie des mandarins provoquèrent de manière décisive
l'interruption des relations luso-chinoises et le désintérêt momentané de la Couronne portugaise pour l'Extrême-Orient. Les eaux
de l'Asie orientale devinrent à partir d'alors le paradis des aventuriers portugais qui désiraient s'enrichir, en désertant le service de
la Couronne. Ces navigateurs privés surent peu à peu gagner la
confiance des populations locales de la côte chinoise : en 1542, ils
réussirent enfin à obtenir l'autorisation d'hiverner dans un port chinois et dès l'année suivante ils atteignirent l'archipel nippon, et
rétablirent ainsi le commerce entre la Chine et le Japon, depuis

longtemps interrompu. Le texte qui suit appartient à une vieille chronique japonaise et nous permet de comprendre le regard que portaient les Orientaux sur les Portugais — quelques-unes de leurs habitudes et leur constante déambulation sur les mers loin de leur terre natale étaient les aspects qui les impressionnaient le plus.

Notons également ce jugement étrange des Chinois envers les Portugais, rapporté par Cristóvão Vieira dans sa « Lettre de Canton » de 1521 : « Ils ne savent pas combattre sur terre ; ils sont comme les poissons : quand on les sort de l'eau, ils meurent aussitôt. » À cette époque, cependant, ils n'inspiraient aucune peur : les aventuriers qui découvrirent le Japon étaient des marchands et non des conquérants.

> « Ces hommes, barbares du Sud-Est, sont commerçants. Ils comprennent jusqu'à un certain point la distinction entre supérieur et inférieur, mais je ne sais s'il existe entre eux un protocole quelconque. Ils boivent dans un verre sans l'offrir aux autres ; ils mangent avec les doigts, et non pas avec des baguettes comme nous. Ils montrent leurs sentiments à cœur ouvert. Ils ne comprennent pas le sens des caractères écrits. Ce sont des gens qui passent leur vie à errer de-ci de-là, sans domicile fixe, et échangent des choses qu'ils possèdent contre celles qu'ils n'ont pas, mais au fond ce sont des gens qui ne font pas de mal. »
>
> *Extrait du* Teppo Ki.

L'introduction
des armes à feu au Japon

Dans sa *Pérégrination*, Fernão Mendes Pinto nous raconte l'arrivée des Portugais au Japon. Cet aventurier fut de fait un des premiers Européens à visiter le pays du Soleil Levant.

Nous savons aujourd'hui que le texte de Mendes Pinto relatif au Japon, bien qu'il soit imprécis et ne respecte pas les dates, est une source excellente sur ce que furent les premières relations entre Portugais et Japonais. L'auteur nous rend compte de la curiosité réciproque, plus accentuée chez les Japonais qui, en raison de leur isolement, ignoraient encore la majeure partie de la planète. Il nous révèle également l'intérêt des marchands portugais pour les produits de l'archipel japonais et la découverte de ce qui pouvait réactiver le commerce sino-japonais. Il décrit également le début de la mission chrétienne en cette île sous le commandement énergique de saint François Xavier et la manière dont ce missionnaire fut suborné par Mendes Pinto et ses compagnons pour aller évangéliser l'empire japonais.

Un des chapitres les plus intéressants de la *Pérégrination* est celui qui nous raconte l'épisode où le fils d'un grand seigneur féodal se blessa en manipulant une arquebuse *[espingarda]*, fait chargé d'un symbolisme inimaginable à l'époque par l'auteur.

Quand les Portugais arrivèrent au Japon en 1543, cet empire était dévasté par une perpétuelle guerre civile, qui traînait depuis deux siècles, et se trouvait alors dans une impasse. Les soldats japonais ignoraient les armes à feu, et ne combattaient qu'avec des flèches et des armes blanches. Ainsi ce furent les Portugais qui, en introduisant les arquebuses au Japon, bouleversèrent l'équilibre stratégique existant. Seulement dix-sept années après le premier débarquement lusitanien, avait commencé la réunification politique de l'empire sous l'impulsion d'Oda Nobunaga, grand chef de guerre qui s'était aperçu tout de suite de l'importance de la nouvelle arme : équipant rapidement ses hommes d'arquebuses reproduites d'après les modèles achetés aux Portugais, il profita de son avantage momentané pour vaincre ses principaux opposants. La centralisation sera acquise en 1587 par Toyotomi Hideyoshi et à partir de 1603 les Togukawa gouvernèrent un empire déjà pacifié.

> « Souvent je passais mon temps avec mon arquebuse à tuer des tourterelles et des cailles dont il y avait abondance dans le pays. Cependant cette nouvelle façon de tirer ne semblait pas moins merveilleuse et nouvelle aux habitants de cette contrée qu'à ceux de Tanixuma, de sorte que, voyant une chose qu'ils ne connaissaient pas encore, ils en faisaient si grand cas qu'il me serait impossible de vous le dire. C'est pourquoi le second fils du roi, nommé Arichandono, âgé de seize à dix-sept ans, que le roi aimait beaucoup, me pria un jour de lui apprendre à tirer ; je me récusais toujours, disant qu'il fallait y consacrer beaucoup plus de temps qu'il ne le croyait. Mais, lui, ne se payant point de ces raisons, se plaignit de moi au roi son père qui, pour lui complaire, me pria de bailler au prince une couple de charges, afin de lui faire passer cette fantaisie. Je lui répondis que je lui en donnerais autant qu'il plairait à Son Altesse. Or, comme

il mangeait ce jour-là avec son père, la partie fut remise à l'après-dîner ; mais là non plus, rien ne put se faire, car il accompagna la reine sa mère à un proche village où l'on accourait de toute part en pèlerinage, à cause d'une fête que l'on y donnait pour la santé du roi.

« Le jour suivant, ce jeune prince s'en vint au logis où j'étais suivi seulement de deux jeunes gentilhommes. M'ayant trouvé endormi sur une natte et mon arquebuse pendue à un crochet, il ne voulut pas m'éveiller avant d'avoir tiré une couple de charges, espérant, comme il me le dit depuis, que ces coups, qu'il tirerait tout seul, ne seraient point compris dans ceux que je lui avait promis. Ayant donc ordonné à l'un des jeunes gentilhommes qui le suivaient d'aller tout doucement allumer la mèche, il prit l'arquebuse là où elle était pendue, et, voulant la charger comme il m'avait vu faire quelquefois, mais ne sachant pas la quantité de poudre qu'il y fallait mettre, il emplit le canon de la hauteur de plus de deux empans, puis il y plaça la balle et mit en joue, dans l'intention de tirer contre un oranger qui n'était pas loin de là. Mais, ayant fait feu, le malheur voulut pour lui que l'arquebuse crevât en trois endroits et le blessât de deux coups, dont l'un lui estropia presque le pouce de la main droite. Aussitôt ce jeune prince se laissa choir comme mort ; ce que voyant, les deux gentilhommes de sa suite prirent la fuite vers le palais et s'en allèrent, criant par les rues que l'arquebuse de l'étranger avait tué le prince... »

Fernão Mendes Pinto, La Pérégrination, *ch. 136.*

À la fin du XVIᵉ siècle, la situation politique du Japon allait être tout autant bouleversée que celle du Portugal. Sous le Soleil Levant, la longue guerre civile qui avait dévasté le pays pendant deux siècles s'était achevée : l'Empire était alors gouverné par le shogun Toyotomi Hideyoshi ; le pouvoir central voyait d'un mauvais œil l'introduction d'une nouvelle religion, le christianime, issue d'une civilisation aussi différente que pouvait l'être pour les Japonais celle des Portugais. Le shogun se méfiait également des intentions du nouveau roi du Portugal, Philippe II d'Espagne, car il n'oubliait pas l'occupation des Philippines par les Espagnols quelques années auparavant. La lettre que nous présentons ici, envoyée par Hideyoshi en 1597 au gouverneur de Manille, rend compte de ces problèmes qui laissent présager la fin tragique des missions catholiques du Japon : pendant la première moitié du XVIIᵉ siècle, les shoguns Tokugawa (au pouvoir à partir de 1603) limiteront l'action des missionnaires, les expulseront et persécuteront les convertis ainsi que les religieux qui persisteront à rester sur le sol nippon. Ayant toujours soutenu les missionnaires, les Portugais finirent par perdre leur autorisation de commercer en 1640.

Cette lettre montre également très bien comment l'annexion momentanée du Portugal par l'Espagne lui porta préjudice — le shogun ne s'adresse pas au gouverneur de l'État de l'Inde (l'entité portugaise qui continuait à administrer le commerce avec les Japonais) mais au gouverneur de Manille (l'entité espagnole qui profitait de la soumission des Portugais pour étendre leur influence en Extrême-Orient).

« Vous avez envoyé de fort loin votre émissaire, lequel endura bien des peines pour me visiter, et par son entremise vous m'avez envoyé votre portrait pour me saluer en votre lieu et place, et ledit portrait fut pour moi comme si vous étiez présent à mes yeux, et comme si j'entendais vos paroles vivantes, bien qu'en vérité nous fussions éloignés de milliers de lieues, avec entre nous les terres, les nuages, les mers et les vagues.

« Après la séparation du ciel et de la terre et le commencement du monde, ce royaume du Japon a vénéré comme Dieu et Seigneur Shinto et en vertu de ce Shin, le ciel et la lune suivent leurs courses ; et de ce même Shin procèdent la diversité de l'été, de l'automne, et des quatre temps de l'année, ainsi que le soulèvement et la dispersion des vents, des nuages, la création de la pluie et de la rosée, et [...] la terre, le vol des oiseaux, le mouvement des animaux, la croissance des arbres et des herbes, finalement toutes les choses procèdent et participent de l'admirable être de ce Shinto, lequel tant que les hommes participent de lui maintiendra une distinction entre seigneurs et vassaux, et par la même cause il existe parmi les hommes des différences entre les jeunes et les vieux, et l'union entre le mari et la femme ; de là procèdent toutes les choses, et en lui elles s'achèvent et elles recommencent leur cycle.

« Les choses étant telles, il y a quelques années abordèrent en ce royaume des prêtres qui prêchaient une certaine loi de royaumes étrangers, loi diabolique, et ils voulaient pervertir les rites du bas peuple, des hommes comme des femmes de nos royaumes, et par l'introduction des usages de leurs terres, ils troublèrent les cœurs du peuple, et rongèrent ainsi la gouverne de ce royaume, de sorte que je fis rigoureusement prohiber cette loi et ordonnai son interdiction, surtout à ces religieux qui vinrent naguère de ce royaume [Philippines], lesquels ne s'en retournèrent pas, mais errèrent de bourgs en villages pour prêcher secrètement au bas peuple, aux serfs et aux esclaves leur loi étrangère. Apprenant cela, et ne pouvant le souffrir, j'ordonnai qu'on les tuât, car j'avais pour information que dans vos royaumes la divulgation de la loi était un stratagème et une tromperie par lesquels vous asservissiez les royaumes étrangers ; et d'aventure, si de notre royaume des Japonais, religieux ou séculiers, se rendaient dans les vôtres, puis en troublaient la quiétude, et induisaient le peuple en erreur et le perturbaient en prêchant la loi de Shinto, vous qui gouvernez ces royaumes, en seriez-vous bien aise ? Certes non. Ainsi vous pouvez juger de mes actes. Je pense en mon for intérieur que par de telles actions vous avez chassé l'ancien seigneur de ce royaume pour vous en approprier le titre ; et que vous prétendiez de même manière briser et anéantir mes lois par la vôtre et vous emparer de ce royaume du Japon.

« J'étais donc fort en colère et plein de courroux par ce qui vient d'être dit, quand à cette même époque apparut un navire à la dérive dans les eaux du royaume de Tossa : je m'en fus rassembler les biens qu'il transportait sans les disperser ni les distribuer, et j'étais décidé à vous les faire remettre, toutefois comme les vôtres s'opposaient à mes lois, je retins lesdits biens en mon pouvoir ; il vous paraîtra peut-être que je devais alors vous les restituer, mais puisque pour renouer une ancienne amitié vous m'envoyez maintenant un émissaire de si loin, lequel dut endurer les peines des tempêtes sur des mers furieuses, et que vous désirez vous allier au Japon et reconduire cette amitié, ne laissez plus prêcher ici cette loi étrangère et fausse, et vous pourrez ainsi en tout temps commercer avec ce royaume du Japon, et à vos navires marchands qui viendront avec une lettre patente porteuse de mon sceau, aucun mal ne sera fait sur terre ni sur mer.

« Si d'aventure les Japonais, qui de mon royaume vont et viennent à votre terre, perturbaient et troublaient le peuple de votre royaume et ne se conformaient pas à vos lois, vous pourrez les arrêter et les emprisonner, et les juger une fois la cause entendue. J'ai permis le retour de vos navires de l'année précédente, et parmi les hommes de leurs bords je n'ai fait tuer ni les marins ni les autres personnes, car je n'ai pas oublié l'ancienne amitié qui nous unissait. J'ai reçu tout ce que vous m'avez envoyé conformément à la liste et surtout l'éléphant noir qui fut pour moi chose nouvelle et rare. À la fin de l'automne dernier sont venus des émissaires de la Chine, lesquels ont promis de m'envoyer un éléphant blanc : toutefois j'ai fort estimé de l'avoir reçu de vous en premier, car il est d'usage depuis les temps les plus anciens d'estimer les choses rares qui viennent de loin. Les

choses que je vous envoie sont consignées sur un registre particulier ;
lesquelles, bien que de peu de valeur, vous sont envoyées en signe
de bienveillance. Les marins que l'hiver dernier je fis emprisonner sur
cette terre, je les renvoie tous vers votre royaume, parce que j'ai pitié
de la tristesse que doivent éprouver leurs parents, et qu'il me semble
que vous aurez de la compassion envers ces gens dont vous êtes le
seigneur, et sur ce je termine. »
ANTT Manuscrito da Livraria n° 1126, fs 101-102

Traduction Michel Chandeigne et Ilda Mendes

---

*Textes transcrits et traduits des langues orientales par Luís Filipe
Thomaz et présentés par Geneviève Bouchon ou João Paulo Costa*

Japonais et marchand portugais, détail de paravent japonais de la fin du XVIᵉ siècle (art Namban), Musée d'art antique, Lisbonne.

Le Livre de l'émerveillement...

Eduardo Lourenço

---

*... ou les célestes empires... Au cours de ses voyages
mouvementés sur terre et sur mer, Mendes Pinto fut, selon ses
écrits, treize fois esclave, onze fois naufragé, dix-sept fois
vendu aux Indes, en Arabie heureuse, en Chine, en Tartarie, à
Madagascar et à Sumatra. Il fut l'un des premiers Européens à
visiter le Japon après avoir parcouru la Chine et la Birmanie et
abordé aux divers archipels des mers orientales. Eduardo
Lourenço nous livre ici une lecture de cette « Pérégrination ».*

L e canevas de la *Pérégrination* de Fernão
Mendes Pinto n'est pas aussi éloigné qu'on pourrait le croire de
celui, alors très en vogue, des romans de chevalerie. Dans ces derniers, le héros ou les héros se trouvent sans cesse confrontés à des
obstacles qui relèvent de l'extraordinaire, du fantastique, du merveilleux ou de l'énigmatique. L'espace où ils évoluent, comme celui
de *Clarimundo,* de João de Barros, est à la fois un labyrinthe et
une allégorie. À chaque croisée des chemins, le héros se trouve face
à un événement prodigieux ou à une énigme dont le dévoilement
conditionne sa démarche. Nous sommes dans un monde de rêve
assumé et de divertissement écrit dont la logique interne oscille entre
la féerie et l'épouvante hyperbolique comme chez l'Arioste. Le seul
fil qui relie le texte au réel est l'entrelacs ou le chassé-croisé des
sentiments idéalisés qui annoncent la géométrie du cœur de la Carte
du Tendre. On voyage sans cesse dans ces romans mais la topolo-
gie est entièrement imaginaire, en somme, monotone. Qu'adviendra-
t-il le jour où le héros se mettra à voyager pour de vrai, non seulement dans le monde réel déjà connu, mais dans celui tellement
autre que même le monde onirique des romans de chevalerie per-
dra toute sa fascination et deviendra subitement fade à côté de ces

contrées nouvelles, de ces hommes et civilisations jusqu'alors ignorés, comme s'il s'agissait d'une humanité irrepérable dont le contact
et la vue défient l'entendement et l'imagination ?

En présence de Tenochtitlan, le soldat Bernal Diaz del Castillo
ne trouve, pour rendre compte au lecteur de sa surprise et de son
étonnement, d'autre paradigme que l'imagerie fabuleuse des romans
de chevalerie. C'est le merveilleux des châteaux imaginaires qui doit
dire son propre enchantement. Fernão Mendes Pinto est plus let-
tré que le magnifique Bernal Diaz. Mais l'éblouissement de la réalité
à laquelle, ballotté par la fortune, il se voit confronté dans l'océan
Indien, au Siam ou en Chine, est si fort que son seul et unique
souci d'auteur est de laisser entrevoir ce qu'il y a d'incroyable,
d'indescriptible, au-dehors et au-dedans, dans ce monde où le hasard
plus que l'aventure l'a jeté.

Avec une obsession maniaque il s'excuse à longueur de pages
de ne pouvoir donner qu'une pâle idée de ce qu'il a devant ses
yeux, non parce que dans sa pérégrination à travers les mille et
une entrées de l'Orient, il trouve de ces *merveilles* que, depuis
Marco Polo, les grands voyageurs s'évertuaient à évoquer, mais précisément parce que ce qu'il regarde est à la fois trop réel et incroyable de par son éclat, sa richesse, sa somptuosité ou son ordonnan-
cement symbolique. Ce que lui, homme quelconque de l'Extrême-
Occident, déporté par la nécessité vers les mers de Chine, a devant
lui, c'est simplement *l'Autre*. Ce n'est pas un rêve, ce n'est pas
une réalité qui déroge à l'ordre naturel, c'est un autre monde, une
autre société, une autre morale, un autre univers sonore qu'il essaie
péniblement de décrypter et dont les reflets parsèment le récit
comme des échos ou des fragments reçus par un médium. Fernão
Mendes Pinto, plus qu'aucun autre auteur du XVIᵉ siècle est *saisi,*
pris à la gorge par le spectacle d'une culture nouvelle, d'une humanité simultanément proche et lointaine, tout ensemble magnifiée
et raillée. L'horreur de Mendes Pinto pour les *merveilles* à la Mandeville est telle que dans le seul chapitre où il fait état d'êtres difformes par leur gigantisme — thème bien connu —, il s'ingénie
à les réduire à des proportions crédibles. Soulignant que ces êtres
rudes sont plus sauvages que tous ceux que les Portugais ont eu
à connaître dans leurs « conquêtes », Mendes Pinto précise qu'ils
« sont quelque peu difformes par la taille, mais pas autant qu'on
se l'imagine par ici ». « Par ici », c'est-à-dire au Portugal, en Occi-

Animaux fabuleux. Illustrations du voyage d'Odoric de Pordenone, Livre des merveilles, *fin du* XVIe *siècle, Bibliothèque nationale de Paris.*

dent. Pour mieux ancrer cette idée chez le lecteur, il ajoute qu'António de Faria, le pirate qui est le « héros » de cette aventure, comme un vulgaire anthropologue moderne, va jusqu'à prendre les mesures de ces féroces géants : « António de Faria les fit mesurer et il n'en trouva aucun qui dépassât les dix empans et demi, à part un vieux qui en avait à peu près onze ; les femmes, elles, faisaient moins de dix. »

Le rôle de la « mensuration » dans le récit de Mendes Pinto, est un reflet paradoxal du saisissement qui le prend devant un réel qu'il n'arrive pas à mettre en forme. Par excès d'éclat ou par défaut d'expression, l'émerveillement de Mendes Pinto s'en remet à la description quantitative, à une sorte de comptabilité délirante, comme un Robbe-Grillet du XVIᵉ siècle obnubilé par l'opacité de ce qu'il voit. Beaucoup d'auteurs de récits de voyage, souvent à mi-chemin entre l'espion et le commerçant, énumèrent à des fins utilitaires les « richesses » vraies ou symboliques qu'ils ont devant eux. Mais dans la *Pérégrination* le procédé tourne à l'obsession, ou plutôt au double sens du mot, à la « vision du monde ». Peintre, il aurait pu faire l'économie de ces longs passages où il énumère ce qui l'entoure, objets, personnages, vêtements, ornements, avec une volupté digne de *Salammbô*. Dans notre littérature, plutôt portée à la subjectivité et au lyrisme, une telle frénésie étonne. Le regard portugais n'a jamais connu, ni avant ni après Mendes Pinto, une telle soif de réalité. C'est à lui, bien plus qu'à Fernando Pessoa qu'on pourrait appliquer le fameux « j'ai vu comme un damné » revendiqué par Álvaro de Campos. Mais ne changeons pas l'ordonnance des temps qui est aussi celle d'un imaginaire bien précis.

Si Mendes Pinto regarde avec une telle passion, ce n'est pas par concupiscence démoniaque, destinée à remplir un vide, mais pour se sauver. En reprenant point par point, ou en reconstruisant à l'aide de notes les détails de son aventure fabuleuse d'Occidental perdu et ébloui par un Orient de rêve et de cauchemar, il *refait* sa vie comme un maçon construit son mur. Nous pourrions dire, sa Muraille de Chine. Il faut que lui-même croie à son incroyable aventure dans un monde dont personne ou presque, chez nous, n'a la moindre idée. Il faut qu'il restitue, comme dans une miniature, les façades ouvragées de ces palais, de ces salles de justice où il se voit (dans la mémoire et dans son texte) plus soucieux de ne pas perdre un détail de la robe de ceux dont dépend sa vie, de cette vie qui n'existe plus que parce qu'elle se souvient de *tout*.

Le narrateur lui-même a conscience de cette invraisemblable attention à ce qui l'entoure au moment où il va être jugé avec ses compagnons, mais rien n'altère ce besoin « hyperréaliste » de donner à voir pour être vu et d'être cru pour croire à son rêve vrai d'aventurier sans autre aventure que celle d'être secoué au gré de la fortune ou de l'infortune, ou plutôt par la volonté toute-puissante de Dieu. Il vaut la peine de relire dans cette lumière une de ses reconstitutions hyperréalistes, qui semblant être à l'opposé des scènes fantastiques des romans de chevalerie, recréent à l'intérieur d'un récit de vérité, le charme hypnotique des choses rêvées : « À l'ouverture de ces portes, tous ceux qui étaient là entrèrent dans une fort grande salle, construite en forme de nef d'église et peinte de haut en bas de tableaux qui représentaient les étranges sortes d'exécution que pratiquaient les bourreaux sur les personnes de toute condition : leurs gestes et leurs mines étaient tout à fait effroyables à regarder. Au-dessous de chaque tableau, il y avait une inscription : « C'est pour avoir commis tel crime qu'un tel est condamné à ce genre de trépas. » Si bien qu'en considérant la diversité de ces effroyables peintures, on voyait en quelque sorte l'explication du genre de mort que l'on réservait à chaque crime, en même temps que l'extrême rigueur qu'observait la Justice en de telles exécutions.

« On traversait cette salle pour se rendre dans une autre chambre beaucoup plus riche et plus précieuse, car elle était toute recouverte d'or moulu au point que rien de plus agréable ne pouvait satisfaire la vue, si toutefois la nôtre était incapable de prendre plaisir à quoi que ce soit, au degré d'infortune où nous étions réduits. Au milieu de cette pièce se trouvait une tribune à laquelle on montait par sept escaliers bordés de trois rangs de balustres de fer, de laiton et d'ébène, dont les fûts étaient marquetés de nacre de perle. Il y avait tout en haut un dais de damas blanc frangé d'or et de soie verte, avec des crépines très larges de même façon. Sous ce dais se tenait le Chaem avec beaucoup de majesté et de grandeur. Il était assis sur une chaire d'argent fort riche, avait devant lui une petite table, et il était entouré de trois enfants richement vêtus, parés de chaînes d'or, qui se tenaient à genoux et dont l'un, celui du milieu, avait pour office de donner au Chaem la plume avec laquelle il signait ; quant aux deux autres, ils prenaient les requêtes qu'on leur tendait, et les présentaient à la table afin de les faire signer. Sur la droite, en un lieu plus élevé,

Malais (anonyme, milieu du XVIe siècle), man. 1883, Biblioteca Casanatense, Rome.

et presque à la hauteur du Chaem, se tenait un jeune garçon de dix ou onze ans ; il était vêtu d'une riche robe de satin blanc sur laquelle étaient brodées des roses d'or, portait à son cou trois rangs de perles, avait les cheveux aussi longs qu'une jeune fille, tressés d'un lacet d'or et de soie encarnadine, avec une garniture de perles de grand prix et des sandales d'or tout émaillées de vert et entièrement recouvertes d'une fort grosse rivière de perles. Il tenait à la main, en symbole de ce qu'il représentait, un petit rameau de roses faites de soie, de fils d'or et de riches perles ; le tout faisait paraître tant de beauté, de gentillesse et de bonne mine qu'il n'est point de femme, si belle fût-elle, qui eût pu l'emporter sur lui. Ce jeune garçon s'appuyait du coude sur la chaise du Chaem et semblait soulager ainsi le bras et la main qui tenait le rameau, il représentait la Miséricorde » (*La Pérégrination*, trad. Léon Figuier, Calmann-Lévy, 1968).

Des passages semblables — et ils sont nombreux — ne sont ni de la marqueterie ou de l'accessoire, ni de l'exotisme avant l'heure, mais le *cœur* même de la vision et du message de Fernão Mendes Pinto. Le message, c'est cette vision hypertrophiée de la réalité autre qui sert de décor à son aventure. Pour les avoir ignorés, pour ne pas les avoir simplement lus — la *Pérégrination* est à la fois récit et allégorie —, une longue catégorie d'exégètes a déporté ce texte ruisselant de « choses vues » ou magiquement décrites comme « vues » vers les rivages de l'idéologie anti-impérialiste ou de la satire religieuse de l'Occident contre-réformiste, à qui Mendes Pinto aurait donné l'Orient comme repoussoir efficace. En somme il aurait été un Montesquieu avant la lettre, plus ingénu mais plus réaliste, ou un Swift tellement subtil qu'il a fallu attendre le regard alcyonique de la critique américaine pour l'apercevoir. Fernão Mendes Pinto, l'écrivain, autant que le personnage, est bien plus innocent et, par là, beaucoup plus intéressant. Il a vu des choses, il a traversé des épreuves dont il savait qu'elles ne pouvaient être crues ou revécues par d'autres — à commencer par les siens — s'il n'arrivait pas à donner une figure à l'émerveillement que ces choses, jamais aperçues ainsi auparavant, lui avaient procuré. Sa *Pérégrination* est celle d'un faux pauvre diable de chrétien embourbé jusqu'au cou dans l'aventure conquérante, marchande et cupide des Portugais en Orient et qui, au plus profond de l'abîme, garde l'espoir d'être ramené à la vie et au salut par la grâce de mérites qui ne sont pas les siens. Il écrit pour rendre à Dieu ce qui, selon lui, était à Dieu. Mais il n'a pas cru bon de se sauver ou d'être sauvé sans rapporter avec lui, de retour chez lui, ce Céleste Empire dont les merveilles réelles, la justice étrange, parfois même une lumière qui lui semble plus pure que celle enténébrée de l'Occident, lui paraissent dignes d'être emportées dans l'empire céleste promis aux pèlerins aux yeux ouverts sur les beautés de ce monde.

Eduardo Lourenço

5. *Annexes*

Le monde des navigateurs

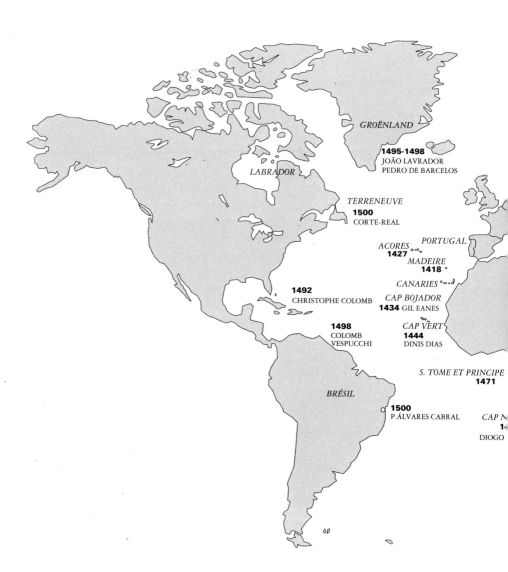

GROËNLAND

1495-1498
JOÃO LAVRADOR
PEDRO DE BARCELOS

LABRADOR

TERRENEUVE
1500
CORTE-REAL

AÇORES
1427

PORTUGAL

MADEIRE
1418

CANARIES

1492
CHRISTOPHE COLOMB

CAP BOJADOR
1434 GIL EANES

1498
COLOMB
VESPUCCHI

CAP VERT
1444
DINIS DIAS

S. TOME ET PRINCIPE
1471

BRÉSIL

1500
P.ÁLVARES CABRAL

CAP N
1
DIOGO

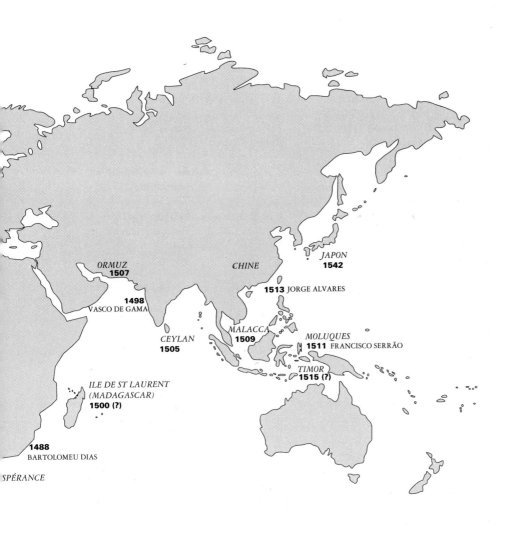

ORMUZ
1507

CHINE

JAPON
1542

1513 JORGE ALVARES

1498
VASCO DE GAMA

CEYLAN
1505

MALACCA
1509

MOLUQUES
1511 FRANCISCO SERRÃO

TIMOR
1515 (?)

ILE DE ST LAURENT
(MADAGASCAR)
1500 (?)

1488
BARTOLOMEU DIAS

SPÉRANCE

Bibliographie des livres disponibles

Álem-Mar, Reproduction fac-similé du Codex Casanatense de 1542, Franco Maria Ricci, 1988.

Arte namban, Catalogue d'art luso-portugais (XVIᵉ siècle). Lisbonne, 1990.

L'Asie portugaise à l'époque des grandes découvertes, Geneviève Bouchon. Londres, Variorum, 1987.

Atlas + Recherches sur la priorité de la découverte des pays au-delà du cap Bojador et *Essai sur l'histoire de la cartographie pendant le Moyen Âge,* Vicomte de Santarém. Préface de Martim de Albuquerque. Lisbonne, 1989.

Biombos namban, Catalogue de paravents japonais du XVIᵉ siècle. Lisbonne, 1988.

Chronique de Guinée de Gomes Eanes de Zurara, Léon Bourdon, Dakar, 1960.

Découverte fortuite de l'Australie et de la Nouvelle-Zélande par des navigateurs portugais et espagnols entre 1521 et 1528, Roger Hervé. Paris, 1982.

Les Découvreurs, Daniel Boorstin, Robert Laffont, 1983.

L'épopée lusitanienne, « Critique » n° 495-496, septembre 1988.

L'Expansion des Portugais dans l'histoire de la civilisation, Jaime Cortesão, Lisbonne, 1983.

L'expansion européenne du XIIIᵉ au XVᵉ, Pierre Chaunu, PUF, rééd. 1983.

Géographie du Monde au Moyen Âge et à la Renaissance, dir : Monique Pelletier. Paris, CTHS, 1988.

Histoire philosophique et politique des Deux-Indes, Guillaume-Thomas Raynal. Choix et présentation d'Yves Benot. Paris, La Découverte, 1981.

Histoire des découvertes des Portugais dans le Nouveau Monde, par le R.P. Joseph François Lafitau, Paris, 1733, réédition fac-simile, Slatkine, 1974.

Histoire de l'expédition chrétienne en royaume de Chine 1582-1610, Matthieu Ricci, Nicolas Trigault, Paris, 1978.

Le huguenot et le sauvage.
L'Amérique et la controverse
coloniale, en France, au temps des
guerres des religions (1555-1589),
Frank Lestringant. Paris, Aux
amateurs de Livres, 1990.

Les Lusiades, Luis de Camões, Paris,
Les Belles Lettres, 1980.

Magellan, Stefan Zweig, Paris,
Grasset, 1985.

Mamale de Canamor. Un adversaire
de l'Inde portugaise (1507-1528),
Geneviève Bouchon, Champion,
Genève, 1975.

Nguyen Anh, Macao et le Portugal,
Pierre-Yves Manguin, Paris, 1989.

Nus, féroces et anthropophages
(1557), Hans Staden. Paris, Métailié,
1979.

La Pérégrination. La Chine et le
Japon au XVIᵉ siècle, F. Mendes Pinto,
Calmann-Lévy, 1968.

La Pérégrination de Fernão Mendes
Pinto (intégrale), La Différence,
1990.

Les Portugais sur les côtes du
Vietnam et de Campra, Pierre-Yves
Manguin, Paris, 1971.

Routiers de D. João de Castro, éd.
fac-similé et introduction de Luis de
Albuquerque, Lisbonne, 1988.

Les Singularités de la France
antarctique, André Thevet, La
Découverte, 1983.

Voyage dans les deltas du Gange et
de Irraouaddy, présenté et édité par
Geneviève Bouchon et Luís Filipe
Thomaz, Fondation Gulbenkian,
Paris, 1988.

Voyage dans le golfe de Guinée, en
Espagne et au Portugal (1479),
Eustache de la Fosse, éd. Michel
Chandeigne, 1990.

Bibliographie établie par la *Librairie*
de langue portugaise, 10, rue
Tournefort, 75005 Paris.
Tél. (1) 43.36.34.37.

Biographie des auteurs

Luís de Albuquerque	Historien et mathématicien. Auteur de très nombreux ouvrages, parmi lesquels *Introdução à historia dos descobrimentos*, Lisbonne, 1986 ; *Navegadores, viajantes e aventureiros portugueses*, Lisbonne, 1987 ; *A naútica e a ciéncia em Portugal*, Lisbonne, 1989.
Geneviève Bouchon	Directeur de recherches au CNRS. Spécialiste de l'Orient portugais.
João Paulo Costa	Maître-assistant à l'Université Nouvelle de Lisbonne. Spécialiste de l'histoire des Portugais en Chine et au Japon.
Francisco Contente Domingos	Maître-assistant de l'Institut supérieur des Sciences du Travail et de l'Entreprise de Lisbonne. Spécialiste de la construction navale et des conditions de vie à bord des caravelles. Auteur d'un livre : *A vida a bordo na carreira da India*, Lisbonne, 1988.
Jean-Paul Duviols	Professeur à l'université de Paris-VIII. Son principal ouvrage est une étude abondamment illustrée de la vision de l'Amérique par les Européens, depuis sa découverte jusqu'au siècle des Lumières, intitulée *L'Amérique espagnole vue et rêvée*, Promodis, 1986.
Raffaella d'Intino	A notamment fait éditer un ensemble de textes portugais du XVIe siècle sur la Chine réunis sous le titre *Enformações das cousas da China*, Lisbonne, 1989. Poursuit des travaux de recherches sur les Découvertes.
Giulia Lanciani	Professeur de langue et de littérature portugaises à l'université La Sapienza de Rome. A notamment publié : *Os relatos de naúfragios na literatura portuguesa dos séc. XVI e XVII*, Lisbonne, 1979 ; *Il Mediterraneo e l'Europa : catalani e portoghesi alla riconquista dei mercati orientali*, Rome, 1989 ; *Il meraviglioso come scarto tra sistemi culturali*, Milan, 1989.

Eduardo Lourenço	Prix européen de l'essai Charles-Veillon pour l'ensemble de son œuvre, en 1988. Principaux titres publiés en français : *Fernando Pessoa, roi de notre Bavière*, Librairie Séguier, 1988 ; *Le Labyrinthe de la Saudade*, Sagres-Europa, 1989 ; *Fernando Pessoa ou l'étranger absolu*, Anne-Marie Métailié, 1990.
Amiral A. Teixeira da Mota. (1920-1982)	Historien. Fut l'un des grands spécialistes de la cartographie et rédigea avec Armando Cortesão une étude, accompagnée de la reproduction fac-similé de l'ensemble des cartes portugaises, *Portugaliæ monumenta cartographica*.
Jacqueline Penjon	Maître de conférences à l'université Paris-Sorbonne. Enseigne la langue et la littérature portugaises.
João Rocha Pinto	Professeur à l'Université nouvelle de Lisbonne. Auteur d'une étude sur les relations de voyage : *A viagem, memória e espaço*, Lisbonne, 1989.
Anne-Marie Quint	Maître de conférences à l'université de la Sorbonne-Nouvelle. Enseigne la langue et la littérature portugaises.
Carmen M. Radulet	Professeur de langue et de littérature portugaises à l'université de Viterbo (Italie).
Guillaume-Thomas Raynal (1713-1796)	Auteur, avec quelques collaborateurs, de l'*Histoire philosophique et politique des établissements et du commerce des Deux-Indes*, Amsterdam, 1770.
Annie Marques dos Santos	Professeur au lycée français de Lisbonne, elle poursuit un travail de recherche sur les Découvertes.
Paul Teyssier	Professeur émérite de l'université de Paris-Sorbonne. Principales publications : *La Langue de Gil Vicente*, Klincksieck, 1959 ; *Le Portugal*, Puf, 1970 ; *Histoire de la langue portugaise*, Puf, 1980 ; *Manuel de la langue portugaise*, Klincksieck, 1984 ; *Études de littérature et de linguistique*, Fondation Gulbenkian, Paris, 1990.
Luís Filipe Thómaz	Professeur à l'Université Nouvelle de Lisbonne, il est actuellement l'un des meilleurs spécialistes de l'Orient portugais.

Table des matières

Éditions Autrement
Directeur-rédacteur en chef : Henry Dougier. *Rédaction* : Guy-Patrick Azémar. Béatrice Boffety. Nicole Czechowski. Maurice Lemoine. Lucette Savier. *Fabrication/Secrétariat de rédaction* : Bernadette Mercier, *assistée de* Hélène Dupont. *Maquette* : Patricia Chapuis. *Services financiers* : Dominique Mitler. *Gestion et administration* : Anne Allasseur. Agnès André. Hassina Mérabet. Christian Da Silva. *Directeur du développement* : Bernard Champeau. *Service commercial* : Jean-François Platet. *Attachée de presse* : Karine Mallet-Belmont.

Abonnements au 1ᵉʳ janvier 1991 : la collection « Mémoires », complémentaire des Séries « Monde » et « Mutations », est vendue à l'unité (120 F par ouvrage) ou par abonnement (France : 650 F ; Étranger : 770 F) de 7 titres par an. L'abonnement peut être souscrit auprès de votre libraire, ou directement à Autrement, Service abonnements, 4, rue d'Enghien, 75010 Paris. Établir votre paiement (chèque bancaire ou postal, mandat-lettre) à l'ordre de NEXSO (CCP Paris 1-198-50-C). Le montant de l'abonnement doit être joint à la commande. Veuillez prévoir un délai d'un mois pour l'installation de votre abonnement, plus le délai d'acheminement normal. Pour tout changement d'adresse, veuillez nous prévenir avant le 15 du mois et nous joindre votre dernière étiquette d'envoi. Un nouvel abonnement débute avec le numéro du mois en cours.
Vente en librairie exclusivement. Diffusion : Éditions du Seuil.

Directeur de la publication : Henry Dougier, Revue publiée par Autrement
Comm. par. 55778. Corlet, Imp. S.A., 14110 Condé-sur-Noireau. N° 17158.
Dépôt légal : septembre 1990. Cette édition comporte un cahier en quadrichromie, folioté entre les pages 80 et 89.
ISBN : 2-86260-309-0. *Imprimé en France*